国家社科基金重大项目"中国社会质量基础数据库建设"（项目号：16ZDA079）、
中国社会科学院"登峰计划重点学科发展社会学建设"、
中国社会科学院"社会发展指标综合集成实验室"、
中国社会科学院"2021年中国社会状况综合调查"、
中国社会科学院创新工程重大项目"全面建成小康社会和'后小康社会'
重大问题研究"（项目号：2019ZDGH004）资助

仗卷走天涯

全国大型社会调查之督导笔记
（第三辑）

SOCIAL SURVEY SPREADING THROUGH CHINA
*Reflection of
Chinese Large Social Survey*
(Volume 3)

邹宇春　崔　岩　林　红　**主　编**

李　炜　任莉颖　田志鹏　**副主编**

社会科学文献出版社
SOCIAL SCIENCES ACADEMIC PRESS (CHINA)

前　言

不知不觉，这已是《仗卷走天涯：全国大型社会调查之督导笔记》的第三辑。所谓"仗卷走天涯"，意指手持调查问卷走遍祖国山河。每期"中国社会状况综合调查"（Chinese Social Survey，以下简称CSS）结束后，我们都会邀请所有参与调查的督导和访问员参与写作工作，请他们把自己在调查现场的经历叙写下来。没有华丽的词语，也没有晦涩的术语，只用简单的文字记录他们在调查现场做了什么、看到了什么、经历了什么、思考了什么。书中内容或显稚嫩，但饱含朝气，充满关怀，展现了社会调查者眼中的山河图景，记录了CSS共同体的建构过程。这些文字或将成为记录我国大型社会调查现场的宝贵资料之一，供后来者阅之、评之、忆之！之所以说它是"宝贵资料"，原因如下。

其一，这本书能为顺利开展全国大型入户调查提供真实的、有价值的实务参考。目前，关于"社会调查研究"的专业书有很多，但能够完全适用于大型社会调查现场的专业书籍却不多见。CSS是中国社会科学院社会学研究所发起的全国概率抽样入户调查，从2005年开始筹备，2006年第一次执行，每两年开展一次，至今已有8期。CSS的执行包括抽样设计、问卷设计、督导访问员培训、现场抽样、现场访问、调查质控、清理数据、维护和发布数据等环节，内容专业，细节繁多，工作艰巨。为保证CSS的执行质量，CSS项目组编写了一系列调查执行辅导手册，包括调查手册、督导手册、CAPI系统使用手册等。在对近1000名督导和访问员进行培训的课堂上，CSS项目组老师参照手册并结合实例进行专业讲解以及模拟演练教学。这些手册基本覆盖了问卷调查专业课程的所有知识点，是问卷调查专业课程的操作版。但即便如此，由于调查现场的复杂性，这些手册仍旧无法穷尽调查现场的操作细则，只能制定操作规范，供督导、访问员们在现场应对突发状况时参考，督导和访问员们在调查现场需要根据操作规范采取应对措施。

本书便是现场实操的记录集合本。在CSS项目组老师的带领下，参与CSS项目、接受相同课堂专业知识培训、有着同样高等教育背景的几十位督导、访问员，共同撰写了本书。内容是展现调查生态和百姓生活的调查经历，有相似，更有相异。通过阅读同一位作者的记录，通过横向比较同一本书里不同作者的记录，通过纵向比较这三辑书里不同作者的记录，读者可以慢慢体会到：若要完成一个全国大型入户调查，需要注意不同地域的地理差异（比如风土人情、天气交通、饮食住宿等）和人口差异（比如督导和访问员的团队气质、社区干部的行政特点、受访者的社交气质等）。这些差异都非常考验调查团队在调查现场的操作能力，它们是调查执行的"最后一公里"。能否在遵守调查手册相关专业规范的前提下进行有效的实操，很大程度上能成就或侵蚀调查的执行质量。只有肚子里有这些调查实操的应对储备，可以在调查现场信手拈来又不违反社会调查的专业规则，才可以成为完全意义上"能够执行全国社会调查"的社会调查者！

其二，这类能够连续记录全国入户调查各地执行实况的出版物恐怕会越来越少。作为专业要求相对较高的全国概率抽样入户调查,每期CSS通过采集随机抽取的18~69岁中国公民的综合信息,可推论全国处于这个年龄段人口的家庭、工作和生活的主客观状况,及其存在的各类困难和差异化需求。同时,随着调查期数增多,各期数据合并后可完成不同问题导向的趋势研究,分析我国社会经济的发展规律和变化趋势。无论是单期的CSS数据还是合并的CSS数据,其分析结果都具有较高的可信度,能供政策决策者、专家学者以及社会大众参考使用。作为一项公益性的学术调查,CSS数据可无偿申请使用。目前,CSS数据用户主要来自党政机关、各科研院所以及全国各大高校,其数量已过万且逐年增长。可以说,CSS正在逐渐得到社会各界的认可,其数据的价值也在日益显现。但即便如此,由于概率抽样的执行难度和入户调查的拒访率都在逐渐提高,能够且愿意开展全国概率抽样入户调查的学术机构在减少,这类能够记录并反思入户调查实况的书籍或许也会随之变少。

  概率抽样的执行难度大。相比于普查,概率抽样调查具有节约人力、物力、财力,且在许可误差范围内能在很大程度上反映受访者状况的特点。若需研究全国居民的某类现象并开展有关此现象的量化分析,比如开展多种因素的原因机制分析,采用概率抽样找到受访者并开展问卷调查是较为合适的社会研究方法。但此方法的难点也众所周知,就在于其随机性的真正实现。因为一旦确定了抽样方案,每个受访者被抽中的概率就能被计算出来,此概率数据是一系列构成抽样规则的特征的集合。被抽中的受访者代表了抽中概率倒数数量的与其具有某些同样特征的个体,因此要避免在调查执行中随意更换受访者,这将破坏概率抽样的随机性原则而导致分析结果的可推论性大打折扣。随着我国社会经济的发展,人口流动加快、建筑结构变得极为复杂、居住模式日趋多样等情况导致无论是名单抽样还是地图地址抽样,都会不同程度地遇到抽样框较难制作的问题。CSS采用多阶段分层混合抽样,在村居社区抽取家庭户时采用的是地图地址抽样,但在实际绘制村居住宅抽样框时会遇到各种抽样员(或访问员)难以判断的操作困难(比如一址多户、一户多址、嵌套户等),需要项目组的老师和督导们随时远程在线协助,提供解决方案。概率抽样的实现过程,就是抽样员（或访问员）咬牙坚持抽样规则和提供足够专业技术支持的过程。在本书中，有关概率抽样的困难多有提及，有些解决得较好，有些却解决得不够好。

入户访问难度大。在实现样本的随机性或回答因果机制上，即便是当前比较常见的网络在线调查或大数据分析，也难以完全替代概率抽样的问卷调查。问卷调查主要分为电话访问、邮寄访问、入户访问等。CSS采用的是入户访问，一是由于CSS是综合性的社会调查，涉及的研究主题较多，问卷容量较大，无法在短时间内用电话访问方式完成；二是由于CSS要通过与抽中的受访户家庭成员的互动完成受访者的抽取，邮寄问卷难以实现此目标；三是由于CSS项目组认为与受访者面对面就调查问题进行互动，通过眼神、表情、姿势、语言以及环境感知来推动访问互动的完成，能够更好地实现对调查现场的质量控制。心理学上有一个法则叫"梅拉宾法则"（也叫7/38/55定律），是指人与人的交流，仅有7%的信息通过纯粹语言的内容进行传递，38%的信息通过说话时的语调、语气、速度、声音等传递，55%的信息通过手势、表情、态度、肢体等传递。因此，在培训课程上，会就入户访问的事项和技巧进行规范，尽量确保入户访问的效用最大化以及受访者提供的回答是真实有效的。虽然优点显著，但入户调查仍是三类调查中最难操作的。正如很多作者在本书中提到的，入户调查不仅考验访问员们在调查现场的交流能力、随机应变能力、与人相处能力，更考验访问员们是否有被拒绝的勇气。这是一个陌生人社会，人与人之间的社会距离在加大，加之部分机构对社会调查的过度使用，居民对访问员入户访问的接纳度在降低。为了提高居民的信任度，督导和访问员们会通过寻求居委会、物业、社区热心居民等的引荐和背书，增加CSS在居民心中的可信度和公信力。在CSS的调查现场，有经过反复沟通后热情欢迎访问员入屋的受访者，也有无论如何沟通最终只能隔着房门完成调查的受访者，还有无法沟通、使用极其暴力的语言或行为拒绝访问的受访者。

以上两大难点不仅仅存在于CSS中，当前国内所有正在勉力开展全国概率抽样入户调查的学术机构都无法回避这样的问题。时代的车轮滚滚向前，历史的河流滔滔不绝，每代人都有每代人的使命。在尚无更好的社会调查方法来替代全国概率抽样入户调查之前，这类调查还需要有人去完善、去推动、去实施。这些正在坚持着的社会调查人，并非不知道这类调查难，而是知道难也要竭尽所能负起社会调查人应有的职责和担当。更何况，挑战就是机遇，如何解决这两大难点已成为当前社会调查学科努力发展的方向。所以，但行好事，莫问前程。CSS项目组亦如是！

感谢中国社会科学院各位领导及相关部门对CSS项目的大力支持。尤其感谢各位支持与关心CSS项目的院领导，感谢创立CSS项目的李培林研究员，感谢中国社会科学院办公厅、科研局、财务基建管理局、图书馆等部门。感谢社会学研究所诸位领导和同事对CSS项目的支持，尤其是陈光金所长和穆林霞书记，他们多次在CSS项目的关键时刻给予了坚定支持和中肯建议。感谢各个调查点的受访者、基层干部和热心居民，他们的每次接纳，都化成CSS项目前进路上的无穷动力。感谢社会科学文献出版社对本书出版的大力支持，尤其要感谢谢蕊芬、庄士龙两位老师。最后，感谢CSS2021合作机构的老师和同学们，他们所在的学校或科研院所如下（按名称音序排列）：

安徽师范大学社会调查研究中心
重庆大学公共管理学院
广东海洋大学法学院社会学系
广东金融学院社会调查中心
广西财经学院中国—东盟统计学院
河北农业大学人文学院
河北省社会科学院省情研究所
河南财经政法大学社会学系
黑龙江省社会科学院社会学研究所
湖北经济学院社会学院
华东政法大学社会发展学院
吉林大学社会学系
济南大学政法学院社会学系

江南大学社会学系

江西省社会科学院社会调查事务所

兰州大学社会科学调查与数据分析中心

南昌大学公共管理学院

内蒙古医科大学卫生管理学院

宁夏六盘水善行社会服务中心

黔南民族师范学院历史与民族学院

青海师范大学法学与社会学学院

山西大学政治与公共管理学院

上海大学数据科学与大都市研究中心

沈阳工程学院社会工作系

首都医科大学卫生管理学院

天津理工大学社会工作系

西南民族大学社会学与心理学学院

西藏大学经济与管理学院

厦门大学嘉庚学院

云南大学民族学与社会学学院

浙江工商职业技术学院

中国海洋大学国际事务与公共管理学院

中国社会科学院大学社会与民族学院

中南大学公共管理学院

"年岁一挥过,且唱曲三叠。愿为民安乐,策马再力竭。"
是为序!

邹宇春

中国社会科学院社会学研究所

目录
CONTENTS

001 第一篇 其望

序语	003
机智的督导生活	007
四季与CSS2021	017
看见	023
一路向南	031
"观""感"世界	038
浮世缪结处，有人有江湖	046
仗卷走河北	053
人生如逆旅，我亦是行人	061
我们应该出去看看	067
首战沙头，且难且行	071

077 第二篇 其闻

序语	079
行万里路，听八方音	083
遇见光，成为光	092
何为真实与幸福	102
CSS2021教会我的事	111
倾听大地的呐喊	116

奔赴山海，体悟百态		125
用脚丈量土地，用心体悟人生		133
感受祖国的时代脉搏		140
夏日炎情实践行		147
实地经一遭，思想方落地		153

159 第三篇 其问

序语	161
身为一名闯入者	164
萍水相逢，尽是他乡客	173
四季列车	179
追逐社会流动的节律	192
禅与社会调查访问艺术	198
行行重行行：在路上的社会学	209
手执暖烛，心融冰川	216
为研，为现	229
知易行难	234

241 第四篇 其切

序语	243
在2021年盛夏与CSS再次相遇	247
CSS2021与浙江	257
学术与家乡的再认识	264

我的变形记	273
与CSS2021同行	281
CSS2021带给我不一样的夏天	289
仗卷行霸州	293
穷山距海无重数，飒沓磊落险峰行	297
对社会调查的认识和反思	304

后　记　　313

第一篇
其 望

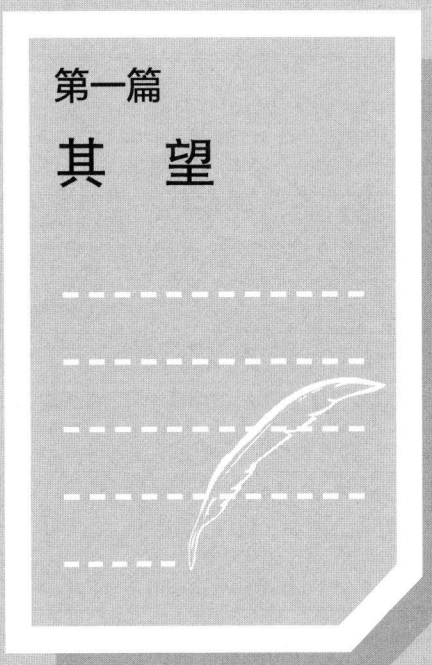

序　语

任莉颖　中国社会科学院社会学研究所

网络上曾有过这样一个金句："熬夜看电视剧、泡酒吧、逛夜店、文身、买醉……这些事情看起来很酷，但其实一点儿难度都没有，只要你有点儿钱、有点儿闲就都能做到。更酷的是那些不容易的事情，比如读完一本书、坚持早起、有规律地健身、稳定体重等。这些在常人看来无聊且难以长久坚持的事情才更加能考验一个人，也更能锻炼一个人。"在这个"酷"的单子里，我还想补充一个：去认认真真地做一次社会调查。

社会调查酷在哪里？它酷在借助数据的形式让普通民众的真实生活"被看见"，酷在提供机会让学生们走出舒适区、在参与社会调查时亲眼"看见"。本部分由在CSS项目中担任督导或访问员的同学们讲述他们所经历的社会调查之"酷"。

为什么愿意走出舒适区？这是向往社会调查之"酷"。宋允文说，她幻想"跟着大部队一起，走进千家万户，去真实地接触各个阶层的人，去了解他们对于生活的看法。能系统地看看我们国家的变化，看看人们生活的改变"。黎秀坤说，"我想看见调查中的人，看到这项大型社会调查中的每一类人，开展培训的老师、参与培训的督导、合作高校的访问员、村（居）委会的书记、接受访问的居民以及在调查中却又没直接参与的其他人员"。康丹隆说，他"对这个世界有着无限的好奇，好奇社会的本质，好奇探索社会运行的方法，好奇其他人的故事"。

在调查过程中看到了什么？这是体验社会调查之"酷"。在《四季与CSS2021》里，宋允文记述她看到了从学生变身为快递员、技术员、运动员，甚至相声演员的自己；看到了真挚、热诚、一丝不苟、不怕困难的四川访问员们；看到了北京皇城根儿下的普通人家和较真儿的受访者；看到了科技水平低但访问本领高的辽宁专业访问员阿姨们；也看到了或是奋战前线或是镇守后台的甘心奉献的老师们。孙天瑶展现了她在江苏调查时的《机智的督导生活》。在顺利温暖的常州，她看到了工作细致、热心帮忙的社区工作人员；在有惊无险的苏州，她看到了面积超大的村庄，和"最有味道"问卷的受访者的生活与工作；在难上加难的无锡，她看到了拆迁安置小区夜晚因大量房屋空置而稀寥的灯光；在最后坚守的连云港，她看到了台风夜晚坐在颠簸的三轮车上笑与泪齐飞的访问员们。黎秀坤直接以《看见》为题，记录了他从参加培训到实地调查的所见。他看到了北京中国社会科学院大学内连续五个周末紧张而欢乐的培训现场，看到了怀柔试调查时在面前"啪"的一声关闭的住户大门，看到了重庆潼南的市井气和乡土味，看到了同行同忧同喜的组员们，看到了独居高龄老奶奶的辛酸和乐观。黄彩红用《一路向南》来概括她在CSS江西调查中的行程和经历。她从北向南到过南昌、吉安和安源区，看到了宾馆前大片的荷塘，窗外整齐的稻田，小区里聊天歇凉的居民，和傍晚核图核户时天边的晚霞。她还看到了社区居民投来的审视的目光，看到了招呼他们吃莲蓬、进屋喝粥，并以酒代水的阿姨、奶奶和阿叔，还有像长辈一样叮嘱他们注意安全的社区书记或主任。西北访问员路畅将对经历的感慨概括为《浮世缪结处，有人有江湖》。在城市社区，他看到了保安和门禁的冷漠拒绝，在农村看到了废弃的住宅、空置的新宅、独居的老人、游荡的精神病患者，还有虽命运不幸却仍认真生活的爷爷、父亲去世不久却坚强而礼貌的少女。徐鹤溧用"认真与负责"去《"观""感"世界》，去突破"信息茧房"。她看到北京市民普遍的生活，才知道并非所有北京人都是非富即贵；她看到湛江农村的景象，又发现经济发达的广东省并非没有落后村。她还尝试配上理论的视角，用"相对剥夺论"来观察老百姓对生活状况的接纳。她看到自己每日被汗水浸透的防晒衣，"有一棵可以幸福一整天"的大树；看到关心照顾她的组员，淳朴善良的老奶奶，和对北京来客有特别情感的受访者们。《仗卷走河北》中的访问员们集体记录了他们的"看见"。核图时他们看到了农村里一片新增的大屋棚，因雨后泥泞，他们以"狼狈"的方式探明其是鸡棚；他们看到了城中村破败简陋、"盲盒"布局的住宅，像探索迷宫一样，他们"佯装镇定"地继续前行。访问时他们看到热情而健谈的受访奶奶，看到访问中潸然落泪的寡居阿姨，还看到因病致贫但意志坚强的白血病少年。侯嘉茵和谢莎莎是广东金融学院的同学，她们分赴东莞和佛山，将所见所感记录在《人生如逆旅，我亦是行人》和《首战沙头，且难且行》中。嘉茵到东莞出师不利，看到严格的门禁和接连的闭门；经历了峰回路转，有了几近中断的第一次访问；调整策略，终于迎来了柳暗花明。莎莎到达沙头后，看到附近超市货架上过期的方便面，怀疑与排斥的村民们，热情配合的社区工作人员豪哥，差点因超龄漏登却被随机选中接受访问的爷爷，虽家人同意预约却冷漠拒绝访问的年轻人，还有系统"眷顾"抽中的热情的老板娘。和大多数来自社会学、社会工作等专业的督导和访问员们相比，康丹隆这个"纯纯的理科生"有些特别，他带着好奇心，认定《我们应该出去看看》。他看到云南泸西依山而建的散落的村庄，看到个旧矿区里不规则的居民楼，也看到聊天记录里最高频的词是"狗"。进入受访人家，他看到对越自卫反击战老兵的军功章，也看到家人接受访问时独自玩竹筐的小姑娘。

从"看见"中感受到什么？这是回味社会调查之"酷"。孙天瑶认识到

"我们在象牙塔里接受了太多理论,教我们如何对人间疾苦同理共情,让我们面对弱势群体要常怀悲悯之心,却忽视了更重要的是在现实中践行,深入基层和百姓面对面交谈,用心去感受社会民生,用脚步去丈量祖国的每一寸土地"。黎秀坤认同"建构本身也是一种改变——而发生这一改变的关键在于它被另外的人所看见了"。并且进一步总结:"看见,便是一种最温和的参与。"路畅在调查中"学会了见啥人都能张开嘴,走啥路都能迈开腿,做啥事都能学着会。知进退,有敬畏"。侯嘉茵回望调查七天,"我们离开了熟悉的人、熟悉的家和学校,来到现实的社会中体验社会,让我们更多贴近社会,去感受最真实的社会生活,体味最真实的人生。一切的一切,都让我获益良多"。康丹隆感受到"什么是真正的生活,这是在学校里体会不到的一种真实,一种来自真真切切存在事物的反馈"。他认为"这才是社会实践,一场真正走入居民的家里的实践"。

对于社会调查本身,学生们跳出了教科书和课堂教学PPT,总结自己的参与经验,提出各样建议。如孙天瑶建议将来参与调查的督导们"凡事多想一步,做好最坏打算""授人以鱼不如授之以渔""勇于表达自己的需求,学会链接需要的资源"。黄彩红建议督导们之间、督导与访问员之间要相互支持,督导们要学会合作、调解矛盾和实地社交。侯嘉茵也对将来的访问员们说不要惧怕失败,要学会团结合作、学会交流、学会感恩和有同理心。他们看到在调查中入户访问的艰难,深感得到社区干部的支持至关重要。

这些学生也许一生就只有这一次机会参加像CSS这样的社会调查。但我想,他们可能会为自己在青春年少时做过这样一件"酷"事而自豪一辈子,甚至有可能因为这件"酷"事而改变自己人生的方向。

机智的督导生活

孙天瑶　中国人民大学社会工作系

在2021年的CSS中，我担任东南大区江苏省的培训和巡视督导，负责江南大学地方督导和访问员的培训以及江苏省9个PSU中4个PSU（常州、苏州、无锡、连云港）的巡访工作，下面我将带大家走进机智的督导生活，从督导的视角进一步了解CSS的幕后故事。

一　调查经历

初到江苏，我们来到了合作的地方高校江南大学，我和负责东南大区的李炜老师，另外两位江苏的督导朝瑞、鹏飞为地方督导和访问员们带来了为期三天的培训。由于我们都是第一次给地方督导和访问员们做培训,内心既紧张又兴奋,因此在培训之前尽自己所能做了充分的准备,包括不断对照培训手册和PPT熟悉培训内容,设计并扮演具有无锡特色的"顾美丽"阿姨作为受访者来帮助访问员们模拟访问,播放教学视频并辅以实地状况对应处理方式的讲解,尽量以轻松幽默的形式和语言给访问员们传递访问技巧等。培训匆匆而过,虽然访问员们大多数都是大一大二的学生,但他们学习接受新知识的能力很强,给我们带来了很大的信心和动力。

在培训的最后一天下午,我们组织访问员们在校内寻找有工作的、符合资格的受访者进行试访问,测试大家这三天培训的成果。试访问结束后,所有人齐聚培训教室进行经验总结,访问员依次发言,分享自己在访问中遇到的问题、解决方法以及经验教训。通过交流,大家进一步感受到了调查中"具体情况具体分析"的重要性,解开了心中的疑团。最后,我们对整个培训进行了总结,强调了注意事项,大家对接下来的实地调查充满了期待,跃跃欲试。我们能感受到访问员们对实地调查的想象和憧憬都是美好的、理想的,或许真正实地调查时,他们才会体会到现实的残酷和"骨感",也才能得到真正的成长。

(一)巡访第一站——顺利温暖的常州

在跟随常州组在常州溧阳市开展访问的过程中,每每提起就令我感到骄傲无比的是,全组在少一个访问员且没有一个男生的情况下,一直保持着和其他组同样的进度,并率先完成了1个SSU的访问,让我看到了新时代女孩们的力量。村(居)委会工作人员的工作细致程度令我们瞠目结舌,只要看一眼CARS上面的房屋照片,他们基本就能够分辨出是哪个网格的哪一户人家,家里是怎样的人口构成,这让我们感受到基层社区治理的精细程度。冒着37℃的高温,骑着"小电动"送访问员们四处入户的工作人员,更让我们感到温暖和善意。其间,还有一位工作人员开自己的私家车接送访问员入户,在"受宠若惊"的同时也让我们笑称这是城里的大户人家,"小电动"是村里的普通人家。有时候,在工作人员忙于本职工作的情况下,我也充当起"骑手"的角色,通过调查微信群"在线接单",承担着接送访问员们入户出户的光荣任务。

常州是我督导生涯的开端,在这一段旅程中我学会了如何疏导访问员的不良情绪,陪伴和带领访问员成长。刚开始,访问员们不免面临受访者拒访的情况,有的访问员比较害羞内敛,不好意思与受访者进行深入攀谈,对其说明我们调查项目的意义等,且遇到拒访他们很容易就自我否定、自我怀疑,产生畏难等消极情绪。在陪访了两天时间后,我的主要精力就转向一位藏族的访问员。她由于自身普通话不是很流畅和标准,除了面临受访者拒访的问题,还存在解释题目困难和读题速度慢容易导致受访者不耐烦的情况。起初,我采取的办法是由我来负责接触和打动受访者接受访问,她在一旁学习;入户后,由她主要来读题,我来把控访问速度,当受访者出现时间紧急的情况或者不耐烦的情绪时,由我来接替她完成访问。这种方式虽然会较为顺利地完成问卷,但对于她独立完成访问和积累访问经验毫无帮助。后来我便有意识地慢慢培养她尽量独自完成入户接触和访问,在她实在无法进行下去的时候,我再给予帮助。此外,除了对她进行访问技巧的引导,我也会帮她克服畏难、焦虑的情绪,对她表达支持和信任。她也从一开始的非常紧张,有人陪访才能顺利完成访问,到最后可以独自去受访者家中完成较高质量的访问,她本人也变得更加乐观和自信,这给我很强的正向反馈。

在大别墅区里寻址走"断"腿、晚上十点蹲在马路牙子上等待小伙伴、帮受访者带娃、一起挤在镇上唯一的奶茶店解暑、收到看见我们就想起自己女儿的受访者递来的冰激凌……如此种种,构成了我记忆里关于江苏CSS最美好的开始。

(二)巡访第二站——有惊无险的苏州

在苏州昆山市的实地调查中,最大的困难在于抽样选中的行政村面积太大,最大的D村委会由12个自然村组成。我曾经试过与一位访问员从一个样本地址走到隔壁村的另一个样本地址,全程用时半小时,这导致我们大部分的时间和精力都用在寻址和赶场上。为了解决行政村面积过大、样本户分散浪费时间和体力的问题,大家经过协商,最终决定自费租用一辆汽车,由有驾驶证的访问员接送其他人在村子里入户,这样大大提高了调查效率。虽然拥有了交通工具，但还是难以满足多位访问员的入户需求。实际情况往往是样本户较集中的访问员们挤在车上，逐一被送入户，样本户较为分散的访问员们，则先"龟速挪动"，待车里有位置时再半路接送他们到达样本户。昆山实地调查面临的另一个困难是村子里很多人家在装修自建别墅，难以有充足的时间来接受访问。此外，当地"人户分离"的问题较为严重，很多人在村里有自己的房子，但由于工作原因平时居住在苏州或者上海等地，这使得访问员需在符合敲门规则的情况下，由地方督导不断申请新样本再进行接触。

在苏州，访问员完成了令我印象最深刻的一份问卷，从受访阿姨家中到其工作的公共厕所，再到清洗打扫工具的小河边，我们得以借此窥见阿姨工作、生活的全貌，实在是一段神奇的经历，我们也调侃这一定是CSS"最有味道的一份问卷"。阿姨的丈夫去世不久，每每提起丈夫她都伤心不已，儿子在镇上打工，不能经常陪伴她。说起自己这份工作，以及对村委会工作人员的感激之情她便滔滔不绝，得益于政府的政策，阿姨承包了家附近一处公共厕所的卫生清洁工作，并可以因此获得一笔补贴，还可以转移注意力，缓解丧夫之痛。听完阿姨真情实感的诉说，我们跟阿姨一同感慨"政府真好啊"，希望阿姨能够更好地拥抱新生活。

高温的天气和艰难的访问令我们每个人的身心都在崩溃边缘，好在夏日的徐徐清风和抬头永远湛蓝的天空带给我们很多慰藉，使我们互相支持，最终完成了在苏州昆山的访问。准备赶回无锡的那一天，我们每个人都如释重负，因为想到无锡的"主场作战"一定会比苏州容易很多，那时候天真的我们不知道，真正的难题和考验才刚刚开始。

（三）巡访第三站——难上加难的无锡

刚到无锡市锡山区，大家都信心满满，一是因为江南大学就在无锡，当地受访者应该比较熟悉，对其认可度高，容易入户；二是地方老师们会利用自己的熟人网络打通与村（居）委会的行政关系，这在很大程度上可以降低拒访率。但实际情况比预期复杂更多，我们在第一个开展调查的L村委会就遇到了极大的困难。

当我们整组一天下来只完成寥寥几份问卷，并且发现很多住宅是空户时，我们"眉头一皱"，意识到事情并不简单。经过询问村委会工作人员和住户，我们发现抽中的两个小区正是建设"锡东新城"规划下的拆迁安置小区，并非大多数居民的常住地址。这就直接导致了两方面困难，一是由于拆迁补偿等问题，部分群众与村委会关系非常紧张，村委会不希望我们的调查打扰到这部分群众，担心因此进一步激化矛盾；二是很多群众通过拆迁获得了几套房产，集中在L小区和W小区，这两个小区的房屋空置和人户分离问题非常严重，根本无法接触到受访者。

当时站在高层电梯房的窗边，望向远处拆迁的痕迹，我脑海中全是那个表情包，上面写着："喂，是李炜老师吗？这里风好大，问卷可能完不成了，我们好害怕。"言归正传，既然是空户，那么，核户的同学怎么会没有发现这个巨大的漏洞呢？不死心的我们跑遍了第一批下发的所有地址，发现很多人家的门上都贴着福字，门口也放置有鞋架、拖鞋以及杂物，如果不了解情况，真的会被这伪装的"有人居住迹象"骗到。据估计，只有向后台请求开放全样本，才有可能完成17份问卷。然而，开放全样本需要极为严格的流程，拿出令人信服的证据，通过大区老师再向后台老师进行申请。作为巡视督导，这个艰巨的任务自然落到我身上，我需要尽快想出办法，既要严格遵守申请全样本的流程，拿出可靠可信的证明材料；又要考虑到地方老师、督导和访问员们焦急的情绪，尽快协调双方关系并推动调查的进程。

经过思考，我决定将从村委会和物业管理办公室工作人员处获得的房屋户主名单，与抽中的样本地址一一对比，排除空户，计算出样本地址的空置率，并以空置率推断完成17份问卷需要多少份新样本量。此外，我们通过观察和询问居民了解到，一天中小区居民人数最多的时间是晚饭及以后，因此我们通过傍晚查看各楼的亮灯情况辅助证明空置情况。以高层电梯小区W为例，从傍晚5点到晚上10点，一栋楼连亮灯的人家都不超过10户，更别说抽中的样本地址有人居住的可能性有多低了。现在想起晚上九十点钟，我和一个访问员妹妹在几乎没人的高层小区里寻址敲门，被不听使唤的电梯和声控灯吓得瑟瑟发抖，既好笑又心酸。随着全样本的顺利开放，我们也更新了访问策略，即将全组分为两队，由我和地方督导各自带队。一队负责开启新的SSU，另一队则专攻这一SSU，到晚饭后居民较多待在家里的时间段，两队合并，一起攻坚克难。这样既可以保证访问进度和访问员心态不受干扰，又可以稳步攻克这两个调查难小区，一举两得。

正当我们重拾信心准备"撸起袖子加油干"时，2021年第六号台风"烟花"要从浙江沿海一带登陆，并影响到无锡。考虑到台风天无法进行正常访问，加上访问员们的人身安全难以保证，大家的身心也到了能够承受的极限，经过和地方老师、大区老师的协商，无锡组就地解散，访问员们也都在台风来临前踏上了回家的路。而我，继续前往连云港市，跟随江苏仍在进行调查访问的最后一个小组完成最后的调查任务。

（四）巡访第四站——最后坚守的连云港

江苏共有9个PSU，其中苏北仅有宿迁市和连云港市，这两个PSU由一个小组负责。之前宿迁的巡访工作由我们唯一的男督导鹏飞负责，他由于扬州疫情提前结束巡访回到北京，连云港的巡访工作便托付给了我。而我巡访的前3个PSU都是在苏南，突然跨越苏中前往苏北，大家怕我"落差太大"，提前给我进行了不少实际情况介绍和心理建设。在他们的介绍下，我在心里构建出的苏北图景是民风很淳朴、转场非常非常远、交通不方便、村里没饭吃等。直到我坐很多站公交到离村子最近的公交站牌，又独自走过一条无人的、长达两公里的乡村小路，才到达村子的时候，才真正感受到交通的不便以及苏北和苏南的差别。因此，我也从心底里对这个小组产生了更多的敬意和理解。

由于全国各地的调查进度都已过半，后台值守的老师们建议巡视督导的工作重心从以入户陪访为主转移到加强入户回访上来，加大对访问员寻址和问卷质量的把控力度。初到调查地，我便马不停蹄地开展实地入户回访和电话回访工作。入户回访主要分为两类——常规回访和特殊回访。常规回访是指在每个SSU巡访的时间内至少完成4份样本的回访，而特殊回访是若后台质控发现有问题相对集中的SSU，大区老师会联系对应的巡视督导进行有针对性的实地回访，去验证是否存在质量问题。

虽然苏北的村子很大，样本很分散，找起来很困难，但回访过程中并没有发现作弊等严重问题以及听到受访者们对于访问员的连连夸赞，都给予我极大的宽慰。正当我们一鼓作气地推进调查工作时，台风"烟花"即将经过连云港，在宾馆短暂休整一天后，我们的地方督导便开着从村委会借来的电动三轮车，冒着淅淅沥沥的小雨载着我们又进村了。我永远也忘不了的是，那个台风夜的晚上，我们一行人坐在颠簸的三轮车上，穿着好心村民给的防疫服挡雨，撑着左右摇晃不停的脆弱小雨伞，大家说说闹闹，笑与泪齐飞了一路。"少年不识愁滋味"，我不禁感慨，可能只有这个年纪才能在如此境况下依旧保持坦然吧。

疫情和台风的双重打击把访问的困难模式推向地狱模式，受江苏全省新冠肺炎疫情的影响，除已经完成访问的常州组、南京组、扬州组、无锡组外，其他组都先后暂停了当地的调查工作，连云港位于苏北，距离有疫情的城市相对较远，受疫情影响相比之下较小。作为江苏唯一还在进行调查的小组，台风和疫情虽然打乱了我们的访问计划，但没有阻挡我们访问的脚步，本来我们想要"快马加鞭"，加速完成剩下两个SSU的调查工作，就可以圆满收工，没想到最终还是因为疫情我们被迫停止了访问。

之前我也一直心存侥幸，巡访的4个PSU都成功避开了中高风险地区，认为应该可以顺利完成调查再返回北京，直到我们在小镇宾馆里被警察叔叔要求进行隔离观察，"喜提"就地隔离三天和两次核酸检测。全员两次核酸阴性后，了解到剩下的SSU有南京疫情地区返乡人员，社区工作人员正在连夜加紧排查并安排核酸检测，我们的调查只能就此搁置。

作为全省唯一一个仍在坚守调查工作的小组，老师们对于我们的情况非常关心，我作为巡视督导也化身老师和访问员们沟通的桥梁。我不仅要及时给老师们汇报实地的各种情况，如疫情、台风、访问员们的身心状况、访问质量等，也要将老师们的防疫提示转达给访问员们。由于另外两位督导已经结束巡访回京，我还承担起各方协调的工作，如联系其他各组商讨设备和访问资料寄回的事宜，与地方老师联系中断的调查工作重新启动的问题等。这部分沟通协调的工作内容极大地锻炼了我，让我在调查中能够面面俱到，提升了把控局面的能力。

当一切后续工作都协调好，一直坚守到最后的调查组也到了说再见的时候，我的机智的督导生活也告一段落。在回北京的高铁上，想起这一个月巡访的点点滴滴，我都觉得恍若隔世。在调查中遇到的人和事，听到的神奇经历和学到的人生经验，都是我无比珍贵的财富，并且可能会在我人生中产生持续的影响。

二 调查建议

思虑周全，凡事多想一步，做好最坏打算。在调查过程中，一个SSU的问卷17份完成以后，我们都会坚持多做一份，以避免完成的问卷中因出现寻址错误、抽样错误或质量问题而导致废卷的情况发生。在我去苏州组巡访前，他们有一个SSU已经完成了17份问卷，但由于存在抽样问题被后台废卷，等到发现问题的时候我们已经在赶回无锡的路上了，最后是地方督导一个人又回去完成了一份。如果可以未雨绸缪，尽量完成18份问卷，就不会发生这种浪费时间、经费、精力回去补问卷的情况。

授人以鱼不如授之以渔，培育访问员独立访问的能力和提升其访问技巧更为重要。我曾经担任过很多次访问员，而从访问员转变为督导，我认为最重要的是实现从执行者到小团队管理者的角色转换。访问员要做的主要是完成自己的样本问卷和进行团队合作，但作为督导，我们要和地方督导一起关注本组的调查进展、安排访问员分工和样本分配、打通并维持与村（居）委会工作人员的关系、提升访问员的访问质量和访问技巧、关心访问员的身体和心理状况等。虽然我们需要在访问员出现问题的时候随时顶上，但我们不能越俎代庖，更重要的是帮助访问员成长，并进行全局协调和问卷质量把控工作。一开始，我一直在陪访问员入户，帮助接触受访者，甚至会帮助不熟练的访问员进行访问等，但我认为这种方式无法帮助她们获得成长，因此我后来主要着重于经验和方法的传授，让访问员在实践中获得提高，而不是代替她们完成访问工作。事实证明，这种方式取得了一定效果，一段时间下来，每位访问员同学都能够独当一面，完成一份高质量问卷，这也让我很有获得感和成就感，这才是一位督导存在的真正意义和价值。

还有一个小建议：要勇于表达自己的需求，学会链接需要的资源。虽然CSS项目组为我们提供了手持设备、资金、介绍信等各种支持，但在实地调查过程中，为了更好地推进调查进度，我们还需要很多其他的资源。社会学讲人与人之间的连接和资源的链接，体现在调查中就是需要我们跟当地村（居）委会的工作人员和居民勇敢地表达自己的需求，说明我们的来意和社会调查的意义，并成功获得他们的支持。如果他们方便的话，我相信大部分人都是愿意帮助我们的。一开始，我也有点不好意思跟地方工作人员和居民提要求，很害怕麻烦他们，当我逐渐学会表达需求，并得到他们的支持时，我才发现这并不困难，反而对我们的调查大有裨益。通过这种方式，我们成功向村委会借用了治安巡逻车（不仅节省了寻址时间，提高了入户效率，还更容易获得受访者的信任）、蹭坐过好心大叔的电动车和小轿车、借用村委会的会议室作为访问员们的休息室、获得了物业管理办公室经理的协助入户、在没有地方吃饭的村子里获得好心副食店店主的招待等。诚然，也还是会有不愿意帮助我们的人，这是很正常的，面对这种情况，我们也能独立地靠自己的力量去完成访问。

三　调查思考

我至今还记得在督导面试的时候，老师们问我，"为什么还想要参加CSS"。的确，在此之前，我曾经参与过三个社会调查项目，并在其中担任绘图员和访问员，凭借良好的表现获得了CSS2019年上海地区的"优秀访问员"，好像调查经历看似丰富会让人觉得再也无法给我带来更多收获。我也仍记得当时我是怎样回答的，用我非常喜欢的一句诗概括就是："已识乾坤大，犹怜草木青"。作为人文社科专业的学子，我们在象牙塔里接受了太多理论，教我们如何对人间疾苦同理共情，让我们面对弱势群体要常怀悲悯之心，却忽视了更重要的是在现实中践行，深入基层和百姓面对面交谈，用心去感受社会民生，用脚步去丈量祖国的每一寸土地。每一次参与社会调查，与不同的受访者及其家庭短暂相识，都会给我带来不同的感受与体会。而且，通过短暂的交谈，就能够了解受访者及其家庭的重要事件节点，能够听他们分享对于自己人生的看法和经验体悟，对我来说，这是一件很神奇且有趣的事。更理想化地来说，用小小的力量去尽可能推动政府政策的完善，让政策惠及更多百姓，这靠我们个人很难做到，但成为CSSer后，就有可能实现。这既是自我实现，更是互相成就。因此，无论参与过几次，我都永远坚信社会调查的意义，依然保有初心，希望能够多沾泥土气，成为会思考、接地气、有作为的新青年。

诚然，在调查中我们会遭受很多拒绝的话语、质疑的目光，受访者不理解甚至把我们当成骗子，这些都是再正常不过的。将心比心，如果我们是受访者，可能也会担心自己的个人信息遭到泄露，可能也没有时间或者意愿接受这样一个调查。但如果我们只是一味地抱怨，被动接收这些负面的东西，甚至开始觉得"社会险恶，人心难测"，或者质疑社会调查的价值和意义，就只会让我们变得越来越负能量，让自己的情绪和状态越来越差。这世界从来就有很多"人之常情"和所谓的"不美好"，但你可以永远选择相信光明，相信那些充满善意的人们。我们需要更多地去强化来自陌生人的温暖，正因为陌生人社会的信任来之不易，才更应该感恩在这样的情况下依然愿意信任我们的人们，比如尽心尽力协助我们确定样本地址的村（居）委会工作人员，耐心善良、全力配合我们访问的受访者，热心指路甚至捎我们一程的好心村民，无偿给我们提供休息场地和美味午饭的副食店老板……这些普通平凡的人们身上流露出的最原始、朴素的助人情怀让我深深动容，我们因此向更多人散发自己的温暖与爱，这也是我在多次调查中学到的最简单的道理。正是有这么多朴素善良的人们，才让我们"遍历山河"，依然觉得"人间值得"。

最后，感谢CSS项目组、江南大学的老师们、并肩奋斗的小伙伴，还有一直被我们"骚扰"的后台值守小伙伴以及江南大学的所有访问员们。无论好的坏的，感谢相互支持，一同经历，给我学生时代的最后一次社会调查画上圆满的句号，留下了珍贵的记忆。也希望看到这里的每一个你，无论经历了什么样的委屈苦涩不公，仍然有一双清澈的眼，依旧感动于每一点美好与善意，并向外输出同样的温暖。愿我们都能够成为"永怀善意、清澈明朗"的人。

四季与CSS2021

宋允文　中国社会科学院大学社会学院

仰慕CSS大名已经多时了。

　　我素来是一个喜欢溜达的人，大学期间经常来一场说走就走的旅行。我很喜欢到陌生的城市，四处走走停停。在街上观察来往的路人，看看其他人都过着什么样的生活。所以，从李炜老师给我们上第一堂课开始，当他第一次讲起CSS，我便开始了无限的遐想。每次上课，CSS的趣闻轶事都会贯穿始终。我便常常幻想，如果我是其中的一员该多好，跟着大部队一起，走进千家万户，去真实地接触各个阶层的人，去了解他们对于生活的看法，能系统地看看我们国家的变化，看看人们生活的改变，这该是一个多好的机会啊！

春·起

"盼望着，盼望着，东风来了，春天的脚步近了……"在盼望中，盼望中，春天来了，CSS也终于来了。承蒙老师信任，我被选为学生负责人，负责协调各方工作。

CSS的大幕拉开，正式调查开始前的社区远程摸查开始了。所谓社区远程摸查，是指在CSS开始实地抽样和入户调查前，通过电话访问的方式，对所有调查社区进行基础信息的采集，以提前制定适用的抽样方案和入户方案。项目组李炜老师和邹宇春老师给我们做了培训，而我的任务是负责组织大家领平板、充电器，签协议，核对各自负责的社区名单、社区问卷密码，核对社区礼品邮寄地址等工作。由于刚开始工作，大家对社区远程摸查的流程都不是很熟悉，各种问题接踵而来。"允文，这个社区没电话怎么办？""允文，这个社区负责人不肯配合我们回答问卷怎么办？""允文，负责人问邮寄的是什么纪念品？""允文，我这平板没有输入法怎么办？""允文，我这平板没有办法联网怎么办啊？""允文，这个负责人不仅不配合工作，他还骂我，呜呜呜。""允文，这个物流签收异常，你查看一下怎么回事。"说实话，看到这些问题，我也蒙了。但没办法，谁让咱接了这个光荣而艰巨的任务呢！只能硬着头皮干，先跟老师捋清流程，指导大家按步骤操作。其次与平板公司联络，处理设备相关问题。再次，把自己曾经做问卷的小小经验分享给小伙伴们，减少拒访现象。最后，依靠自己的喜剧天分，安抚受伤同学的心灵。万事开头难！只要这第一关过了，以后再遇到什么事，我处理起来便得心应手了。从协调教室、调试设备到组织签到、分发培训材料，便统统不在话下了。

在这个春天，我变身快递员，四处打包物资；变身技术员，修平板，调网络；变身运动员，扛着几十台平板健步如飞；变身相声演员，为受挫的访问员鼓舞士气，使他们重绽笑脸。感谢CSS，在这个春天，我就像一棵小小的树苗，开始吸收春雨、吸收阳光，迅速地成长起来。

夏·承

经过两个多月的培训，我们终于启程去往全国各地。我被分配到西南大区，前往四川进行巡访工作。我怀着紧张激动的心情，揣着我的二十几盒胃药，奔赴成都。

在这个夏天，我认识了一群可爱的访问员，他们真挚、热诚、一丝不苟、不怕困难。子若，认真的湖南妹子，每次都认认真真地完成每一个问卷细节。作为组长，为了把控数据的应答率，她每次要新的样本时都相当谨慎，充分保证了问卷质量。马博，一个率真的回族小伙，心地善良，每次遇到稍穷苦一点的受访者，总会自己花钱给受访者买上一个西瓜。简龙，不苟言笑的酷哥哥，每次最远最难的样本都是他一个人默默地去完成，展现了一个男人应有的担当。紫怡，一个走在时尚前沿的女孩，看起来娇娇弱弱，实际很能吃苦。她很有自己的想法，经常能想出很多好方法。琴琴，团队中的会计，脑子活，嘴巴甜。受访者稍显犹豫时，她马上就开始撒娇卖萌，哄得受访者乐哈哈，成功开启每次访问。邢师傅，轻伤不下火线，被蚊虫叮咬到过敏，进了医院，输完液之后马上又回到社区开始问卷调查，这令我敬佩不已。凤儿，团队里的翻译官。每当在农村社区，遇到那些上了年纪的受访者，他们对问卷里的问题不是很理解，又常常说着方言，导致一份问卷往往都要三四个小时才能完成。这时，团队就会把凤儿"空投"到受访者家里，由她一个人独自完成。怡菲，刚刚完成了乡村支教，一天都没有休息就赶来做调查，展现了当代社会学学子心系社会、服务社会的担当。正是团队里的每一个人，他们承担着不同的功能与职责，才能完成这一份份问卷。正是因为他们的坚持，才能打动一个个受访者。也因为他们的坚守，才守住了问卷的质量。

感谢CSS，在这个夏天，我拥有了一群新的朋友，在一片欢声笑语中，一路同行，也见证了一段段美好的故事。欢迎大家参加CSS！

秋·转

秋天来了，CSS的工作进入了后半段。我们也要重回一线，做访问员。

老舍曾说，秋天一定要住在北平，北平的秋天是人间天堂。也许它比天堂更繁荣。北京的繁荣，我算是在地铁上见识了。每天早上6点钟起床，早班的地铁，可以让你深切地体会手不扶墙也可以不倒的滋味。从房山线，转9号线，转4号线，最后再转2号线。历时两个小时，到了目的地，没等开始做问卷，人已经开始疲惫了。

北京东城，历年来都是最难调研的地方。不是身经百战的老访问员，还真的很难"撬开"受访者的嘴。一位大爷细细"盘问"了我一个多小时，才决定接受我的访问；一位教授专门给我讲解了两个小时，什么是科学的问卷、科学的调查流程，并让我回去给老师提意见；一位阿姨，就"中国社会科学院究竟是什么单位，中国社会科学院大学是什么单位"，跟我热情探讨了40多分钟学科定义；一位姐姐，因疫情不愿让我们进入家中，但她带孩子又走不开，只能在电话中接受我们的访问。各路"神仙"，卧虎藏龙。每做一份问卷，都是在斗智斗勇。

问卷访问过程虽难，但我颇有收获。费孝通在《社会调查自白》中说过这样一段话："要认识中国社会……首先从现实出发，实事求是地探讨客观规律。科学之道在于实事求是，科学结论不能靠主观臆想。"我之前主观地认为，能在东城区这皇城根儿下居住的这些居民，肯定都比较富裕，毕竟他们能住在这地界，肯定衣食无忧。但在实际调查中，我发现很多都跟我想得不一样。他们中的很多人，都反馈自家买不起房，吐槽我国高房价。还有部分人表示医疗费用过重，自身无法承受，存在看不起病等问题。这些实战经历，使我对费老这段话有了新的感悟。我们学习社会学、研究社会问题，一定要从社会实际出发，不能靠自己的主观臆想，也不能闭门造车。一定要走出去，真真切切去听百姓的心声，如此才能真真正正为社会服务。

见一叶落，而知岁之将暮。我尚未深深体会北京的秋，它便在不知不觉中溜走了。感谢CSS，每敲开一户门，都是一次新的体验。在这个秋天，CSS让我有幸能走进不同人的生活，聆听不同人的心声。

冬·合

岁末年终，一转眼，2021年已经到了尾声。受疫情和其他原因影响，辽宁的CSS工作采取了不一样的方式。这是CSS第一次尝试起用专业访问员进行调研。按照惯例，我们要对访问员进行培训。令人头疼的是，虽然访问员们具备专业的访问素养，但是他们对于CAPI与CARS的系统操作不熟悉。如何带领他们进行设备操作，成了一大难题。同时，疫情也限制了我们的脚步，为了响应非必要不出京的政策，我们选择开展线上培训。这使本来就不易进行的培训难上加难。我们将课件进行相应的修改，将部分流程简化，将重心放在问卷解读与操作系统上。即便如此，刚开始的培训还是给了我们一个"下马威"。部分访问员连腾讯会议的简单操作都不熟练。在课堂互动的过程中，访问员的"背景音"多是孩子的吵闹声、电视声、家里做饭炒菜声……虽然可以理解这群专业访问员年龄比较大，他们有家庭，有孩子需要照顾，但在这种情况下，我们也不禁开始担心培训的质量。所幸的是，经过三天的培训之后，访问员们都能掌握相应的技巧，对于平板的操作也比较熟练。辽宁也开始了CSS实地调研工作，刚开始的两天，访问员偶尔还会出现各种平板操作问题，如搞不懂"发送接收"、点不出录音、不会修改问卷审核信息等问题。但由于访问员们都是专业从事调研工作的人员，访问经验相当丰富，每人实际完成1~2份问卷之后，便渐入佳境。前方屡传捷报，访问质量也较高。这一新的尝试，也算是取得了一个圆满的成果。

感谢CSS，让我知道了经验积累的重要性。也让我懂得，与不同的人打交道，要做到的不是让别人被动地接受你的话语体系，而是主动调节自身沟通方式。

季结

"取乎其上，得乎其中；取乎其中，得乎其下；取乎其下，则无所得矣。"CSS也许是不完美的，很多人都在吐槽它的题目多、时间长，抽样太过于严格不适用于实际情况。但也正是这些"缺点"，才使它科学。任何一项调查，都不敢说自己百分之百能反映出所有客观事实，但我们只有去做到所有我们能做到的严格，才能尽可能地保证调查的准确性。所以我们在面对"作弊卷""抽样问题卷""臆答卷""代答卷"等问卷时，绝不姑息。

在这一年里，项目组的各位老师对我说的最多的话是"辛苦了"，但其实我觉得，最辛苦的是各位老师。他们呕心沥血，有的操心到长了满头白发；他们无暇顾及家庭，忙起来没时间照顾老人、孩子。无论是四处奔波，在前线奋战的几位老师，还是镇守在北京，在后台值守的几位老师，每一次棘手的问题，包括系统的升级、程序漏洞的修复，不管凌晨几点钟，总有老师第一时间响应。为了做好这个调查，他们付出了太多。

至此，我的CSS工作已经全部结束了。回首这一年，从四月到腊月，从谷雨到冬至，CSS伴我走过四季。这一年，穿过酷暑寒冬，我们无畏艰辛。这一年，从南到北，我们砥砺前行。这一年，从白到黑，我们不曾言弃。这一年，我从一棵小树苗，长成了一棵小树。CSS让我更加懂得了什么是责任，什么是坚持。有幸与CSS走过2021，也期待着，有机会能在2023年，与CSS再次相遇。

看 见

黎秀坤　中国社会科学院大学社会学院

一　思考

我一直在想，做社会调查，我最想看到的是什么？是关乎民生的问题答案，还是对社会态度的综合调查，这些最终都会以数据的形式呈现出来，这是研究者们想看到的东西，那我呢？

在培训时，老师们会强调"规范化念读"，要求对问卷题目要逐字逐句念读，不加以自己的理解，也不给予受访者以诱导，这当然是出于对念读问卷的约束和规范，也是为了保障全国1万多份问卷数据的质量，规范化和标准化是定量调查最大的优势。因此，同学们不免会把自己戏称为一台"念读机器"，没有感情，只有声音。作为众多"念读机器"中的一台,我也曾因为这个说法而捧腹大笑,但心里却完全不认同。定量的问卷调查需要标准化的答案是必然的,调查的结果最终也只会以冰冷的数据形式呈现出来,但我们的每一次敲门、每一次入户,是否也能够让受访者感受到我们的关爱之心,是否能够通过这一个小时的时间、十余页的问卷,让受访者感觉到"被看见"的力量,展现出调查者对社会民生的关照之心。

我想,我知道了我想看到什么,我想看到调查中的人,看到这项大型社会调查中的每一类人,开展培训的老师、参与培训的督导、合作高校的访问员、村(居)委会的书记、接受访问的居民以及在调查中却又没直接参与的其他人员。除了最后的数据结果,他们也应是 CSS 最重要的组成部分。

二 参与

(一)痛并快乐的培训时光

连续 5 个周末,10 天时间,75 个小时,574 页 PPT,12 位老师,60 多位督导,绘织成了这段痛并快乐着的时光。

"CSS 是中国社会科学院社会学研究所于 2005 年发起的一项全国范围内的大型连续性抽样调查项目,目的是通过对全国公众的劳动就业、家庭及社会生活、社会态度等方面的长期纵贯调查,来获取转型时期中国社会变迁的数据资料,从而为社会科学研究和政府决策提供翔实而科学的基础信息。调查采用概率抽样的入户访问方式,全国样本量为 10000 余个家庭。"这是第一节培训课上李炜老师对项目的介绍。"为什么叫 CSS 啊?"我用笔戳了戳前面的女同学。"Chinese Social Survey,李炜老师刚讲过。"这样的"跟不上听讲"奠定了我培训的基调,成了贯穿我培训全程的"痛"。

"车,刚刚说全国抽了多少个村居来着?SSU 就是村居的意思吧?"

"小鱼,你先别写了,刚刚师兄说的那块流程你都记了吗?借我抄一下笔记,快!"

"璐璐,抽样的系统你怎么点出这个页面的啊?教我一下。"

"瑞,试访问是不是只做 ABC 部分呀,地址是改成学校吗?"

要在不到两个月的时间里讲授完关于CSS项目全流程的操作和方法，对于经验丰富参与项目多年的老师们来说也是一个挑战，他们需要根据系统的更新去更新自己的讲义，需要不断调整自己的节奏去迎合我们的速度，还要耐心地倾听和回应我们五花八门的问题和天马行空的设想，即便老师们已经做到尽善尽美了，我还是小小的脑袋、大大的疑惑，每天都有新知识，每天都是新迷惑。知识点太多太密集就像一只只泥鳅一样想往我的脑袋里钻，由于我头够铁，一些知识点只能止步门外。幸运的是还有一些"漏网之鱼"，宁死不屈，终于闯破铁门，得以进入我的脑子里，成为我之后赖以"调研"的宝贵财富。

与知识不懈斗争的每个周末，都为我平淡的生活增添了许多乐趣，虽然仍是没有午休，上课需要高度集中精神，但是能在小小的教室里和不同院校的兄弟姐妹们一起聆听来自五湖四海的调研故事，一起惨烈地抱怨知识点的繁杂，也成了培训的快乐源泉。

带着我对CSS项目全流程的浅显了解，对抽样系统的入门掌握，对问卷题目的略知一二以及我"不知天高地厚"的自信，启程北京怀柔的试调研。

（二）摸着石头过河的怀柔试调研

天将降大任于是人也，必先苦其心志，劳其筋骨，饿其体肤，空乏其身，行拂乱其所为，所以动心忍性，曾益其所不能。怀柔试调研对我来说就是一个"苦我心志，劳我筋骨，饿我体肤，空乏我身"的过程。从早上分好工出门，便开始了我们的"跋涉"，2公里的地面距离绘制社区边界线和确认建筑物；18米的高度距离爬楼层核图、核户。这个过程中，不断地和同伴关于实地情况归类进行讨论，向小组长发去关于系统使用的求助，终于在摸爬滚打中完成了绘图和抽样。

入户才是重头戏。老师上课的时候说，最不理想的情况不是拒访，而是没人响应，拒访还有机会挽回，敲不开门连机会都没有。但在怀柔试调研时，每当敲门后没人应答时，我心里都会松一口气，这就意味着不会有人拒访，我们不用被骂，也不用被别人质疑。我害怕拒访，就像等待高考成绩一样害怕，希望是"好成绩"，暂时还"不出分"也能接受，但是如果

"出了成绩又极不理想"那对身心都是一种折磨。在试调研第二次敲门时，我们就遇到了拒访，家里只有一个老奶奶和一个小女孩，同行的女生敲开了门，老奶奶半开着门，另一只手紧紧地抓住门框，确保随时都能快速把门关上。在同伴把情况介绍之后，老奶奶拒绝之意表现得很明显，我想要救场解释并出口劝说，刚说了"奶奶"两字，老奶奶这才发现了半扇门后面的我，嘴里说着"怎么还有一个男生"，啪的一声就把门关上了，索性隔着门和我们对话。我被弄得满脸通红，一面是对同伴的愧疚，一面是怨恨自己出现导致的坏结果。我们只能隔着门和老奶奶对话，并从门缝里留下了我们的宣传页和联系方式，抱希望于她的儿女回家后可以联系我们。

第一次被拒访着实让我们备受打击，由于时间有限，我们只能一边前往下一家，一边给自己做心理建设："老师说要成为一名合格的访问员需要经历过5次被拒访，我们现在距离合格的访问员只剩4次了，加油，争取今天就能完成指标，成为一名光荣的合格访问员。"我和同伴打趣道。很"遗憾"，老天没有给我们足够的机会，在经历了这次拒访之后，我们幸运地在下一家发现了一个"宝藏信息"。敲门无人应答，但是门口放了快递盒，快递盒上写了名字和电话，我和同伴在经过了几番纠结之后（不知道是否允许这么做），给快递盒上的张先生打去了电话，介绍了我们的身份和项目，张先生很配合，说回家后会联系我们。在经历了3次拒访，4户敲门无应答之后，终于在当天晚上的11点，在张先生家完成了我的第一份问卷。问卷调查结束之后我的第一个念头就是，以后在街上碰到发传单能接就接，推销的电话也等他说完了再挂，因为被人拒绝真的不是滋味。

试调查结束后，就是成为正式督导前的考核选拔环节了，考核内容包括笔试和试讲。真正的战士必须经得住来自组织的考验。但在此之前，战士得穿好"盔甲"，配好"长矛"。在大家已经穿好"盔甲"、磨刀亮剑的时候，我开始着手编织我的"盔甲"，以笔为针，散落的知识点为线，在泡在图书馆的三天两夜里，我终于拥有了属于我的"像样"的"盔甲"，像样的意思就是能防风防雨但不防刀剑，就这样我还是上了考场。谁能想到，这次的"战争"不仅风雨交加，更是刀光剑影，我拼命护住"盔甲"在试卷里穿梭，会哪写哪，空啥补啥，终于在最后"盔甲"散尽之时停止了这场裸奔，交卷了。看着同一考场的同学们都叫苦连天，我长舒口气，看来是试题的问题不是我的问题，幸好最后以合格的分数收场。下午的试讲就显得轻松了许多，一是因为听老师讲过一遍，二是我本来也不畏惧讲台，下午的试讲部分就在轻松愉悦的氛围中结束了。

整装待发的战士等待着组织的调配。

三 看见

（一）潼南天团——额外的惊喜

如果说参与CSS项目最大的收获，那一定是通过本项目学习和掌握的做大调查的基本技能，以及在这个过程中的所见所闻和增长的人生阅历。但在项目之外，结交一群志同道合的朋友也是我额外收到的馈赠。

重庆是我真正开始培训和巡访的地方，虽然已经和老师以及抽样组的同学模拟练习和试讲了很多次，但第一次真正上讲台授课还是会很紧张，除了在前一天晚上将知识又重新过了一遍提升自信之外，我还在外形上稍做准备，将头发梳成大人模样，穿上一身帅气西装，等会儿讲课一定比想象的好。得益于重庆大学学子超强的学习力和理解力，关于绘图抽样的五个半小时讲解终于落下了帷幕，效果确实要比想象中好很多，这也给了我充分的自信，为之后的培训开了个好头。在重庆大学度过了上山下坡的三天培训之后，我们终于要正式启航了，这是我最期待的，也是我最想体会和看见的。

乘着高铁前往潼南，一路向北。重庆山多，衬着大朵大朵的白云，沿路种着大片玉米和条带状的向日葵。午后阳光很好，阳光烘晒过的土地带着微焦感，进入实地调查的喜悦和激动不断充斥着我。

为了能更好地"看清"，这次来之前我做了很足的功夫，读了很多关于重庆的文章史料，但在进入潼南的那一刻，我也全然记不清了，只看到这里的街道、沿路而开的各式各样的餐馆、狭窄曲折的道路和随处可见的麻将桌，这是我们即将开展调研的地方，也是这样一群人生于斯、长于斯的地方，我喜爱这里的市井气和乡土味。和这里一样可爱的，还有和我一起同行的访问员们，娇小可爱但又充满巨大能量的地方督导梦华，热情伶俐的"翻译官"川妹子刘利,开朗活泼的"忙内"山东姑娘睿瑾,幽默风趣的志康以及才华横溢的"艺术家"文龙,是他们让我们此次的潼南之行充满了欢乐。我们一起坐着书记的车上过高山,也一起卷起裤脚蹚过农田;一起顶着大太阳在社区里一栋一栋地核图,也一起淋着雨在村里一户一户地核户;一起掏腰包在夜市小摊上吃香喝辣,也一起蹲在村委会门口吃泡面加鸡蛋;一起从白天到晚上的敲门入户访问,也一起在饭桌上、在马路边开小组会议;一起因为村居太大走"断"腿而抱怨,也一起为了完成最后一份问卷而狂欢。

14天的时间,4个村居,68份问卷,我们一步一步地走出了很多的共同记忆,也一份一份积累了太多的未知惊喜,我不能说我给他们带去了什么,但他们却确确实实回馈了我许多,教我学会了第一句重庆话:"嬢嬢,泽里斯石嚎喽嘛?(阿姨,这里是10号楼吗)"也送给我最后的临别寄语:"记得回南开中学吃冰粉。"谢谢你们,让我的CSS之旅充满了惊喜。

(二)生活百态——让看见更有力量

这次项目,也让我看到了很多与我以往生活截然不同的他人的生活,我看见了他们举步维艰的生活,也在他们中间看见了更多的人间温暖,他们时常触动我,也感动我。

在G村调查时,连着两天下大雨,我撑着伞站在路边核图,从路旁的大巴车上下来了一位老奶奶,奶奶没带雨伞用一个塑料袋顶在脑袋上慢慢往家里走,我赶紧跑过去撑着伞送她回去,雨越下越大,奶奶便留了我们在她的房子里避雨。奶奶的房子是一个平层的瓦房危房,大门给上了锁,奶奶告诉我们,政府说是太危险了,不给她进去住,但因为她有5个儿子,5个儿子都有楼房,所以也不符合政府维修的条件。

我问她那儿子们呢,她说她小儿子家就在前面的3层楼房,但是儿子一家和孙子去城里住了,儿子嫌她老人家脏不让她进去住,她也不会用电器煤气,就自己在危房外面的一个小棚子里搭一张沙发,吃饭睡觉。奶奶虽然90多岁了,但是身体很硬朗且能听懂我们的普通话,看到我的督导证,还问我:"你姓黎吗?"。怕我们淋雨着凉,奶奶还拿出了她的外套让我们套上，并拿出了刚刚从镇里买回来的面条，说要煮给我们吃。

在躲雨的这一个小时里，奶奶说了很多，说自己老了，没什么用处了，自己一个人就这样活着吧。说很久没有人来听她说话了，刚开始以为我们是政府派来调查的，发现不是后还是很感激我们，愿意陪她聊天说话，听她的故事。

我想做些什么，却又感觉无能为力，我没法运用专业社会工作的方法为奶奶链接到什么资源，也很难通过自己的力量去改变奶奶的现状，我只能在临走的时候在奶奶的餐桌上留下今天装在书包里的一袋面包和牛奶。临走前，奶奶还邀请我们和她合张影，我为她和同伴拍下了一张照片，照片里奶奶笑得很开心，还学着比起了"耶"的手势。我也时常会翻出这张照片来看，它仿佛能给予我一种力量，能让我看到自己的渺小，也教我学会努力生活。

四 后记

社会学的理论强调社会建构，认为事与物都是社会建构而生的产物；而社会工作则更加看重带来改变，为我们所关注的对象带去变化。站在这两种学理之间，我个人最喜欢的一种说法是：建构本身也是一种改变，而发生这一改变的关键在于，它被另外的人所看见了。

看见的寓意不仅仅是在"看"，也在于赋予一件事物以意义。譬如桌上放着一件物品，当我们看见它的时候，我们才意识到，这件物品是一盏台灯。通常我们的看法是：台灯就是台灯，它一直摆在那里，不管有没有人看到，它也只是一盏台灯，没什么区别。但其实我们认识事物的过程是恰好相反的：假如没被人看见，那它其实就什么都不是，什么也没有，跟一团虚空没有区别。直到被人看见了，它的存在才进入我们的视野，获得了"台灯"的命名，"这里有一盏台灯"的认知才得以确立，并作为经验保存下来。

就像CSS中来自150多个县市600多个村居的1万户家庭，对于他们来说，生活可能就像是流动着的时间线，每天勤勤恳恳地扮演着自己的角色。

直到他们被抽中，成了 CSS 的受访者，就被赋予了不同的意义，一切关乎民生的，他们的声音通过倾诉被访问员听见，他们的处境借由入户让我们得以看见，他们的态度通过问卷在平板上被记录，最终与其他问卷一起，形成具有代表性的数据，呈现在世人面前。

在这过程中，即使不去强调数据对于促进民生的重要意义，仅仅是那一两个小时的访谈和倾听，也能为受访者带去"被看见"的意义。在访谈结束后，我常常能听到受访者的致谢"辛苦你们这么远跑来我们家做访问，真的很感激你们来听我说这么多"。也许，这就是我想说的，看见的意义。

我不曾想过因为我的出现能为其他人带来一些什么，也不渴望试图去参与或影响到他人的生活。看见，便是一种最温和的参与。

一路向南

黄彩红　中国社会科学院大学社会学院

一　调查经历

（一）到过的地方

2021年暑假的40天里，我先后在江西、广西担任培训督导、巡视督导，培训分别在南昌大学和广西财经学院进行，随后便是和访问员同学们一起到各个村居实地调查，江西和广西分别有5个PSU，一共40个SSU。7月2日从北京出发，先后到过8个县市地区，8月10日正式结束我的CSS之旅。对我来说，到过的每一个地方都那么独特。

第一站是NC，和邹老师、丹姐、富民，我们从北京坐高铁到南昌，一出高铁站，眼镜上便蒙了一层白白的水雾，胳膊黏黏的，虽然自己是个江西人，但这是我第一次对南昌的闷热潮湿有了

031

这么深刻的感受。南昌四天培训后，实地调查第一站是石城县小松镇，我们一下车，大片的荷塘就出现在眼前，荷塘里有小亭子，头顶虽然是大太阳，但有大朵白云，这样的景色让我和石城小伙伴兴奋不已，而让我更为开心的是我们住的宾馆就在这大片荷塘前，这里人们的生产生活也围绕着荷塘开展。实地调查第二站是吉安县，我们住的地方在镇上，我到的时候应该是傍晚，等我哼哧哼哧地把箱子提到位于四层或五层的房间的时候，窗外色彩绚烂的晚霞让我至今难忘，从大窗子往外看，是整齐的稻田，一些稻田只剩秸秆，而另一些则刚插满秧苗，这正是两季稻交替时节，也正是农忙的时候，所以这也成了村民拒访的主要原因。实地调查第三站在安源区，这个SSU是青山煤矿单位社区，所以很多居民都是同事，这些聚坐在楼下聊天歇凉的叔叔阿姨会热心地告诉我们房屋的居住情况，有的还会向他们的邻居介绍我们，社区原主任还有楼长也会在我们碰到拒访时带我们入户，给了我们许多帮助，因为这些人，我感受到了社区的包容和温暖。广西的培训是在广西财经学院的校园里开展的，财院校门外正对着一条繁华的商业街，街上人来人往，各种店铺挤满了人，很是热闹。在忻城县的JL村，狭窄的乡村水泥路只有一辆小车的宽度，陡峭的山还有水田里山的倒影在暮色中会变得有些神秘。忻城县LM村某个屯的旁边有一条大河，傍晚我们核图核户的时候，太阳即将下山，天边有晚霞，许多人拿着游泳圈，提着桶，到河里洗澡。

（二）遇见的人

我们入户之前的核图核户环节要在社区各个角落转悠，当地居民对我们的身份肯定有过多种猜测，所以我们要经常性地接受各种目光的审视，而我们也慢慢习惯了这种审视，并且开始尝试着捕捉那些好奇的眼神，然后大胆走向前，热情地给他们介绍我们的项目。但也有些时候，不需要我们介绍，叔叔阿姨爷爷奶奶们会主动招呼我们，关心我们，大家打招呼的方式也极具地方特色，在石城县小松镇，阿姨会直接给我一个莲蓬，让我抠里面的莲子吃；在忻城县，奶奶唤我们进屋喝粥，一位男生访问员接了一杯来自阿叔的"水"，但等他喝到嘴里才发现那竟然是酒……当然，还有每一个村（居）委会的书记或主任，他们大多热心地帮助我们，帮我们完成抽样阶段需要完成的《社区问卷》，在我们碰到拒访的时候为我们提供支持，带我们入户，还像长辈一样叮嘱我们注意安全。

（三）难忘的事

也有一些比较特别的经历，比如在萍乡市芦溪县时，我因为坐车错过了站，一直坐到了武功山脚下，最后只得拉着箱子，坐上返回的车，万万没想到自己会以这样的方式到达武功山；从南昌转到广西的时候，因为需要把15个平板寄到广东的13个地方，但是在住的酒店附近没找着快递点，我又需要马上赶到火车站，所以我只能拉着行李，背着15个平板去找快递点，这本来是让人非常心累的一程，但没想到等最后找到快递点，帮我寄平板的那个女孩，竟然和我同名，那一刻感觉缘分这个东西真的难以言喻；在武宣县一个小区，我和一个访问员被住户举报，因为特征比较明显被保安精准捕捉，然后被"请"了出来，尽管我们带着各种证件以及居委会盖章的证明，和物业、保安详细地说明，但都不管用，只能用镇政府的盖章才可以；在广西忻城县有一户农家，家里有5只可爱的小狗还有它们辛苦的狗妈妈，小狗嬉戏打闹，跟在它们妈妈后边或者排队喝奶，那个时候太阳还没有下山，阳光洒在院子里，我没忍住拿出相机记录了这些可爱的小狗们，那时我旁边还有个小女孩，对我们一行人很感兴趣，问了我许多问题。

二 调查思考和建议

（一）千头万绪的前期工作

要做好前期的联络准备工作对我来说是一次不小的挑战。一方面是因为事情多且碎，访问员以及督导名单确定、培训日程安排、培训场地以及设备的要求、物资寄送、酒店交通的选择、培训内容安排……这么多事情，并且每一件都非常重要，容不得一点差错。另一方面是因为我们的沟通对象是地方合作机构，我们的一言一行在某种程度上代表着项目组的形象，所以沟通交流方面得格外小心谨慎，注意措辞。

前期为了应对各种琐事，我做了一份表格来梳理各项事情，提醒自己在哪些时间内应该完成哪些任务，另一方面也在《CSS2021各省小组长与地方机构联络的工作任务内容》这份文件中标注，做完一件就用不同的颜色标记，这样就知道自己有哪些没做完。同时，前期联络工作的进展我也会注意在自己所在省的群里汇总说明，这样大区老师、一起培训和巡访的督导也能够了解本省前期的准备情况和联络的进展。最后一个很重要的就是要寻求他人的支持，我们这些担任巡视督导组长的同学们，大部分也是第一次当组长，面对这么多并且重要的前期工作，内心难免忐忑，所以我就和其他两位同样担任组长的同学建了一个群，在群里我们相互答疑解惑，互相提醒，不懂就问，这对于我们前期工作的准备起到了非常大的作用，而这样的相互支持不仅在前期有效，在培训的时候以及在实地调查巡访的过程当中也十分重要。

（二）巡视督导要调和矛盾

质控和访问员似乎是天然的矛盾体，在实地调查过程当中也很容易产生"冲突"，这样的情况我在江西调查的过程中感受尤为明显，因为江西开展调查的时间和全国大部分地区重合，所以后台的质控伙伴可能一个人负责不止一个省份，人手明显不足。那么实地调查又是怎样的情况呢，我在实地调查过程当中被访问员同学们提醒得最多的就是，记得联系质控，让质控快点审核，因为他们马上就要转到下一个SSU了，尤其是在一些农村社区，由于有些村里的书记或主任对我们的工作非常支持，会带着访问员入户，在这样的情况下，同学们有时候甚至一天就能做完一个SSU的17份问卷。但由于人手紧缺，质控的速度会明显落后于访问员访问的速度，这时候一旦质控"滞后"地发现了不合格的问卷，要求访问员补访甚至重访，而访问员如果即将或者已经转到下一个SSU，这时候就非常需要巡视督导的调和，如果不小心处理好，访问员和质控的矛盾会很容易出现。

当双方矛盾真正出现，巡视督导就需要更小心地进行调和，避免更大的矛盾出现，但调和有的时候意味着妥协，妥协很可能是以降低某一份问卷质量为代价。所以最好的情况是不出现这种矛盾，为了防止矛盾出现，巡视督导需要做好预防工作，巡视督导需要了解当前的状况，如果此时处于访问高峰期并且人手又的确不够，那么巡视督导需要在大群里做好提醒访问员的工作，一方面提醒访问员一定要留下受访者的联系方式，以防后期的补访；另一方面提醒访问员不能犯会导致问卷被废的错误，而这种错误一般出现在入户阶段，所以要告诉访问员一旦访问员在这一阶段有不确定的地方，那就一定要立即给巡视督导打电话，总之，这种提醒在这一阶段要做到能有多频繁就有多频繁。还有一点就是需要抓住时机提醒访问员，比如，如果有哪一份问卷被废了，那巡视督导一方面需要安抚问卷被废的访问员，向他了解原因，如果是无心过失，告诉他不要有太大心理负担，下次更加注意并且做好重访的补救工作，另一方面也要在大群里及时提醒其他访问员，避免他们犯同样的错误导致废卷。

针对这一特殊时期的矛盾，我的建议是，项目组对审核问卷的高峰期有个预估，在质控的招募上，能够招募更多人手，让审核的速度能够赶得上实地调查过程中访问员访问的速度。

（三）给访问员支持

巡视督导要成为访问员的支持者和赋能者，因为江西、广西的地方督导其实就是访问员，他们和普通访问员一样大多数是大二、大三的学生，地方访问员只接受了短短四天的培训，就要开展难度如此大的访问，无论是技术上还是心理上，对他们来说都是很大的挑战，所以巡视督导的支持就显得尤其重要。

在江西的时候，因为我们大区人手紧缺，所以我一个人负责5个PSU，对于我跟着的PSU，我可以通过陪着他们绘图核图，入户还有休整吃饭的时候了解他们的困难，给予各方面的建议和支持。但是对于其他的4个小分队，我就只能通过电话、微信的这些渠道给出帮助，我会和访问员们说明如果他们碰到任何问题，都可以立刻微信电话联系我。另一方面，在访问员们做前一两个SSU的时候，我会比较重视通过群消息的方式不断地提醒访问员们需要注意的关键点，所以每天晚上或者早上我会发一个总结提醒，总结前一天核图核户以及入户过程中访问员们犯的错以及需要格外小心的地方，白天的时候一旦发现某一个地方容易出错也会注意在大群体里以群消息的方式及时提醒大家。最后一点就是，在访问员们完成了某一个SSU的核图核户或者完成17份问卷这些关键时间点，我也会在大群里"放烟花"，表示祝贺，总之他们完成的每一份问卷都值得巡视督导表示祝贺和夸奖。

但也有一些教训是巡视督导在实地调查陪访过程当中应该注意的：首先，陪着访问员核图绘图入户的时候，巡视督导一定要及时更换陪访的对象，尽量做到每一个访问员都陪访到，不能只陪着某一个访问员；其次，当访问员首次出现错误的时候，应当以安慰提醒为主，少用指责，避免给访问员造成过重的心理负担。

（四）学会合作

在实地调查过程当中，我很明显地感受到，巡视督导、后台值守、质控以及负责抽样的伙伴就是一个团队，后台的小伙伴给巡视督导提供抽样、质控、值守等方面的支持，而巡视督导连接着后台和前台，对实地调查开展的情况更加了解，所以巡视督导、值守伙伴、质控伙伴以及抽样伙伴相互的合作与支持是非常重要的。

在江西实地调查刚开展的初期，质控小伙伴会给我发后台质控的情况表格，里面有访问员们访问中需要补访、出现废卷原因的汇总，质控小伙伴还会给我打电话让我提醒访问员们哪些地方需要注意，这一方面让我觉得非常安心，另一方面也帮了我很大的忙，因为情况汇总表里的内容之后成了我用来提醒访问员们的每日通知。后台值守、抽样伙伴也时刻为前台提供支持，保证抽样、问卷访问的顺利进行。而巡视督导在实地，最了解实地调查的动态，所以巡视督导在哪一个PSU，每一支队伍目前的工作进程怎么样，今日预计的工作速度等信息都对后台工作起到一定的作用，巡视督导如果能在质控群里提供这样的信息会帮助后台了解实地调查的动态和进展。前期我发现编辑这样的消息有一定的时间和编辑成本，因为巡视督导实地调查过程中要处理的事情太多，在后期我做了一下改进，做了一份共享Excel表格，这样就可以减少许多编辑成本，表格里边需要包括村居代码、PSU名称、SSU名称、核图（完成时间）、核图（完成时间）、问卷上传数量、社区问卷（完成/没完成）这些信息，巡视督导只需要每天提醒小组长们填写，然后再发到本省督导群以及大群里就可以。当然，当最后本省任务完成后，巡视督导可以在督导群里发一个总结消息，既可以让后台小伙伴知道已经完成这一省份任务，又可以当成是对大家付出的感谢和总结。

这一方面的建议有，首先后台质控给巡视督导提供的质控问题汇总表可以制度化，同时巡视督导对于这些问题汇总也要做好传导，把它们以通知的形式发到群里，及时提醒访问员们注意。

（五）学会社交

无论是巡视督导还是访问员，既然要入户，就需要学会与各种人打交道，特别对于有些内向的同学，更需要走出自己的舒适圈，寻求改变。所以在我们核图核户入户的过程当中，只要碰到对我们好奇的人，就需要向他们"推销"自己，和他们唠一唠，夸一夸村居，有的时候唠着就会有意想不到的收获。我到的第一个SSU，有一个姐姐问我们干什么的，我就给姐姐说了一大堆，顺带夸了夸这里的风景和房子，还夸姐姐长得漂亮，我们还聊起了她的小孩，还有许多其他的内容，等到了后半程，姐姐竟然说我可以加她的微信，如果我们碰到她们家附近一带有拒访的住户，可以联系她，这对我来说真的算是意外收获了，虽然最后并没有联系那位姐姐，但至少说明在实地调查过程当中的社交是十分重要的。总之，下实地就是要学会主动热情地交流，而交流的对象也是有讲究的，聊天的话题也是有讲究的，自我介绍的方式也是需要灵活变通的，这次实地之旅让我深切地体会到和人打交道也是一门学问。

我写完这篇总结的时候是2021年10月31日，距离我的CSS之旅结束将近三个月。当时应该是很辛苦的，但辛苦都停留在8月10日那一天，现在想着，那些学到的知识，到过的地方，看见的风景，遇见的人，得到的成长才是最宝贵的。

"观""感"世界

徐鹤溧　中国社会科学院大学社会学院

提笔今日，距离上一次参与CSS并不遥远，就是上个周末发生的事。但似乎更准确地说，今年有一多半的时间都被CSS占据，从北京到广东再回到北京，虽然跑的地方不多，至少对我来说，已与它分割不开。

或许我本人对自己的期望较高，又或许自己有比较强的社会使命感，在过去的这大半年里我一直将CSS排在自我规划表的前列，付出了很多心血。同样它也回馈我很多，它不仅给我带来了意料之外的成长，也让我更能看清自己一直秉持的原则和责任感不是"错误"的。在我的成长过程中，会有不同的声音对我说有些时候我太"老实"，太"傻"了，总让自己"吃亏"，但每当我投入到一件事中去，"认真负责"就像刻在基因中一样，体现得淋漓尽致。说实话我有过懊恼，会觉得偶尔"投机取巧"一下会不会让自己更舒服一些，这样就不会吃亏了。但过往经历的一切告诉我，我没有错，特别感谢现在的自己，因为过去的成长经历，特别是这次的CSS让我知道我的坚持是对的，"认真与负责"不是"傻"，更不是"错误的"，它是一种美好高尚品格的体现，在当今社会尤显珍贵，对自己的影响毫无疑问是积极的，持续一生的。

一 走近CSS

正式与CSS接触大概是5月初的培训。初看培训计划，似乎接下来一个多月的周末都要投入到紧张的学习之中，着实令我吓了一跳。如此庞大的知识体系，未来我能否消化还是一个未知的问题，更别提如何承担地方访问员的培训任务了。等真的进入培训期，我发现确实好难。"绘图、核图的时候对于不规则的建筑物，如何下手？拒访怎么办，怎么说服受访者同意接受访问？"等等。这些问题我在私下里不断地与同门讨论，以至于到怀柔试访之前，还对些许问题心存疑虑。

或许是我第一次承担怀柔试访的一个SSU小组长，给自己的压力比较大，在去怀柔的前一天晚上格外焦虑。怕自己做不好，怕不能及时解决组员的问题，怕现场失控。但事实证明，想太多似乎没什么用，因为开始正式调查的时候现场的确是一团乱麻。大家都是第一次进入实地访问，心里格外紧张，失误频发，同时又接连受到拒访，作为小组长的我在第一天就已身心俱疲。在何珂当值班组长的那天，历经多次拒访的轮番鞭打之后，我完成了人生中第一份CSS问卷，将近3个小时，似乎是怀柔耗时最长的一份问卷。那份问卷的受访者是一位国企退休的工人阿姨，作为北京本地人她没有房子，并且由于之前国企改革，退休工资也少得可怜，老两口每月付完房租还要赡养一位高龄老人，阿姨唯一的儿子30多岁了，未婚，也没有工作，阿姨工资中的一部分还需要补贴儿子，巨大的经济压力导致她对社会有不少的负面情绪。在整个访谈过程中，阿姨表达欲很强，从她的眼神中可以看出生活的无奈与压力，似乎很希望我们能够帮她解决和反映一部分生活问题，附和和安慰好像是当时最能缓解阿姨情绪也是我最想做的一件事，但我深知这样做会影响阿姨的回答，只能尽力从眼神中露出"足够的"安慰与理解的目光。一次三个小时的访谈让我打破了对于"北京人"的"刻板印象"，并不是所有的"北京人"都是非富即贵，那些能出现在公众视野，影响大众认知的大多数代表都存在一定的偏差。不管在哪个城市哪个地区贫富差异都无处不在、体制间的区隔仿佛是两个世界影响着老百姓的生活。而CSS访问员的使命就是将像阿姨一样的受访者所陈述的事实完整地传到调查系统中，作为CSS2021 1万多户居民代表，反映目前中国最前沿的最真实的社会现实。这是我第一次走近CSS，第一次感受到了每份问卷背后的力量，对它的理解与认同更深了一层。而在怀柔试调查结束后，我也陷入了深刻的反思之中：似乎自己的多重任务解决能力并没有想象中的强，也就是说，抗压性还有待加强；似乎自己没有想象中的那么有勇气；似乎自己并没有做到最好，只是尽力了。

带着些许遗憾与期待，等待7月正式实地调查。

二 走进CSS

在广东待了快一个月，在这段时间里CSS占满了我的生活。这也是我尝试了许多第一次、挥洒汗水泪水最多，现在仍不舍得放下的一段日子。这是我平生第一次来到广东，对一切都充满了好奇。因从小就打心底里很喜欢海边城市的一切，当走出机舱的一瞬间，我的心似乎已经与这座城市融为一体。美丽的风景已经消解了我一大部分因即将要面对培训和一切未知的紧张与不知所措。

培训的四天时间帮我发掘了我的新能力——当众演讲。有可能是自己在培训之前花费了不少精力准备所讲的内容，最终呈现效果出乎意料得好，我甚至有点享受在讲台上讲课的状态。不要小看讲课这件事，讲得好并不容易，需要你有稳定的心态、超强的控场能力、庞大的相关知识量储备、缜密的逻辑思维能力、良好的语言表达能力以及较高的情商。在短短四天的培训过程中，极大地锻炼了我以上能力，也让我在新的方面又增加了一些自我肯定。当然,这些结果的背后离不开邹老师的贴心嘱咐与经验传授,还有同伴富民、燚飞一直陪伴在我身边。然而,无论在培训之前准备的多么完美无缺,现场总是会有意外和惊喜等着我。广东海洋大学的同学们的参与热情和求知欲使他们经常问一些跳脱出我准备之外的问题。在讲访问技巧与沟通技巧的时候,其实自己内心也在打鼓,因为我的实地调查经验也只有怀柔试调查的短短两天,但是在同学们面前却不能露怯,只能将自己知道的所有方法分享给大家,提前构思好鼓励大家的话语,像一个朋友一样,告诉他们未来会很难,但是我们会战胜一切困难,因为他们很棒,我也会一直陪在他们身边。不得不说,这样的话术还真有用,他们说我和富民像两个定海神针一样,从培训时就扎在他们心里,一直到实地调查结束。

培训结束离实地调查还有三天的空档期,而我早已与富民约好去探索这座城市的边边角角。海边的晚风、夕阳映衬下的橡胶树和椰子树对我都有致命的吸引力,似乎我本来就属于这里。那时我还不知道,实地调查还有更可爱的一群小伙伴、村民在等着我。而这段回忆也使我对世界和自己有了新的体悟和感知。

虽然我在逐渐学习如何享受孤独,但在一个陌生的环境里,还是会有些许不安全感充斥在周围。在实地调查的当天,要与富民分道扬镳跟随不同的PSU小组进入当地市县,对于即将要面对的完全陌生的访问员以及要共同相处的二十多天,我不是勇敢的。如今我觉得这其实是一个角色转换的问题,在培训时作为"老师"传授知识,实地调查时作为"同盟"一起工作,让他们将我视为"自己人",这样才会更高效和愉快的合作。或许是遂溪小组组员的热情与单纯真诚;或许是培训的影响,他们视我为"定海神针";又或许是自己性格原因,容易让别人有安全感,在第一天见面的时候他们就已经对我有百分之七八十的信任了。

三 生活之"难"

看不见的社会,看得见的生活。

Z市的农村刷新了我对"广东"与"农村"的认知。当地农村似乎和

"广东"这个词毫无关系。破旧不堪的泥土路混杂着鸡鸭鹅粪便的味道,在暴晒高温的白天越发让人不能忍受。环境的破败让我每天都想逃离这里,没有办法将这里与GDP排全国前列的广东联系在一起。在之前的一些扶贫调研中我也走过不少农村,但与Z市农村相比犹如两个世界。走进农户家,听到见到的景象仿佛给我一种时光倒退回20世纪的恍惚感。我惊讶于他们的人均收入(可能会有部分受访者隐瞒了一部分自己的收入,更偏向于向调查"卖惨"来获取一些政策扶持,但经过访问大部分农户收入都整体偏低,就不得不考虑结果的真实性了)。当地几乎没有什么集体产业,每户持有的土地也少得可怜——人均几分地,受访者说每年农作物的收成还不够自己吃,更别提依靠土地来赚取基本的生活费了,家中有劳动力的情况还稍好些,没有劳动力的只能艰难度日。

有认知才有感知。在访问中令人意外的是,即便在我们看来当地农户的收入与生活质量都不算高,但多数受访者并没有表现出太多对生活的不满,反而呈现比较积极或不算消极的态度。这或许是他们自己的无能为力,俗称"认命";又或许是还没有发生"相对剥夺感","相对剥夺感"只有主体个人意识到差距,才会显现出来。而我总是会默默地在心里替他们心酸。总是习惯从自己的认知世界中来衡量别人的生活,进而得出别人幸福或不幸的结论并加以评论或指点,我明白这是不恰当的。但究竟什么是恰当的呢?弥合差距不才是最重要的吗?这也许是我总会在调研中一次次产生无力感的原因之一,也是我想在这混沌的世界中做一个清醒的人的初衷吧。在入户的时候每当向受访者问出"您对现在社会的总体情况评价是几分?"他们通常会一脸困惑地看着我们,问我"社会"是什么?而我总是给不了受访者准确的回答,因为我无法从自己的认知世界中提取关键词来向他们解释。社会学家对"社会"的定义纷繁复杂,而我觉得"社会"是一种态度,是一种对生活环境周围存在的人或事的整体主观感受。受访者之所以不理解或回答不上来,是因为"社会"就是他们的"生活","生活"是无法概念化的,是个人所有主客观条件与外界互动后反射后形成的主观态度。个人在外界所制造的"牢笼"里行动,有的人拼命打破"牢笼",有的人以为"牢笼"就是"世界"。更确切地说,"社会"相对于百姓来说,就是个人"生活"所能接触到的一切；而"社会"相对于整个国家来说，是所有百姓的"生活"。

四 调查之"难"

CSS2021 让我经历了所有的狼狈与惊喜。

每天出门前为了防止晒伤要做很多防晒准备，但是在盛夏的广东，戴冰袖穿防晒外套与晒伤相比似乎在炎炎烈日更为致命。每天出去几乎不到20分钟，脖颈已经被汗水浸湿，直到夜里回到住处汗流才会停止，我们经常会开玩笑说自己是"瀑布"，毫不夸张。我之前还担心在农村怎么上厕所的问题，后来发现完全多虑，不管喝几桶水，都会及时被转化为汗液蒸发掉，在农村每天最多的就是找大树，有一棵树就可以幸福一整天，因为那是我们的救命稻草。

在 Z 市我学会了席地而坐。每天步数都是破 2 万步，累的时候真的什么都顾及不了，只要有一片空地就能随时坐下，为此报废了两条裤子和一双鞋子。这个行为一直延续到从 Z 市回北京到所里去报销的时候，我依旧习惯性一屁股坐到了办公室门口等胡老师，为此富民笑了我一整天，说："回到北京啦，注意一点，小心被赶出去。"而我还是怀念那段日子。

在 Z 市 S 县度过的最后一个星期应该是我们小组最难的时候。因为种种原因，我们需要加快访问进度，当时因为人手不够，8 个小组员，会白话的只有 4 个人，然而我们还剩一个农村社区和城市社区，不得已需要兵分两路。我陪着 3 个访问员去了最后一个农村社区，6 个自然村之间距离并不短，没有交通工具，只能靠半路厚着脸皮拦车或者自己步行来回跑。在人手不够的情况下，看他们太辛苦，我也会帮帮忙，可能因为水土不服再加上心急，突然有几天嗓子说不出话了，腰也不听使唤的疼，不能长时间站立或行走。一路全靠小伙伴帮我背包、照顾我，能获得这种单纯的情谊真的很幸福。最后一个城市社区进行的异常艰难，一共核了 170 户才勉强完成 17 份合格问卷。在进行到最后一天的时候，后台传来反馈，可能因为一些原因会废掉一份问卷，当时我问清楚情况之后，感觉眼泪下一秒就要飞出来，内心充满自责,因为他们的苦与辛酸我都看在眼里,认真与负责我也都记在心里,只能责怪自己没有再将注意事项多叮嘱他们几次,为了那份问卷不知道大家又要再敲多少次门,求多少次人。

在Z市把这辈子的泡面和八宝粥都吃完了。因为农村没有可以吃饭的地方,我和小组员们每天早上出发前只能买一些简餐(泡面或八宝粥)。午餐吃这些吃了大概20天,但也会有意外之喜。比如我第一次见到长在地里的火龙果,还有桂圆树、杧果树、柠檬树、木瓜树、波罗蜜树、香蕉树……那时候每天最开心的事就是带我的小组员们摘各种水果吃(当然是经过村民邀请的)。

五 人情

写到这里,不得不提到我在这场经历中获得的情谊,无比珍贵。

(一)我与我的小组员们

我的小组员们知道我听不懂地方语言,而且对一个外地女孩子来说当地农村地区并不安全,因此他们要求我不能离开他们的视线,尤其在核图、绘图时,我有时候着急会去帮他们核对一些破旧的房屋是否有人居住,他们一转头看不到我就会喊我的名字,到处找我,这样的行为贯穿始终,他们的善良与真诚无处不在。每当他们从农户那里收到一些水果或当地的点心,第一时间就喊我的名字,称呼从最开始的"老师",到后来的"鹤溧",不管我去哪他们总会有一个人陪着我,不允许我单独出行。

有时候我在怀疑,我和我的小组员们到底谁年龄更大一些。在实地调查的20多天,与其说是我在带领他们工作,不如说是他们每天带我经历不一样的生活。

(二)我与受访者们

记得抽到一户老奶奶家,由于老两口年龄太大,不是符合年龄的受访者,老奶奶很内疚,认为没有帮到我们,转身进屋拿了两个大塑料袋跟我们指她家的火龙果地在哪里，让我们自己去随便摘，说完便倚在似乎随时都会倒下的门框旁露出朴实真诚的笑容，身后的黑黢黢的屋子格外扎眼。在本不富裕的当地人家里，火龙果和龙眼是他们最能拿得出手招呼客人的东西了。

每次小组员们跟受访者介绍我都会说我是从北京来的，受访者听到了之后总会亲切的跟我握手，这似乎是一个象征，让我内心五味杂陈，而这也更坚定了我的原则。凸显在每一个受访者身上的社会问题是否能汇聚在一起，在每个命题或假设中显著，这是未知的，我只想在自己可以做到的范围内，将他们面临的真实情况，他们想要表达的情绪以数据的方式传达出来，这也是一种参与的力量。

信息化时代看似消融了不同群体之间的区隔，但实际却越发使个人处在自己的"信息茧房"中，认为所看到的一切就是"世界"。如果你想打破它，进入不同"世界"，做一个与众不同的"清醒"人，别错过CSS。停一下，别着急，参加之前一定要做好充足的心理准备，因为它无疑是对个人全方位的一次严酷考验。过程中可能会遭受到从未有过的委屈、疲累，但在这个过程中拥有的勇气、情商、抗压力与见识都是能够受益一生的。

这次经历让我重新认识到一项大型社会调查的背后是所有项目组老师、技术人员多年心血与知识的奉献累积和一线参与者的辛勤付出。感谢项目组老师能够给予我这次机会，让我拥有难以忘怀的体验。中国社会在世界的裹挟中急速变化，有太多纷繁复杂的事物吸引我们的注意力，年轻一代应该要有一些使命感与社会责任感，让更多的力量倾注在这个领域。每一位CSS参与者都是这个时代最值得尊敬的人。

浮世缪结处，有人有江湖

路畅　西北民族大学民族学与社会学学院

我作为一名社会学专业的学生，秉持"没有调查就没有发言权"的理念，为了更好地运用所学的社会学知识，参与社会实践，意欲实践"读万卷书，行万里路"。2021年7月19日"三下乡"社会实践活动结束后，得知了"中国社会状况综合调查"（Chinese Social Survey，以下简称CSS）招募的消息，我便报名参加。为了中后期顺利开展和进行CSS的调研活动，7月24日到7月27日，兰州大学第二批督导与访问员在校内进行了紧张的培训，本人十分幸运地通过最终考核，成为一名CSSer。

一　调查经历

7月27日早晨8点，我们等候在兰州大学体育馆附近的校车处，背后是整理好的行囊，胸中是那颗对探究"一门研究社会运行和发展规律的社会科学"跃跃欲试的心。中午到达市区火车站后，下午1点列车准时出发。我和访问员队友随后坐了一个多小时的1路公交车从火车站到达了社区，安顿好之后便对该社区进行大致的区划范围观察，与当地居委会成员交涉沟通，了解了当地的基本社区情况后，核图绘图工作随之开展。

作为一个有一定历史的社区，这里窄窄的街道上有几棵"年纪"超过"五百岁"的古树，正所谓"前人栽树，后人乘凉"，时过境迁，见证了无数少年人成长的它，慷慨地给我们以绿荫。

城市社区的门禁较多，给访问员调查和核图绘图工作带来较大的阻碍和困难。另外，居民的不信任、小区安保人员的驱赶、社区工作人员的不理解等诸多因素也给工作的开展造成很大的困扰。面对种种困难的我们不会气馁，更不会退缩，秉持着"上有政策，下有对策"的原则，有门禁的话，没有关系，我们就在附近等，哪怕等他个天昏地暗，等他个海枯石烂。这就导致在等人过程中的我很像一个蹲时蹲点的"贼"，为了洗脱我的"嫌疑"，我就很识趣地把"引人注目"的平板和绘图抽样手册放进了书包里，竭力地想要维持"我是个学生，我是个好人"的形象。无论怎么样，那么大一个人站在别人家的小区门口都不免让人感到"不怀好意"，为了顺利进入小区的楼层，我只好"耳听六路，眼观八方"，小区大门有门禁的，跟在人家屁股后面灰溜溜地就进来了，要进入楼层的时候站在门口要假装一副全然"我忘记拿钥匙，前面的人快帮我开门"的模样，表演得那么卖力，那双手更不能闲着啊，就用它在包里掏呀掏，以便让自己看起来更加逼真可信。

城市社区工作结束后，前往农村调研时，有一访问员因事中途退出，就由我承担后期全部的工作，不得不说这个过程十分难熬。这里有很多废旧的房屋，包括一些易地搬迁的新楼房都没有人居住，多数是老人在家，子女外出打工，孙辈在外求学。我除了要经历因行走于山间蜿蜒的小道而迷路的辛苦，还要经受心理上的"孤苦"。在和老师微信聊天的时候，我会说一说自己的状态，下面是我的原话："俺一到那小路上就害怕得慌。平原的孩子在深山老林里面，生怕蹦出来个野人和长毛怪之类的把俺给嘎嘣嘎嘣地吃了。这村里面荒宅也多，那种残破的黑黢黢地看着最吓人，好像有那个大嘴能把你嘶溜进去。这小道上林子里还有两个湖，布满了枯枝还有水草，密密麻麻，我看见那水我就想起来小时候落水的场景，心里一阵发怵。还有，这村里还有个30多岁的精神病患者，天天在路上乱晃悠。上次我在村委会屋里正低头玩手机呢，一抬头看见他闯进来了，吓我一大跳。他进来之后看到桌子上有村里人吸过一半的烟，抬手就拿起来了，又看见另一个桌子上还有一根完整的，顺手装兜里了，旁边还有一个打火机，他就用它点着了那半根烟，用完后还把打火机放到原位了。我就有点害怕……"老师就在微信上安慰我，说要是他在这样的情况下也会害怕，一切都是一种经历。后来的我慢慢地调整好了自己的状态，投入到入户抽样访谈的工作中。社会调查是系统地认识社会的一种方式，是主客观结合，定量、定性的综合。在社会里，家长、老师和学校不会教给你的道理，它统统会传授给你。在社会调研当中，我学会了见啥人都能张开嘴，走啥路都能迈开腿，做啥事都能学着会。知进退，有敬畏。

"独坐停云，水声山色，竞来相娱。意溪山欲援例者，遂作数语，庶几仿佛渊明思亲友之意云。"吟诵在嘴边的词，也在这光景中述说着我想家的心情……"我见青山多妩媚，料青山见我应如是。"我的情怀与当地青山的风貌或许也是相得益彰吧。

在后期做问卷调查的过程中，有一件事情令我十分触动，村委会有一间空房子里有一张床，一位工作人员叔叔让一位老乡大爷带着我们去大爷家拿被褥，通过和大爷聊天我了解到，这位大爷有着很不幸的经历，他的二儿子24岁那年因为情感原因精神受到了刺激，因此患上了精神病，整天乱跑；大儿子的孩子，这位老人的孙子，现在8岁还不会说话，家里人带着孩子去过天水、天津、北京看病，在医治上花了很多钱。这位老人过往58年的光阴，在这三地的医院辗转是他走过的远方的最大占比。在去他家的小道上，还遇见了他的二儿子，就在坑沟旁边站着，安静不语。老人说，这就是他那个得了精神病的儿子，没有回避也毫不忌讳，甚至语气中也不带悲伤，就那样平平淡淡地陈述这残忍的现实。我顿时语塞，悲上心头，看不得这现实落败的光景，随后就赶忙岔开话题。快到了爷爷家的时候，他就指着那个小院，说："看，那就是我的家。"那是建好四年的小院子，室外水泥地面干净，盆栽摆得有序，没有什么复杂的陈设，三个房间都挂着红色的帘子，室内也是干净整洁，是日常人家生活的气味儿，被褥床单就安静地放在床上靠墙的右边。爷爷的腿脚并不利落，甚至有些颤颤巍巍，苍老的面孔后是对生活朴素热爱的底色，没有命运不幸与多难加诸的狰狞，有的只是岁月沉淀的宁静。周遭的一切都是岁月静好的样子，我心里泛起的波澜却久久难以平静。毕竟通往春天的道路依旧充满泥泞，航向大海的旅程总是礁石密布，然而鲜花会盛开四季，河流将汇向四海，只要热爱，山海皆可平，无处不风景。

在汪川镇大吕村，我在学姐的配合下一同完成相关调查工作。这是一个有好几百户的大村子，道路整洁，村民热情，置身其中，满是人间的温情。根据前期积累的工作经验，我就习惯地跑到村头有老奶奶老爷爷的地方和他们混个脸熟，"一传十，十传百"，大爷大妈们极大地发挥了"社会支持网络"的作用，这就让村里的不少人知道村里来了"实习"的大学生，他们帮助调研工作顺利地进行。临夏回族自治州永靖县尤塬村的调研经历倒是给我留下了很深的印象，起初，从早晨6点坐车到晚上6点到达，其间无任何停顿，路程遥远让我身心俱乏，以至于休息到第二天才开始调研。可能是由于这个村子经济发展条件较好，加之我们访问期间是当地的农忙时期，入户拒访率较高。傍晚我奔波了数家无果的时候，不抱希望地走进了另一家，我仿佛很熟络地敲门随即应声入户，偌大的庭院里只有一个小姑娘从房间中走了出来，接着我就开始做问卷调查进入问答环节。

"请问您家里有几口人呀？"我问。"四口……父亲去世了……"她答。听到这里我心里哽住了一下，单亲家庭出身的我，深知其中的敏感，赶忙道歉，女孩儿礼貌的回复中带着坚强，回应了一句"长大了就没有关系了。"由于抽中的访问对象是她家人，所以我晚上又来了一次，后面和她家人的交谈中深觉其家庭氛围之好，两位已过耄耋之年的老人精神矍铄，尽管生活的重担落到了母亲一人的肩上，可"为母则刚"，一切又都是安然的模样。"在同样洒满阳光的早上，有的人永远留在了昨天。"她的爸爸永远活在了43岁，而她今年才15岁。不知道未来的哪一天太阳会扯开厚厚的云层，天光乍泄，驱散世间一切阴霾。调研路上的空巢老人、留守儿童、单亲家庭真实地存在，尊重生存本来的面貌，无论是谁都在努力地生活。在社会运行和发展的社会科学里，人始终都是目的，而非手段。

二 调查思考

"当我们捕捉到社会发生的各种变化时，我们就开始学会了反思、学会了分析。反思可以让我们知道，不管做什么事情或者解决什么问题并没有一个一劳永逸的方法。因此，我们又能从反思中学会去探索去创新。"若干年以前的问卷调查，完全是手填问卷，访问员要花费大量的精力来做问卷，但现在归功于科技创新，CAPI的应用极大地提高了问卷采集的效率，并且在大数据时代我们进一步挖掘了人与社会运行和发展的深层次关系。在访问员的操作下，我们选择应用；在理论的指导下，我们忠于实践。"博观而约取，积厚而薄发。"CSS不局限于广博读书而简约审慎地取用，观澜的是天下，行走的是江湖，把社会调查的专业知识转化为实践中的调查操作，是科技的温度，也是人文的热度。

借用清末兰州进士王烜所写《浆水面戏咏》："消暑凭浆水，炎消胃自和。面长咀嚼耐，芹美品评多。溅赤酸含透，沁心冻不呵。加餐终日饱，味比秀才何？"以此阐述笔者思考。

我的调研主要围绕着农村地区开展，当地人多喜食浆水面，并且有着白面条般的朴素，在部分经济欠发达地区，在入户做问卷的过程中，女性一再让丈夫作答，潜在的性别不平等问题仍然突出，"消暑""炎消"的应该是诸如此类的社会问题；当地人的生活也如浆水那样简单，它满足了村民的生活需要。然而，现如今的社会生活急剧变化，"终日饱"已不再是人们的追求，如何变成"终日好"才是我们要探寻的途径。

周国平《人生哲思录》说："每个人都睁着眼睛，但不等于每个人都在看世界，许多人几乎不用自己的眼睛看，他们只听别人说，他们看到的世界永远是别人说的样子。"调研的过程中恰恰相反，"仰之弥高，钻之弥坚；瞻之在前，忽焉在后"，"从初遇时的相看欢喜到接触过程中的痛苦与彷徨，再到幡然领悟的逆流而上"，都是个人心境体悟的转变过程，我把它称为成长和蜕变。

三 调查建议

（一）成功经验

1. 对督导和访问员进行系统的知识技能培训，使其掌握并熟练运用社会调查技术，是实现与社会有效对话的重要途径。
2. 问卷涵盖面广，覆盖家庭生活与社会生活的各个方面。

（二）不足之处

1. 系统经常出现闪退、卡顿现象，需要继续优化以保障平台的平稳运行；平板损坏的情况下，补救方案的采取不够及时。
2. 以督导的视角来看，CSS作为一项大型社会调查，规模大、耗时长，要想更好地面向全社会、面向大众，必须充分考虑社会的实际情况，以保证问卷的概念可操作性；必要情况下，问卷设计针对城乡差别较大的地区可分为A卷和B卷，保障问卷的适用性。
3. 督导组与质控组针对问卷效度和信度进行及时的评估，信息资源即时更新。
4. 调查存在的困难主要体现在大众知晓度、参与度低，对社会调查本身存在误解，可以对该项目目的、意义进行扩大性宣传，打消居民疑虑，增强大众的支持力度；必要情况下，与当地政府沟通，以保证项目的平稳运行。
5. 对调查目标、统计原理和现场可能遇到的各种难点不能及时进行统筹管理与平衡，做出有效合理的调查规划和现场执行方案。
6. 各地区督导与访问员人员有变，临时退出导致后期工作量的增大。

《礼记·礼运》有言：大道之行也，天下为公。选贤与能，讲信修睦，故人不独亲其亲，不独子其子，使老有所终，壮有所用，幼有所长，鳏寡孤独废疾者皆有所养，男有分，女有归。其中饱含着古人对理想社会的美好祈愿。置于当代个体和社会关系的语境下，但凡存在人群聚集的地方，你我就是处在社会环境无形的网络当中，其间交际交集，深浅牵缘。基于这个瞬息发展变换时代的考量，你我都要走的长征路是有方向的，四面八方皆是殊途同归，奔着社会最终发展的目标。最后，以我的座右铭结束这段旅程：凡心所向，素履以往；道阻且长，行者无疆。我们江湖再见！

仗卷走河北

2021年CSS调查组
河北农业大学人文社会科学学院

一 品调查百味，享人间温度

2021年7月，我们的CSS之行第一声号角正式吹响。从绘图、核图、核户到入户抽样、正式访问的要点提示，到居民抽样调查App、CAPI系统介绍和试访问实际操练，充实而紧凑的学习安排，短短几天的培训，就把我们从初来乍到的新手小白"武装"成跃跃欲试的"初生牛犊"。新手驾到，带着满腔期待和快速浇灌的知识，我们陆续进入自己的任务区，正式开启实地调研之行。

（一）初行状况百出

我们进入每一个SSU的首要任务是核图、绘图工作。与当地村（居）委会干部充分沟通并获得他们的帮助，能够让我们快速、清晰地绘制出村居边界。然而，核图的过程却着实让人倍感心酸，满含"累"与"泪"。其实，对村居而言，核图过程相对简单，农村的房屋结构比较规整且变动较小，横平竖直的马路、街巷连通大大小小的住户，很少有难以核对的地图。不过，在JXT村核图时，在开阔的土地中间新增了几个大屋棚，我们从远处观望根本无法判断它的类型，只有深入其中方能一探究竟。虽然干劲充足，但由于雨后初晴，地理位置比较偏僻且人烟稀少，我们不仅无从下脚，也找不到通向那几个大屋棚的路。我们尝试骑三轮车奔向这片"绝世孤棚"，结果却连人带车深陷泥中，三轮车和双脚因泥土附着而变得沉甸甸，一行人不由对这种"狼狈"状况笑出了声。不过好在功夫不负有心人，最终我们确定它的真实面貌是——鸡棚！

回忆起在城市社区的核图过程，怎可一个"精彩"了得！每当想起FT社区，我都感慨万千。这是我们到达青县后的第一个任务点，万事开头难，没想到FT社区真给我们来了个"下马威"。光是核图，我们就用了两天半的时间，可能是城市社区的缘故，社区发展相对比较快，变动也比较大。整体上看似规整的建筑，深入其中，很多"城中村"成为核图的难点。这些"城中村"大多房屋破败简陋，仅以"废宅"定义这片区域肯定是不负责且没有信服力的。为保证接下来工作的科学性和有效性，我们必须保证核图这一步的准确性。于是，我们一组分成两个小队，在重点的困难区域分头行动。我负责的那片区域，当真是有一种"山重水复疑无路，房屋无穷亦无尽"的感觉，像猜盲盒似的，每转过一个小巷，有几幢建筑，朝向是哪儿，都成了我们的关注点。由于房屋不是很规整，而且不整齐，门的朝向也各有不同，小路更是密布交错且一模一样。在这种情况下，小路转向有时就成了"不速之客"，时不时打乱我们的核图节奏，有的房屋连通某个不知名的坑塘，像探索迷宫一样，深入无人之地，突然冲出来的恶犬、其他小动物甚至是人，都能让大家后退几步，萌生转身就跑的冲动，但随即又"佯装镇定"地继续前行。其间也会产生不耐烦的情绪，因为这不仅是一项体力活，更是一项智力活，双重消耗加之卫星地图上显示的未完成区域不见减少，真让人崩溃。但每次烦躁之后都觉得，如果马马虎虎完成自己良心上肯定是过不去的，我们必须负起责任。于是，三两个人走走笑笑，缓解气氛后又继续相互加油努力干，终于用了两天半的时间啃下了这块硬骨头。

（二）笑泪百态横生

初步工作捋顺之后，我们正式开始了鲜活、有笑有泪的调查执行过程。入户抽样考验我们是否能够严格遵守抽样的各项硬性条件，稍微问得不清楚、不深入就会导致户内抽样出现失误，进而损害样本代表性，所以这一环节必须认真且严格遵守培训的相关要求。正式访问过程中，有几件事情让我深刻地体会到人间温暖。

在访问一个奶奶的过程中，她特别热情，刚做完自我介绍，她就端上西瓜，说我们调研工作很辛苦，不吃西瓜不让开始。老人家很健谈，我足足花了4个小时才完成这份问卷，一个下午的时间，我们成了彼此的"战友"。其间，我屡次把她从偏离的谈话轨道上拉回来，但是老人家对每一个问题都不正面回答。起初，奶奶分享的故事让我兴致勃勃，但后来真的有一种抓狂的感觉。对每个题目，她都很"艰难"地从中选出答案，她总是辩证地分析完问题后，再"权衡"很久才做出选择。4个小时里，我们从面对面坐着，到她背靠着枕头、我仍旧坐着，再到两人都站着，这次访问仿佛过去了一个世纪之久。最终，我还是耐心规范地问完所有问题。结束之后，她盛情邀请我在家吃晚饭，但我当天的任务尚未完成，便谢绝了。那一刻，我的心里夹杂着释怀与轻松、温暖与自豪，前行的步伐也变得更加坚定。

还有一位阿姨，在问到家庭成员时，她突然抽泣起来，导致我们很慌张，不知所措。其实我们的访问还没有真正开始，难道是冒犯了她？后来，她向我们解释道，她的老伴刚刚过世，问及家庭成员时实在情不自禁，她向我们分享了她和老伴的故事。我们于心不忍，不想触及阿姨的伤心事，想放弃这个样本，因为问卷中的问题或多或少会揭开她的伤疤，不过她让我们下次再来。第二次的时候，问到同一个问题时她已经哽咽了，但还是尽量保持思路清晰，冷静地回答了相关问题。阿姨和她老伴之间的感情让人动容，她老伴的离世也让我们感觉苦涩、难过，但生老病死，个人也无力扭转，我们无力改变别人的想法，只能让自己尽量保持理性和中立。

访问过程中的情绪过山车式地大起大落，有苦有乐，有笑有泪。此外，为了同伴顺利完成访谈，我们还替受访人家叠了一上午的纸盒子。也曾为了不放弃任何一个样本，冒着被骂的风险，通过迂回战略，终于获得受访人家的理解，艰辛完成问卷。这期间，大家体会着人与人之间的各种互动模式，体会着人间生活的百态与妙趣。

二 感人间百态，悟社会变迁

（一）捕捉时代变迁

"一枝独秀不是春，百花齐放春满园"，城市文明与乡村文明相互依存、互补发展是社会建设的必然趋势。在此次CSS调研过程中，我们惊叹于城乡地区的快速发展。城市中，一座座拔地而起的高楼，一片片繁华热闹的街区，一排排闪烁耀眼的彩灯，诉说着经济发展带来的巨大变化；在农村，一座座整齐宽敞的新房，一条条平直整洁的马路，一块块满载收获的土地，向众人讲述着时代变迁带来的生活福祉。这些场景在核图过程中展现为一种动态过程。短短两年，以前没有任何建筑的地方现在已经多出几排整整齐齐的房屋；以前是废宅的地方已经完成翻新装修工作；以前是厂房的地方现在已经被开发商选定进行重新规划……住房的变化也很大，有的还保留着土坯房的样貌，有的已经是水泥房，有的不仅加高为二层小楼，还加盖了房顶，美观又卫生，一系列变化都生动体现了老百姓居住环境和生活品质的提升。

从蜗居到宜居的转变，让群众获得感更充实、幸福感更真实、安全感更踏实。房子不仅是一个容身之所，更被赋予了家的意义，被多少代人倾注了希冀与憧憬。住房变迁，是一面镜子，照出了社会进步的影子。城市社区的受访者表示，现在小区环境绿化越来越好，停车棚、停车位等公共服务设施一应俱全，物业服务也很贴心，这种安全感越来越高。从原来的忧居到住有所居，再到优居，住房变迁见证了每一个家庭的生活变迁。再加上衣食住行等方面的变化，这些变迁汇成了一副波澜壮阔的时代答卷。

（二）体验人间温度

一串一串美丽的彩灯勾勒出一幢幢大楼的轮廓，道路两旁路灯整齐排列，指引着陌生人要去的方向。夜晚来临之际，喧闹渐渐平息，上班一族结束一天繁忙的工作陆续回到家中，这也正是城市社区入户的好时机。我们吃过晚饭，来到了HLFC小区，本来信心十足，但没想到在将近1个小时里，我们"蹿"上"蹿"下，只敲开了一户人家的门，而且这一户还让大家碰了一鼻子灰。"你们是谁呀？干吗的？""大哥，您好，我们是中国社科院社会综合状况调查的访问员，经过系统科学地抽样抽到您家，希望您能抽出点时间回答我们的问题。""不行，你们快走吧，我不接受。"几经周旋，主人已然有些暴躁，我们赶紧道歉，随即离开，而其他几户则是隔着门直接拒绝访问。几位访问员心灰意冷，在连续敲了9户人家的门都碰壁后，大家瘫坐在路旁长椅上。相比农村调查时农民伯伯的热情与配合，家乡话简单说几句便能使访问过程一团和气，城市社区的冷漠与防备令人无所适从。

在信息时代，人员流通速度加快，信息安全倍受重视，冷漠不是偶然，作为访问员，我们本就是外来人，携带诸多未知因素闯入他们的生活，第一次见面就要询问他们的个人和家庭信息。稍加留意，便会发现周围居民基本都用戒备的眼神、怀疑的心态来对待我们这些"闯入者"。不可否认，城市已经逐步从过去的"熟人社会"走向"陌生人社会"。这意味着经济规模扩大、人员流动性增强、公共服务社会化程度提高，每一个人生活的圈子都在不断变化，每一种社会职业都有了新的内涵，门与门之间不仅有地理的距离，心灵的距离也在拉大，产生心理隔阂。但是，离开"鸡犬相闻"、小桥流水人家的乡村，"人情味"淡化后，难免产生种种不适应。首先就是该如何和陌生人相处？对访问员来说，在城市社区开展调查，应该了解社区居民拒访问员于门外的心理，他们或许是担心隐私泄露，或许是害怕家中被盗，或是出于其他安全考虑。访问员要做的就是减少或降低他们的顾虑，与之建立信任和沟通。这需要依靠物业和社区居委会的支持，提前做好沟通可以免除后续的很多问题，提高工作效率。这也让我们每一个人认识到，信任重建是一个宏大的系统性工程。

（三）了解民生百态

我们在同一个世界，却未必能看见同一个世界。这次调查活动让大家得以有机会走进基层，在大街小巷中穿梭，真正地贴近民生，去听民众讲述自己酸甜苦辣的故事，去感受世间冷暖。从这些随机抽到的被访者身上，我们可以体会到韧性生命带来的感动，可以捕捉到平淡生活中各种美好的细节，让人不由感慨万千。

犹记得对DG村一户人家的访问。第一次上门时，这户人家大门紧闭，门后有个年轻男人在小声回应，让我们晚上再过去。等到晚上，我们再次登门拜访时，才发现原来这是一家低保户，那个年轻男人在20岁的时候患上了白血病，身体瘦弱，状态不好，他的父母举全家之力遍访各地医院依然无果，只能通过吃药来缓解病情，虽然性命无虞，但是这家人也因病致贫，每日生活在压抑和悲痛之中。父母为了照看儿子无法去城市务工，只能靠务农和闲暇时间打零工来维持家庭生计，城乡收入的差距也让这个本就多灾多难的家庭雪上加霜，只能靠低保和老两口的体力劳动来维持生计。在场的几位访问员听着这一家人的诉说，无一不为其痛心。访问结束后，甚至有两位访问员抱头痛哭，为这家人的遭遇感怀良久。这个年轻人虽然疾病缠身，但渴望生存；虽然身体虚弱，但意志顽强。在家庭经济状况每况愈下之时，国家的低保政策为这个弱势家庭带来了福祉，一定程度上缓解了家庭负担，社会保障的制度设计充分发挥了其功能。

在实地调研的这段日子里，我们每天都在倾听他人的故事，同时也在修炼自己的内心，虽然现实有时会很残酷，但是总有微光照射进来。愿所有人都能享受世间温情，没有颠沛流离。我们现在做的事情对百姓福祉来说也许根本微不足道，但是就如精卫填海，只要我们每个人都发出自己的光亮，群星汇聚定会形成灿烂的银河。

三 思难题境遇，助未来之行

历经近20天的调研，我们顺利结束了这次CSS调研之行，翻阅手机里在各地留下的美好记忆，有出糗搞笑的瞬间，有温暖满满的时刻，有我们的疲劳之态、沿路的风景、村落的掠影，每每回忆，都感动不已。或许当时有抱怨的情绪，但现在回望那些日子，是释怀，是收获，是调研之后的成长与进步，不仅有知识上的身体力行，也有心智上的成长成熟。

敲门入户访问时，经常会被"你们是谁""你们来这做什么"的质疑困扰，即便我们已经做出尽可能全面、详细的介绍，还是不能被受访者接受和理解，直接拒访、中途拒访甚至被暴力驱赶时有发生，受访者的不信任和不配合是我们开展入户访问的最大挑战。对以后的CSS项目来说，或许可以在调查前期做一些宣传活动，提前与调查地相关部门取得联系，无论是进行媒体宣传还是基层干部宣传，让受访群体了解CSS调研活动的目的和意义，扩大CSS的知名度，那么在未来的入户访问中将大大提高入户成功率。

核图、绘图阶段涉及村庄和城市社区的房屋规划和道路情况，调研人员不熟悉当地的总体情况，可以提前向所在社区的村委会或居委会了解当地的房屋与路线变动情况，为核图绘图做好铺垫。如果调研地的实际面积较大，仅依靠调研人员步行难以在有限时间内完成任务，就需要借助当地的交通工具如电动车来加快进度。当然，在实际核图时难免会遇到一些复杂地况，可以请当地人或熟人带路。核图、绘图的准确性不仅决定了后续抽样的质量，也影响着下一次调研的核图绘图工作，所以在此阶段应重点关注，谨慎做好。核图、绘图完成后就是核户，农村社区与城市社区的特点不同，在农村可以通过询问村民或敲门来确定受访户是否在家，在城市社区询问邻居或直接敲门则显得突兀，这时应通过一些其他技巧来确定，比如家户门前是否有垃圾、艾叶、鞋架，或者观察门上是否有对联，阳台上是否挂了衣服等。

在核图、绘图阶段我们感受更多的是身体疲惫，而入户阶段我们感受更多的是心理疲惫。入户成功，访谈就成功了一大半，那么如何才能顺利入户呢？在农村社区，可以与当地村委会或有较高名望的地方精英联系；在城市社区，可以与当地的物业部门联系，让他们带着访问员入户，成功率要比访问员单独入户高出很多。在访问员的搭配上，最好是两人一组，暑期炎热，易出现脱水、中暑、体力不支的情况，两人一组可以相互照料，确保访问员安全。调研小组中最好有一人是女生，女生相对来说比男生的入户成功率高。至于访问员的形象方面，着装在保证干净整洁的前提下，最好偏年轻化，有学生气质为好，这样在入户时可以稍微降低受访者的疑虑，有助于顺利入户。

入户成功后，访问员最需要注意的问题是正式访问前的入户抽样阶段，它决定着访谈问卷是否有效，如果抽样错误，那么后面正式访问的所有内容都将作废，这也就意味着竹篮打水一场空。所以在入户抽样时，一定要问清楚答题者的家庭成员情况，以及在调研期间是否能够接触到他们。正式访问时，突发情况较多，像中途拒访、意外中断、家庭成员一直代答等，要利用好CAPI系统的备注功能，详细解释现场出现的情况，方便后台质控检查，避免出现被后台质控误解导致问卷作废的情况。

身体健康是保证访问顺利进行的基础，因此在实地调查期间要多注意个人的生活起居，最好做到饮食清淡、充分休息，备足药品以避免中暑与着凉的情况。"纸上得来终觉浅，绝知此事要躬行"。我们总结再多的经验、讲述再多的故事也只是实地调查的冰山一角，调研过程中发生的诸多事情、发现的世间百态、感知的人情冷暖还需要个人去实地调研才能真切品味。

人生如逆旅，我亦是行人

侯嘉茵　广东金融学院公共管理学院

凡是过往，皆为序章。逝者如斯夫，不舍昼夜，短暂又难忘的七天调研旅程，就像白驹过隙般飞速而逝，而我在这期间的感受，也像五味瓶，酸甜苦辣咸，一应俱全。在每天紧张充实的工作中不觉间已经走过了一个星期的时间。由于时间问题，这个国庆我们只去了D市的XG和ZW这两个地方。伴随着炎炎烈日，听着阵阵蛙鸣蝉叫，坚持着心中的信念，走过一个个平房，感受着人生百态。回首这七天的调研时光，内心充满着激动，也让我有了无限的感慨，也懂得了许多的道理，给我带来不一样的体验。

一 所触

（一）出师不利

我们怀着激动的心情来到了D市的XG，我的内心充满了激动和紧张，激动是为自己即将展开的调查感到开心，紧张则是因不知道调查的结果如何而感到些许压力。也是怀揣着这样的心情，我敲响了受访者家的大门，可随之而来的并不是我们意料之中的调查访问，而是沉默。我们的心情有些低落，但也并没有放弃，而是给自己打气，继续敲响了接下来的一户户家门。可没有想到的是，接下来的人家，也都是大门紧闭。

接连的闭门紧锁，让我们想换一个区域试一试，也许会有不一样的惊喜。没想到在另外一个区域情况也没有好转，这些居民楼大多都是出租房，为了更好地管理以及保障租户安全，当地为几乎所有的一楼大门都安装了电子锁，每楼有严格的门禁。秋老虎正在发威，国庆的七天，正是一年中最难耐的时候，马路上的沥青滚烫，柏油路都软绵绵的了。空气又闷又热，像划根火柴就能点着似的。我们顶着烈日站在居民楼下，静静地等待着受访人群的到来。炎热的空气不断消磨着我们的忍耐力，但是我们还是耐下性子压下心中的焦急，耐心的等待，想要看看能不能接触到样本。但是随着时间一点一滴地流逝，情况却没有一点一滴的好转。

一天的访问结束，我却连一个都没有访问成功，整个小组的成功访问率也不尽如人意，大家士气都有些低落。尽管如此，我们还是没有放弃，决定好好总结一下今天遇到的一些困难及其原因。首先是因为我们第一天行动，话术不够完善，胆量也不够。其次是因为受访者大多都是租房为主，居民楼设有门禁，等待时间长且没有效果。然后是因为正值国庆节假期，大多数人都出去游玩，无人在家。最后是受访者的反诈骗意识强，也害怕在采访时泄露信息，所以拒绝接受采访。

（二）峰回路转

经历了第一天的行动失败后，我们总结了原因。除了客观上的原因，如居民楼的一楼门禁问题导致我们接触不上样本,我们还分析了一下主观的原因:可能是第一天的采访话术还不够好,而且本身我们自己的心情也比较紧张,导致受访者对我们不够信任。果然在我们调整了方向策略之后,迎来了我们的第一个受访者,虽然他一开始对我们也持有怀疑态度,但经过我们的详细解释以及向他展示我们的证件后,他也放下戒备,欣然地接受了我们的访问。在采访过程中发生了一些小插曲,由于我们的调查问卷内容很多,采访完一套完整的问卷可能需要一个小时左右,当我们问题问到一半时,受访者就有些不耐烦了。还好我们及时做了安抚,所以顺利地完成了第一个采访。有了第一个采访成功的经历,我们信心大增。紧接着第二个第三个,越来越多的受访者接受了我们邀请。也真是印证了一句话,"船到桥头自然直"。

(三)柳暗花明

随着前三天调查的顺利结束,我们的信心越来越强。第四天,我们继续敲着XG受访户的大门,也都顺顺利利,上午就结束了XG 17个样本的调查,下午转战ZW。当我们本以为在ZW也能够顺利进行之时,没想到却发生了和第一天一样的情况。一家家,一户户,他们大门紧闭,整个居民区里面空荡荡的,过路的行人都很少,一个个出租屋里也都没有人。我们的询问后得知,大部分的工人都是在国庆假期的第三天、第四天复工,所以出租屋里没有人。当天下午结束调查之后,我们意识到如果再继续这样调查,肯定是找不到受访者的,我们便和老师商量决定换一个方式进行。果然山重水复疑无路,柳暗花明又一村。在最后一天我们顺利地完成了ZW的样本调查,带着喜悦的心情,坐着顺风车回到了学校。回来的路上我看到了大家的眼神似乎都和来时不一样了,每个人的眼中或多或少都有了不一样的光芒。

二 所感

古语有云:纸上得来终觉浅,绝知此事要躬行。我从没想过,七天的时间能给我带来什么，改变什么。直到国庆的这七天时间，一个背包，一部手机，一部平板，三张证件照，几套衣服，一群志同道合的小伙伴，让我确确实实地体会到了人生百态。

"千里之行，始于足下"，我认为这短暂而又充实的调查活动，对我走向社会起到了一个桥梁的作用，是人生的一段重要的经历。这次活动让我深刻地了解到，和团队保持良好的关系是很重要的。尽管天气十分炎热；尽管我们迟迟等不到受访者的到来；尽管我们鼓足勇气去采访调查对象，却被拒绝，但我们却没有一个人抱怨。我们不断地思考着，讨论着，想象着怎么样才能做到更好，每一次的失败对于我们而言都是一份宝贵的经验。很多次我们濒临放弃，大家却又继续加油打气。当我们成功时，大家都在庆幸着，还好我们没有放弃。我永远记得，第一天的接连失败之后，我多么害怕第二天的到来，我多么害怕第二天仍然会一直被拒绝，没有访问成果。但我更加记得，第二天的那位叔叔，同意接受采访时，我们大家脸上露出的喜悦，我内心的那份激动。那时的我心里真的乐开了花，同样是炎炎的烈日，那炫目的阳光却不再让我感到头晕眼花，阳光洒下，那时的我却只觉得舒爽。一个小时的问卷时间，我却觉得如白驹过隙，当我完成了那份调查，空落落的心似乎被什么东西充满，扑通扑通的心跳声回响在耳边。在调查过程中，有挑战、有压力、有无奈、有害怕、有喜悦，也有难过，每当历尽辛苦地完成一份问卷后，我们的喜悦是难以言表的。这七天我们从被质疑到被接纳和欢迎，这不仅仅是每位队友努力的结果，也是受访问者对我们工作的理解。

烈火炼真金，实践检验真理。理论与实践相结合本身对我们来说就是一笔财富。这次活动便是如此，一方面通过实践使我们的理论知识更加牢固，实践更加顺利；另一方面，通过现有的理论知识，运用到不同环境中，开阔我们的眼界，了解了社会，深入了生活。

短暂而充实的调查之路，却让我觉得仰取俯拾，难忘终生。这次的调查活动增加了我的阅历，增长了我的能力，让我获得了一个人不可缺少的能力，那便是——勇气。我从那个扭扭捏捏红着脸提问题的"胆小鬼"，成了那个大大方方地走去，与受访者们谈笑风生的访问员。我永远记得每一次访问给我带来的欢愉感,每访问一次我便多增加了一份勇气。到了访问的尾声,我已不畏惧失败,失败对于我而言,只不过是成功的一块垫脚石。

除此之外,我也感受到了什么叫作吃得苦中苦,方为人上人。天将降大任于是人也,必先苦其心志,劳其筋骨,饿其体肤。短短这七天时间里,我们遭受了质疑和拒绝,我们忍受着烈日的侵袭、大雨的洗礼,多少次的冷眼嘲笑、多少次的饥渴难耐。这些苦是真的苦,我们却也能苦中作乐地一起欢笑。观察当地生活,与ZW和XG的居民们一起聊天,感受着这个社会的人情冷暖,也明白了人生百态世事无常,唯有珍惜当下。

三 所悟

这次调查活动,让我们更多的关注社会实际,了解社会形势与政策,认识自身,认识社会,是一次提升自我、锻炼自我的宝贵经历。在这期间,我们离开了熟悉的人、熟悉的家和学校,来到现实的社会中体验社会,贴近社会,去感受最真实的社会生活,体味最真实的人生。一切的一切,都让我获益良多。回望这七天,我真的学会很多的道理。

一是不要惧怕失败,在与人交流时,要落落大方,不能束手束脚。有人曾经说过"勇气通往天堂,胆怯通向地狱。"自信不是盲目的自夸,而是对自己的能力做出肯定。有句话叫作怕什么来什么。我看这句话说的也不错,第一天的我害怕失败害怕被拒绝,结果我得到的却全都是拒绝。一次次的拒绝,让我真的有些失望。这时经过大家的劝慰,我鼓起勇气迎接那些挑战。当我鼓起勇气,不再害怕失败,认真地面对自我,去改进我的话术时,自信的神采让我变得不一样,受访者也一个个到来了。所以我明白了,生活中真的要克服自己胆怯的心态,不能缩手缩脚,要放开手脚大胆地去做。

二是学会团结合作,一个团队中每个人都有自己擅长的部分。俗话说得好,三个臭皮匠顶个诸葛亮,只要每个人都能发挥出自己的力量,都会融入团体。人与人之间合力去做事,会使做事的过程更加融洽,事半功倍。这次团队活动中,每个人都发挥出了自己的力量,有人鼓励大家,有人积极找被拒的原因，有人不断地提出新的方案。正是大家头脑风暴式的想法，让这一次的调研更加成功。

三是学会交流，这会让调研变得更加轻松愉悦。如何与别人沟通是一门学问，好的沟通与不好的沟通会有完全不一样的效果。这次我面对的是一些在D市打工的人群，一开始的我，说话结结巴巴，也许是因为我的结巴，很多受访者都拒绝了我的调查，也对我不太信任。但当我认真的去跟他们交流的时候，他们都渐渐地不再与我有隔阂，会认真地提出意见。当他们不耐烦时，想要放弃调研访问时，我们细心地劝慰，让他们顺利地配合了调查。我印象最深的，就是在我们调研后期，一位大叔与我们深入交流后，了解到了我们调研的难处，拉了很多符合调查要求的工友来帮忙接受我们的调研，这让我感受到了，原来用心的交流会有这么不一样的结果。

四是学会感恩和有同理心，这会更容易得到尊重和理解。烈日炙烤的大地，滚烫、灼人，正值国庆放假期间，受访者愿意花上一两个小时接受我们的采访，这不是他们的义务，所以我们要拿出诚挚的态度以及感恩的心，感激他们接受我们的访问，这会使得我们的访问更加顺利。在访问期间，通过和受访者聊天，我感受到了他们工作的辛苦，以及他们在工作中的竞争压力，我们要有理解他们和换位思考的能力，这不仅仅有利于建立和维持牢固健康的人际关系，而且还能更有效地工作，在生活中获得更大的成功。

在短短的七天里，我们将培训所得的技能不断付诸实践，我们从活动开始的相识，到活动期间的相互照顾，从陌生到熟悉，从疲惫到欢笑，一路走来，成为了好朋友。紧闭的大门让我们望而生畏，一路的谈笑风生又让我们感到欣慰，虽然初衷是为了学习新的知识和获得实践经历，但结束后多了一种情怀，也多了一份感激。这次"旅行"，虽没到我们所向往的诗和远方，但我们走了很多不一样的路；虽没能看到美丽的风景，但我们体会到了人们的善良和生活的千姿百态。这次的活动让我受益良多，我们在一次次不畏艰辛中磨炼成长，这也是一个起点，我相信这个起点会让我成长起来，走得更远。

我们应该出去看看

康丹隆　北京航空航天大学交通运输系

作为一个理科生，大概从初中开始，每天学习的都是物理化学，已经很久没有接触过人文社科了。但是对于刚刚步入青年时期的我来说，依旧对这个世界充满着无限的好奇，好奇社会的本质，好奇社会运行的方法，好奇其他的人的故事。我一直都喜欢和陌生人聊天，喜欢通过语言沟通的方式去经历另一种人生，哪怕我不能亲身经历，但终归是一种不同于科研发明的乐趣。于是在大学时选择了一门社会学的选修课，也正是通过这门课我才接触到"中国社会状况综合调查"（Chinese Social Survey，以下简称CSS），带着出去看看的想法，我决定参加CSS。2021年6月结束培训，7月初，带着好奇、求知，我踏上了前往四川和云南的旅途。

一 调查经过

7月15日抵达四川省成都市,在西南民族大学进行访问员培训。很遗憾,我没能继续在四川进行实地调查。7月19日抵达云南,才算是真正开始我的CSS的实地调查。

云南地处元江谷地和云岭山脉,海拔差巨大,交通也并不便利。再加上有接近一半的SSU都是村庄,但是一个行政村往往下辖几个自然村,自然村依山势而建,导致调查难度很大。而且云南的自然村相对落后,并不能为访问员提供有效的食宿保障。交通和食宿问题成为调查的最大难题。

云南一共五个PSU,分别是个旧、泸西、禄丰、丘北、芒市,其中芒市由于疫情等原因并没有在此次云南调查之中。我和云南另一位巡视督导周王瑜带领云南大学的访问员们,分成四组,分别前往四个PSU。第一站泸西,访问员们决定从ST村开始调查。等访问员们到达泸西县城,在第一天前往ST村调查时,才发现所住旅馆与ST村相距太远,并且村内交通极难解决。幸运的是,我们在与ST村村支书交流过后,热情的村支书当即提出愿意将村委会的房间临时借给我们居住以完成调查,村支书的支持让人生地不熟的我们缓下一口气。

调查刚刚起步,新的难题再次出现,上次CSS绘图还是两年之前,农村的房屋布局和规划并没有城市那么规整,房屋的小范围改建和扩建有可能影响对地图的阅读。再加上对操作系统的不熟悉,调查进度相当缓慢。但是随着一圈圈地走访,对村子逐渐熟悉,访问员们还是一步步攻克了这项难题,调查开始逐步走向正轨。

泸西的第一个SSU的核图结束后,我转到个旧市的调查点。个旧市的访问员们是以城市社区为出发点,先将暂住地附近的社区完成再进入村里完成剩下两个SSU。个旧市盛产锡,城市发展较早,导致城市内大面积都是不规则的居民楼和公寓楼,再加上城市居民的警惕心理相对较高,核图和入户时不得不一遍遍向他们解释访问员的身份和目的。

入户访问,最难的莫过于获得居民的信任。实际访问时,我们还是低估了访问的难度。云南以彝族为主，有52个少数民族，方言复杂，语言不通成了最大的沟通障碍。虽然困难重重，但是我们依旧不停地尝试和住户沟通，用他们能够听懂的方式解释问卷，并试图理解他们陈述的信息。

搜索聊天记录，最高频的字眼就是"狗"。一旦进村，大家在核图时就在群里通报，哪里的狗很大，哪里的狗很多。虽然实地调查难度极大，访问员们常有怨言，工作群里时常出现"我不理解""这太难了"类似的牢骚，但是每天晨光熹微，访问员们带上工作证的那一刻，就又会重新"满血"开始访问员工作，即使前途千难万险，他们依旧高质量地完成了问卷。

二 调查感悟

从调查开始直至现在，那些故事依旧历历在目。从热心提供住所的村支书、听到我们要入户就主动带路的村委会志愿者，到泸溪县ST村，遇到开车经过我们身边愿意载我们一程的大爷。每位支持我们的人，每一位访问员，每一位受访者，每一位老师，都是整个CSS项目的一块拼图，我们能完成调查任务，他们缺一不可。实地调查的半个月，我依旧记得在个旧市访问时遇到的参加过对越自卫反击战的老兵。我们总是能在电视上看到老兵的故事，但当真实的一位老兵将他的军功章拿给我们看，并讲述他的故事时，我能看到爷爷的眼睛里有光。那是一股震撼人心的力量，是隔着屏幕感受不到的力量。我依然记得，我和同学们走在下过雨的村庄中，一起扶着墙下坡，即使摔倒，也依然欢乐。我依然记得，SLJ村一位受访者家里的一个小姑娘，即使家里没有什么玩具，奶奶在做饭，但她依旧安安静静和一个竹筐玩的那种纯净。调查路上，行走在村庄和城市之间，才能够感受到什么是真正的生活，这是在学校里体会不到的一种真实，一种来自真真切切存在事物的反馈。每个人都有自己的故事，都有自己的快乐，也有自己的难处。

CSS作为一项严谨的科学调查，从绘图到核图，从入户接触到入户访问。从科学的选择受访户和受访者，到合理的解释问题和提出问题。CSS的整个过程无不在践行着严谨。虽然现场条件艰苦，访问苦难重重，但是我们依然尽最大可能根据原定的原则完成任务。我认为，和理科科研活动一样，CSS固然属于人文学科，不可量化的因素太多，但仍然需要严谨的执行态度。这才是调查的意义所在，用真实的数据反映真实的情况。CSS是社会调查，调查的是居民的基础生活情况，调查的是社会良心，只有我们都严格按照原定调查方法执行，才不负中国好调查。不论是在培训时，同学们和老师们一次次的争论，试图发现问卷或者调查流程的不合理之处，抑或是督导们在给访问员们培训时，尽可能完整无误地向访问员们传达正确的调查规范。问卷被一次次修改，直到6月底准备开始CSS2021正式调查时，问卷才修改完成。每一位老师在面对问题时绝不后退，尽力去解决问题的热情也在感染着我，这是一份份真正的科研初心，也是各位老师对于CSS项目的尽心经营。

我认为这才是社会实践，一场真正走入居民的家里的实践。虽然我本科阶段参加了多个所谓的社会实践，但大体上是一群人去某一个地方参观或者游玩，大都不了了之。从群众中来，到群众中去，访问更多有意思的人，听到更多有意思的故事。很幸运在2021年的暑假能够遇上CSS，这会是今年最精彩的一部分。这段经历，也会是我人生中的重要一笔。

首战沙头，且难且行

谢莎莎
广东金融学院公共管理学院劳动与社会保障系

2022年1月4日，我们佛山调查队在ST村口的酒店集结完毕，全员归队，当然也有新成员的加入，为我们的队伍注入了新的活力。由于来到ST社区已经是下午两三点了，村子周围的饭馆都已经打烊了，我们只好在酒店楼下的便利店吃碗泡面以便尽早开工，不幸的是货架上的泡面都已过期不能食用，幸运的是老板拿出了新进的货并且帮我们烧水煮面。老板看我们一行人背着统一的书包，戴着统一的工作证，便好奇地询问我们是不是什么神秘组织，引得我们哈哈大笑，于是我们进行了首次关于"我们是谁、来这儿干什么"的解释。我们来到沙头的第一顿饭是"凄凉"的，遇到的第一位村民却是暖心的。

随后，我们跟着导航来到ST社区党群服务中心，不巧的是之前跟我们约好时间的联络人因公外出不在办公室。在等待间隙，有队员发现平板地图上的图层中没有标注绿色的样本点位置，这当头一棒，无疑成为我们准确迅速地寻找样本点的一大挑战。我们还得沿着大街小巷，一栋建筑一条巷子地去数，找出样本点。虽说屡屡碰壁，但我们愈挫愈勇，大家集思广益，发言献策，只为同一个目标：尽早圆满完成任务！一番讨论后，天色从明亮逐渐变得灰暗，再过一两个小时就要天黑了，为了大家的安全起见，我们最终决定男女搭配，分成四组分区域行动，在微信群里实时报备工作进度以及安全信息。

初来乍到加之没有村委会工作人员的带路，在村子里走街串巷，在村民家门口拿着平板驻足停留的一群大学生们引起了村民的疑惑甚至是反感、驱逐。语气稍微平和的村民问道："你们是来这干吗的？是什么人呐？谁让你们来的？"遇到态度恶劣、排外性极强的长者村民，我们毫无解释的机会，有老人直接指向村口方向，示意我们赶紧离开村子，嘴里嘟囔着一些不好听的话。面对村民们的怀疑与排斥，我们早有心理准备，耐心地跟村民们解释我们的身份以及此项调查的必要性和重要性；遭遇驱逐时，我们立马识相地离开，避免引起冲突。天空的蓝色逐渐褪去，漆黑的夜色中一轮明月照亮着大地，微信群里消息不断，平板里的绿色样本点也不断增多，我们基本完成了核图工作，为明天的入户调查工作按下了快捷键。脚下有大地，心中有梦想。一帆风顺，显示不出水手的坚强；百转千回，才有百炼成钢。

第二天，我们一大早恰好赶上ST村委会上班的时间，为了让调查更加省时省心，我们再次奔赴联络人办公室求助。惊喜的是，我们的督导带着一位笑容洋溢并且佩戴工作证的年轻人——豪哥，向我们走来。鉴于昨天核图时村民的配合度不高，我们并未贸然分组行动，而是在豪哥的带领下，到每个样本点敲门，本以为有村委会工作人员的带领我们的入户工作会顺利很多，结果这一片是老城区，居住的多为老两口，家里没有年轻人，我们仍然不放弃这片区域的样本点，试图找到符合年龄条件的老人家作为受访者，可是现实并不如意甚至有些心酸。每一座砖头房里出来开门的几乎都是慈祥和蔼的老爷爷老奶奶，他们虽然一开始也会有些疑惑怎么会找到他们家，因为他们认为像他们这个年龄阶段的老人早已与儿女少有联系，更不会得到政府或者社会的牵挂。了解了他们的想法之后我们用通俗易懂的话语跟老人们解释我们的来意，并询问了老人家的年龄看看是否符合抽样条件，结果接连几家的老人都是80岁左右的高龄空巢老人抑或是独居老人。第一批可用样本量减少了许多，这也使得我们更加珍视仅剩的可用样本，每次抽样的时候我们的内心都在祈祷："符合条件！符合条件！抽到答话人！抽到答话人！"尽管老爷爷、老奶奶们遗憾未能与我们一起完成这份问卷，但是我们也会花几分钟时间与他们像家人一样话话家常、唠唠嗑，他们也把我们视作自己的孙子孙女一样，毫不吝啬地表达对我们工作的关心以及祝福，可以看得出来他们长期缺乏与外界的沟通交流，也渴望有人尤其是子孙后辈回来看望他们。

　　短暂告别这几条巷子后，我们前往下一个样本点，寻找新的可能。从土黄的砖房走到赤红的瓦砖房，再转角到外墙五彩斑斓的瓷砖房，我们在一家贴着黄色外墙砖的房子前停下了脚步。巷子里有几个嗑瓜子的阿姨在闲聊，看见我们来了不住地打量我们，有阿姨悄悄关上了身后的房门，对我们做出防备的姿态。见状，我们赶忙解释："靓姨们不用害怕，我们是一群来自广州的大学生，来你们村里做社会调查的，主要是想了解你们家近来的家庭生产生活情况，民生就业情况以及对于一些社会问题的看法，不是来诈骗的。"阿姨们偷笑道："现在临近年关啦，各家各户都准备过年了，村里也在提倡谨防诈骗，我们也得有个戒备心嘛，我们也没什么文化，每天就在村里晃悠，看你们拿着一沓宣传单还有一堆高科技产品，我们又不懂，怕你们把我们骗了就麻烦了。"我们立马利用手上的传单以及工作证向阿姨们证明我们是正规组织，加上村委会工作人员豪哥的声明助力，阿姨们这才开始卸下一些警惕，开始帮助我们找到样本点对应的门户。取得阿姨的信任后，我们也提醒围观的村民们保持警惕，认真辨别真伪信息，经得住诱惑，发现可疑情况及时报警，坚决杜绝各类诈骗。提高群众自我防范意识，共同创造平安、和谐的日常生活。

　　这时有两位队员拿出平板核对位置，又掏出手机核对样本号以及有无已完成该样本点的信息，经过我们反复核准，确定了样本点就是我们面前的这一户人家。观察到二楼打开了窗户，我们更加欣喜若狂，有希望！这家有人！于是我们一边敲门一边道明我们的身份以及来意，几分钟后，楼上传来了回应，一位刚刚哄睡孩子的妈妈从窗户里探出头问我们是谁，我们再次说明："阿姨好，我们是中国社会科学院的访问员，来您家做调查的，经过科学的抽样选中了您家作为访问对象，您看现在方便下来配合我们做个抽样调查吗？就几分钟时间。"阿姨一开始也是有着同样的疑惑，且认为我们可能是来诈骗的，经过我们坚持不懈的解释，以及豪哥的劝说，阿姨半信半疑地下楼开门配合我们进行了抽样，在询问过程中阿姨回答道她的家公今年69岁了，一旁的家婆突然说："不是，他都70岁了。"秉承"应纳尽纳"的原则，访问员详细询问了69周岁的生日过了没有，经过她们的回忆以及确认，爷爷的生日还有一星期才过，应该还是69岁。于是我们把爷爷也纳入了符合条件的抽样对象中，巧合的是，刚好抽中爷爷来回答问题，但是阿姨说爷爷去田里干活了没那么快回来，她打个电话让他回来吧。看到阿姨一家如此配合，我们内心十分感激，因为一般来说这种情况我们都是留预约信，然而最终大部分结果都是被拒绝，所以我们心想终于能"开张"了，有望完成第一个样本，开门红。过了一会，一位卷着裤腿、泥巴沾着小腿、扛着锄头的老爷爷晃着手向我们走来，阿姨简单跟爷爷介绍了一下我们的来意，爷爷欣然同意了，随后阿姨搬来小板凳给我们坐，奶奶还拿出家里的矿泉水塞到我们的书包里，一个劲地说："拿着拿着！你们很辛苦的，找了那么久，喝口水还是要的。"盛情难却，我们只好感谢奶奶，收下矿泉水。由于爷爷的年纪有点大了，对于一些问题的意思不太清楚，访问员也是十分耐心地向爷爷解释，旁听的家人也帮助我们向爷爷解释题意，过程虽然有些艰辛但是好在我们坚持了下来。当然爷爷也是没有半点不耐烦，十分配合地回答完了长达一个多小时的问卷。ST社区第一份问卷完成！

接力上午的开门红，我们吃过午饭后再次出发，在豪哥的带领下，我们来到了新城区，最大的感受就是不同于老城区那边，这边的房子很多都是红砖瓦房，除此之外，走在街上也多了许多年轻的面孔，人也变得多了起来，电动车、汽车，穿梭在街上。一路上都有许多村民，跟豪哥打招呼，我们更加觉得在这边完成问卷的可能性以及效率会更高了，于是我们的热情瞬间被点燃了。新城区里的巷子，每一条都有自己独特的名字，比如幸福里、紫来里等，充满浓厚的生活气息以及村居特色。除了这些，我们还看到了一些书院，外表看起来充满了书香气息，庄严又安静地屹立在那里。很快，我们在错落有序的房屋中找到了目标样本点！照例，豪哥以村委会工作人员的身份为我们敲开了受访者的门，他亲切的口音以及官方的身份让受访者降低了对我们的疑虑，更加配合我们进行抽样调查。幸运的是，下午我们走访的门户当中，很多都有人在家，并且态度积极且友善，因此我们火力全开，大获7份问卷。

然而，有得必有失，十分不凑巧的事很多，户内抽样抽中的受访人很多都是还在外务工的年轻人，需要等到他们晚上下班回家之后才能接受访问，并且不知道他们是否像答话人一样愿意配合我们的访问。于是我们抱着侥幸的心理留下了许多封预约信，期待着晚上能够有所收获，早日完成调查任务。随后我们继续前行，在新城区开始走街串巷不断地搜寻能够当场完成调查任务的门户，在我们坚持不懈的寻找之下，微信群里陆续出现了新消息，有4份问卷正在进行中。对此，我们也欣喜不已，算上已经发出去的预约信，不出意外的话，我们很快就能够顺利地完成17份问卷的任务。

转眼暮色降临，约定的上门访问时间到了，我们匆匆结束晚饭之后，便大步流星地向访户家中走去，为我们开门的依然是下午的答话人，他们热情地邀请我们到家中等待并告诉我们，他们的儿子已经回来了在楼上，经过允许之后我们来到二楼轻轻敲了房门，礼貌询问："您好！是王先生吗？我们是下午跟您的父母预约过，今天晚上来您家做社会调查的，不知道您现在方便接受我们的访问吗？"王先生一副毫不知情的样子，十分不耐烦地"砰"的一声把门关上了。我们只能站在房间外尽力争取，一番好说歹说之后，门内仍无任何回应，我们只好放弃。前往下一家预约户，不知道是我们没有解释清楚还是受访者本身就不愿接受访问，我们接二连三的被拒绝，晚上预约的几户人家都不约而同地把我们拒之门外。我和另一位访问员提议我们趁着晚上大家基本上都回到家中了，我们再去寻找新的样本，说不定抽中的受访者现在都在家中，这样我们也没有浪费晚上的时间，而且我们还能多做几份问卷。可惜当时已经是晚上9点，出于安全的考虑，督导没有让我们这样做，而是让我们明天再继续努力。尽管我们心有不甘，但是担心村民排斥我们的深夜造访，我们还是选择先回酒店休息，调整心态，明天再出发！

回酒店之后经过简单的小组会议，我们重新梳理了行动目标和访问战略。第二天，我们在早餐店集合，大家有说有笑，互相加油鼓劲，争取今天上午完工，下午转战另一个新的社区。不知道是上天眷顾我们，还是可怜我们，早餐店附近有一个样本点，我们吃过早餐后兴致勃勃地去敲门，恰好被早餐店的老板娘看到了，便问："你们有什么事吗？那里是我家，你们有事来找我吧。"我们更加兴奋不已，手舞足蹈，激动地向阿姨说明了我们是中国社会科学院的访问员，来这里做社会调查。由于吃早餐的过程中，老板娘对我们已经有了初步的认识和印象，因此，并没有太大的疑惑，便欣然接受了我们的抽样调查。在进行入户抽样的过程中，我们了解到目前只有阿姨一个人在家，丈夫晚上才回来，儿子周末放学才回来，因此，我们内心十分期盼系统能抽到老板娘阿姨作为我们的受访者，这样我们完成任务的进度条就又拉快了一些。阿弥陀佛！系统还是眷顾我们的，抽中了老板娘作为受访对象。阿姨对于这些社会问题以及问卷当中家庭生产经济方面的状况还是比较了解的，所以这一份问卷完成的十分顺畅，我们给了阿姨感谢信以及礼品，道别阿姨后前往下一家。接下来的几份问卷也十分地顺利，抽到的受访者也都在家，并且愿意接受访问，因此，在我们队员的极力配合之下，我们实现了愿望，在中午之前完成了17份问卷，愉快地回到酒店收拾行李，前往下一个社区进行新的调查工作。

  后来我们还去了佛山SX社区，并且去支援了江门鹤山队，协助他们完成两个社区的调查。访问期间，我们遇到了许多切实为人民服务的村主任，看到了基层社会工作者为责任和使命尽职尽责的样子。在这次社会调查当中，我们不仅收获了钢铁般牢固的友谊，并且还学会了如何更加高效地与人沟通，提升人与人之间的信任感，拉近心与心之间的距离。

  不亲身实践过，怎么知道哪些是真理呢？纸上得来终觉浅，在培训过程中，我们难免会由于培训时间过长而觉得有些枯燥乏味，甚至认为这些培训内容不用讲得那么详细，但是到了真正实践的时候，发现终究还是有所不足，需要虚心学习，只有自己真正理解了这些知识，具备处理事情的能力以及解决方案的多方面思维，才能够在遇到紧急情况的时候得心应手的随机应变，沉着冷静地去处理。

  感恩相遇，期待下一期CSS再出发！

第二篇
其 闻

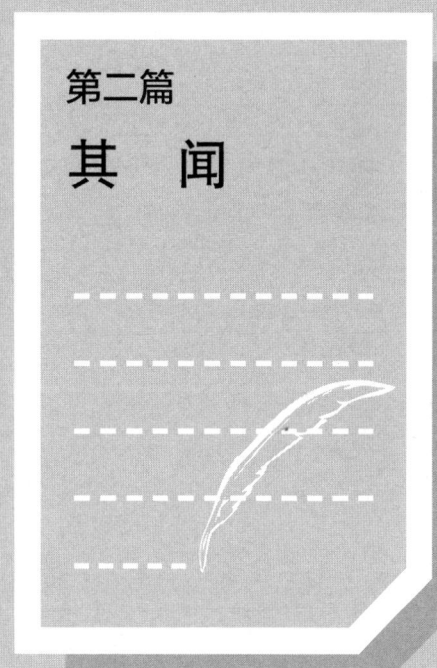

序　语

崔岩　中国社会科学院社会学研究所

随着中国经济社会进入高质量发展阶段，各种新现象、新问题不断涌现。作为社会科学研究工作者和人文社会科学专业的同学，必须要紧跟时代，做到为国家、为人民做学问。在社会调查研究中发现真问题，通过学术研究为社会现实问题提出有用、有效的政策建议和解决方案，在社会实践中发现新时代中国特色社会主义的发展规律。这就需要社会科学工作者和同学们走出书斋和校园，真正了解老百姓想什么、要什么，通过社会调查对社情民意有最直观的认知，对社会公众的心态、观念、诉求进行全方位的记录。这正是社会调查的意义所在。"中国社会状况综合调查"（Chinese Social Survey，以下简称CSS）作为有学术影响力的全国大型社会调查项目，通过建立全国高校和科研机构社会调查平台，为广大师生提供了社会调查抽样、问卷访问、访问质控全过程的参与机会，更通过建立合作渠道和平台，将对社会调查研究方法感兴趣的老师同学会聚在一起，成为CSS的一员。

社会调查可以让参与者更为深刻的理解人文社会科学研究的终极价值和意义，如何在"学术中立"的前提下，通过学术研究实现对人的关注和对社会的关照。社会调查的意义，一方面是通过调查取得经济社会发展的经验材料，更好的记录历史、提炼规律、形成理论；同时，社会调查是了解民意的最直观有效的方法。通过社会调查，可以对国家的政策进行评估，更好的提出有针对性的政策建议，让学术研究真正得以向社会实践转化，实现人文社会科学的社会效益。正如有同学在文中所说："试想我们的重大政策不都是通过调查才得来的吗？我们现在做的调查不就是在向上面的人说出我们的心声吗？……晓国情民意，推知行合一，我们确实无法向政府助农扶贫一样，能在入户之后给予相应的补助，我们所做的也只是社会调查的第一步——晓，但这是基础性的一步，是奠基性的一步，把这一步做好，才能为社会科学研究和政府决策提供翔实而科学的基础信息，才能做出更加科学利民的社会决策。"同学们通过参与社会调查，能更好地认识到社会科学的学习不应当只停留在教室和课本，更应当走进真正的社会，在辽阔的中华大地上实践所学。从历次参加CSS的同学们的反馈中可以发现，CSS已经成为他们在学校学习经历中，最为浓墨重彩的一笔，更对他们的学业、职业发展有着不可估量的影响。

参与社会调查不仅可以让同学们在学术研究方法上得到训练，更能够在社会实践中检验其对知识的掌握，更好地理解中国社会，在社会调查中切实践行社会科学探索学问中的经世致用和格物致知。通过社会调查，同学们对社情民意有了更为真实的认识，结合其所学专业知识，可以实现所学知识的升华和对研究方法的深入理解，为今后学业和职业发展奠定坚实的基础。

在中国社会状况综合调查中，同学们更系统地学习了社会调查的理论和方法，了解的社会调查中的最新理念，掌握了社会调查中的最新技术，更理解了社会调查在整个社会科学研究中的重要价值。比如说，不同于一般社会调查，CSS采用了地图地址抽样的方法，CSS课题组更采用了业内最为先进的地图地址抽样系统（以下简称CARS）。通过参与CSS，同学们可以系统地学习什么是抽样、什么是地图地址抽样，以及如何具体操作CARS，更在具体操作层面以外，得到更多的启发，形成了更深入的思考。有同学在文中写道："在调查开始前，要请村居负责人填写一份科学的问卷，确认好两年来村居边界的变化，从而进行重新绘图和核图。在核图和核户的过程中，我们要确认GPS遥感地图每一个建筑物的绘图情况、要了解每一个房子的每一层是什么用途，并用相应的代码标好，同时我们要根据所抽取的样本去找到对应的楼栋、对应的房间，并根据各种因素来判断是否有人居住，这一行为准则让我们意识到村居点的巨大变化，能够让我们进行思考和衡量整个地区的经济发展水平。"

不仅仅是调查抽样，参与大型全国社会调查，可以让同学们更深入地对社会科学研究方法的各个方面进行思考。如有同学在文中反思道："问卷调查作为当下定量研究的主要调查方式，其效度与信度一直以来都是我们关注的要点。但是，究竟什么是真实，我们又该如何达到真实呢？……从问卷设计者本身出发，其真实性的体现在于问卷设计的合理性与可靠性。合理性指的是题目对社会大众来说是否具有普遍适用性，通俗点讲，就是我们所设计的问卷，受访者是否能够读懂，明白题目在问什么。"显然，不直接参与到社会调查的第一现场，是无法对问卷调查有最直观的认识的。

同时，参与社会调查给了同学们更多对社会的关照和思考，通过倾听被访者的诉说去进一步了解国情，了解社会，了解民众。有同学写道："在本次调查中，我发现许多家庭实际上并未享受到应有的社会福利，甚至并不知道自己也有此类社会资源。但他们对自己生活的评价仍旧是满意，因为他们拥有一种'相对幸福'的生活态度。"有同学则在心得体会中谈到了对农村空心化、住房保障问题、就业保障问题、看病难、看病贵问题的思考。正是因为参与到社会调查中，同学们才能真正走出自我的"小世界"，去体会和思考国计民生中的大问题、真问题。正如有同学写道："我很感谢，有这样一次专业的社会调查的机会，让我真正了解什么叫社会调查研究方法；我很感谢，有这样一次了解百姓的机会，让我第一次去听、去用心感受，去了解百姓内心的想法，他们希望什么、期盼什么，这让我更清楚未来我应该做什么、怎么做。"

参与社会调查实践，对于同学们不仅仅是简单的访问和填写问卷，更是能够在广阔天地倾听民情、了解民意，更让同学们在社会调查和社会实践中找到意义和价值。所以参与社会调查是高等教育立德树人的重要路径。一方面，参与社会调查的过程有助于同学们将课堂上所学的专业知识应用于社会实践，在提升社会实践能力的同时，增进对专业知识的掌握；另外一方面，参与社会调查的过程，给了每个同学体验社会、感受时代、思考未来的契机。如有同学在文中所述："来到'中国社会状况综合调查'就是缘分，我不后悔来这里寻找光，遇见光，希望未来在各种各样的调查中可以成为自己的光，也希望未来自己所做之事、所想之事对整个社会都有意义。"

行万里路，听八方音

罗琼思　广东金融学院公共管理学院社会工作系

当看到中国社会综合状况调查招聘访问员的宣传，尤其是抽样地点包括我的家乡时，抱着"在大学一定要参加一次社会调查"的想法，我义无反顾地放弃了暑假实习的安排，参加CSS面试。凭借本地人身份的微弱优势，我非常幸运地成了CSS调查队的一员。虽然对成为CSSer感到十分兴奋，但由于新冠肺炎疫情的影响，我们的调查一拖再拖，从暑假前期到8月中旬再到最后确定国庆开展，这也一度让我对这一年的调查能否开展持怀疑态度，不过幸好，国家诞辰之际，我们的CSS正式开始了。

一 绿水情浓

10月1日，我们9个CSSer从天河客运站坐大巴出发，经过9个小时的颠簸，大巴换乘面包车，一重山，两重山，穿过层层叠叠的小山，我们在山的深处邂逅淳朴热情的M镇。我是土生土长的五华人，在我看来，M镇就是非常传统的农村模样：一栋又一栋的白漆瓷瓦平房，街上行人不多不少，商铺外必有一群大爷大妈聚集喝茶，少了大城市的喧嚣，多了慢节奏的生活气息。

第一天晚上，我们入住了本地的民居公寓——C公寓。C公寓应该是老板将自己的独栋楼房改造成的，我住的那间有独立卫浴，但是花洒和门是坏的，想来环境还是有点艰苦的，因为外面就是国道，每天晚上都有车辆驶过的声音，我在那儿住的两天基本没有睡过好觉。但我们的调查进展还是相对比较顺利的，我做的问卷调查基本没有遇到过中途拒访和态度不佳的情况，其他小组成员们虽然遇到过上述情况，但最后还是在两天内顺利搞定了。

在入户调查过程中，我们也遇到了许多热情的客家人，他们会用绿茶、擂茶、柚子等招待我们，我这个本地人都为客家人的热情所惊叹。在刚开始进行入户问卷调查时，我需要差不多一个半甚至两个小时来进行访问，时常问完问题整个喉咙都是干的，也从访问中知道了一些村民当前所关心的主要问题，比如医保。在绿水环绕的L村调查中，我看到了村民关注的社会问题，能有效掌握访问技巧，还知道了以前不曾听过的客家特产——擂茶，也与同组的组员建立了深厚的"革命友谊"。

10月2日上午，我们9个人8点30分在民宿楼下集合，在旁边一家早餐店吃完早餐后就请公寓老板送我们到L村村委会。在L村村委会，与村委会干部交涉后，两位干部大叔分别载我们去抽样户家里，经过一段又一段蜿蜒的小道，我和海宽、权峰跟随一位大叔来到一家建于半山腰的独栋楼房。在这里，我开始了自己的第一份问卷调查，调查对象是一位憨厚的大叔，由于有村干部在，入户接触工作十分顺利。但到了真正做问卷的时候，还是有各种问题出现，比如一开始了解基本情况时，大叔前后描述不一致，导致我们在前面花费的时间过多，现在想来，也有一部分原因在于我们没有先用手机或者纸笔做好记录向大叔确认后再进行问卷的填答。由于对问卷的不熟悉,我们第一次花了两个小时左右的时间才结束问卷,能否引导答卷人理清答题逻辑成了我们一大难题,答卷人很可能出现前后逻辑不通、自相矛盾的情况,在这时,如果追问也没有办法理清答案,就只能先跳过或者后面再回来询问。幸运的是我的第一份问卷进行得还算顺利,没有发生很大的错误,尽管后面发现有一些遗漏的部分需要进行重访。

与海宽做完一份问卷之后,我们立即前往下一目的地,但无奈跑了两家,一家没有人,一家只有一位年近70岁的爷爷,只留下了预约信就走了,但还是有预约成功一位阿姨。就这样,第一天上午我和海宽成功完成了一份问卷外加一位预约。当天中午,我从其他同伴口中得知,问卷并不都如我们这般顺利,其他有诸如访到一半突然有事中断的、访了几户都被拒绝的,总之,我们还算是顺利的。

有了上午的经验,等到下午再去入户时,我和海宽就熟练了许多。被抽中的老爷爷一家人十分热情,听说我们是来做社会调查,一直在跟我们唠嗑,有时候一个问题,老爷爷能跟我们说出许多事来,因此我们的进度也一直很慢,尤其后来爷爷的儿子一家来"走亲戚",突如其来地打断了我们的问卷。后来本地督导打电话跟我说我们上午做的问卷有些问题需要重访,我只得打电话询问调查对象是否有时间重访,经沟通确定重访的时间后,基于时间的考虑,我和督导又去另外一家小商铺做问卷调查,这也是我第一份独立做的问卷调查。

一开始,我们接触的是一位阿姨,能明显地看出其排斥之意,只能不断地重复培训时所教的话术:我们的调查是全国性的,您是我们层层抽样来的,您做的问卷对我们来说是非常重要的!试想我们的重大政策不都是通过调查才得来的吗?我们现在做的调查不就是在向上面的人说出我们的心声吗?等等。一番游说,我们最终取得王阿姨丈夫的同意,当时他十分热情地想要进行问卷调查。奈何戏剧性的是,系统抽中了王阿姨作为问卷调查的对象,因为当时王阿姨要照顾商铺的生意,且不断有人上门购买,尽管王阿姨勉强同意了答题,但问卷依然进行得十分缓慢且答卷人一度有放弃之势。那么为什么后面的问卷调查还是顺利地完成了呢?很简单,因为在被打断的途中，我向王阿姨透露结束之后会有一点小礼物作为填答问卷的回报。当时没有感觉，现在想来，其实在我透露过后，能明显地看出王阿姨回答问卷的热情提高了，可见，调查过程中，"厚脸皮"和技巧缺一不可。到了后面，问卷进行得就顺利多了，尽管在询问过程中，制止王阿姨的丈夫引导性的言语也需要花费一定的精力。总之，第一次自己做问卷调查的感受就是访问员真可谓是要"眼观六路，耳听八方"，还要将答卷人日常性的话术转变成问卷中的答案，时刻不能放松。

晚上6点多，第一份我独立做的问卷调查终于完成了，在与同伴会合时天空已是灰蒙蒙的。回到村委会，我见到了田向东老师——CSS广东粤中、粤东的总负责人，田老师为人十分随和，他身上萦绕着一种能跟任何人聊得来的气质，事实证明也没错，加上我们队伍有好几个是他的学生，因而更显熟络。吃完晚饭回到公寓，田老师还向我们传授了许多调查技巧，成为我们队伍的一大助力。

10月3日上午，同样地，吃完早餐后，由公寓老板和田老师载我们到村委会，今天的任务比起昨天简单一点，因为昨天已经完成了大概10份问卷，也就是说上午只要有7份问卷任务就完成了。而我被分配到一位村委会干部家中做问卷，显然，这是我做过最简单的问卷调查，干部大叔是一名党员，从字里行间能明显地看出对村委会事业的热爱以及对党的忠诚，对我们的调查也表现出了极大的热情。快速做完一份问卷后又将昨天第一份需要重访的问卷补完，我的任务就完成了。回到村委会，出乎意料令人惊喜的是，我们在M镇总共17份问卷在一天半的时间里就完成了，这是怎样令人振奋的消息呀，因为据我们所知，在广东省其他地区调研的队伍们遇到的困难重重，大多进度缓慢。

就这样，怀揣着激动、忐忑不安的心情我们来到了据说最难啃的硬骨头——A社区。

二 公园花香

10月3日下午，我们辗转随田老师到了A社区，住在社区附近的酒店。

经过一晚上火锅聚餐、湖边赏月、公园散步的愉快时光，10月4日早上，我们的入户调查正式开始。

首先，我们到A社区居委会找工作人员，请他们带我们一户一户入户探访。社区工作人员花姐是一个非常认真负责且干劲十足（非常之猛）的人，一辆电动车、一顶镶花帽子加上一个社区工作证，花姐从早到晚一直在走访、打电话，一户一户带我们上门询问能否做问卷调查，据权峰讲，花姐把本来预想中三天完成的工作量缩到一天搞完，因为花姐和我们的努力，到晚上11点多，我们在A社区的第一天就完成了11份问卷，在第二天中午就将17份问卷全部完成了。

A社区显然比上一个农村社区要难搞得多，我们在前面走了很多户，不是没人，就是没空，要不就是像之前商铺的情况一样比较复杂，难以下手，所以前面在寻找可做问卷的样本户上花了很大力气。即使在接触时确定可以做入户的样本，抽中的人也比较有戒心。

令我印象最深刻的是我在SZ做的第一户问卷调查，当时我是跟海宽一起去的，一开始可能没有表明问卷调查需要一个小时左右，又临近饭点，问的是相对比较敏感的问题，当问到一半时，受访问的大哥突然之间情绪变得很激动，用非常激烈的语气斥责我们浪费他时间，并且表示不想再接受访问。当时真是无奈又害怕，一直在尝试沟通，后来，他发泄完之后就平静下来了，跟我们约定晚上再进行访问。现在想想，幸好当时我们是两个人一起去的，在被访者出现抵制情绪时也尽量放低姿态甚至于有些卑微，不然前面长达一小时的努力可能会白费了。当时是我第一次面对访到一半被访者出现暴躁情绪的，既害怕完成不了又坚决不想要放弃，虽然最后顺利地完成了问卷，也长了个教训：在临近饭点时调查一定要向被访者说明问卷时间。当然，我觉得有时候放弃也是必要的选择，这一户属实是我当时脑子没转过来，坚决不想要放弃，加上身边有男生在，但如果是女生自己一人遇到这种情形，为了自身安全着想，放弃是最好的选择。

在经历了早上"狂风暴雨"般的访问，我和海宽来到另外一户只有一对姐弟的人家，庆幸的是，抽中的是跟我们年纪差不多大的小伙子，沟通起来十分顺畅，这次的主力军是海宽，而我在旁边询问家中的姐姐被访者不了解的基本情况。我想最好的入户模式就是这样，一人充当主力询问，另一人将纸质版示卡展开给被访者，适当的时候与入户家庭其他成员沟通，以补充缺失的家庭基本情况。

在全队加班加点的努力和花姐的得力协助下，我们仅用一天半就将A社区的17份问卷完成了，就这样，我们队伍在5天时间里拿下了两个抽样点。毫无疑问，是这次国庆期间广东省调查完成得最快的一支队伍。

三　悟人生百态

（一）关于WH

WH是隶属M市的一个县级单位，我们这次调研的两个地区一个在农村，一个在城镇社区，本来以为会是两个感受完全不同的调研点，但事实上，我从调研中感受到相同的独属于客家人的热情。在调研过程中，我第一次如此直接地体会客家人的热情，在农村每逢入户接触后，必有茶水招待，甚至柚子、擂茶等特产也不少见，哪怕是在人情相对冷淡的A社区，我们队员也遇到过送柚子、不拿不让走的情形。当我千里迢迢从城市辗转来到客家乡镇，当我第一次以"外来人"的身份观察家乡，它让我感受到了前所未有的温暖，这一度让我在调研中与有荣焉。

在L村，我们不难看出这是一个相对封闭的社区，夜晚没有大城市的灯红酒绿，有的只是习习的凉风和错落的商铺灯火；白天没有拥堵的人群和川流不息的车辆，有的只是寂静的小道和断断续续的虫鸣声。每个人都洋溢着安逸的气息，最开心的事莫过于有人串户饮茶聊天。封闭安逸的氛围加上客家人天生的热情是我们第一个抽样地点进行得如此顺利的原因之一。

A社区位于WH最繁荣的城镇内部，虽不及大城市的车水马龙，高楼之内却有着一颗颗热情真诚的心。尽管我们在刚开始用了很多的力气寻找可以入户的样本，但一旦开始访问之后，每一位访问对象都尽力回答我们的问题，还热情招待我们。因为有些被访者白天没有空，我们在晚上10点多上门访问，被访者们在十分困倦的情况下也仍坚持回答我们的问题。也许夜晚的风是冷的,但每一位坚持的被访者都是温暖的。

(二)关于CSS

我一直在思考社会调查的意义是什么,诚然,就像我对被访者说的那样,"没有调查就没有发言权,很多社会政策都是通过调查来的,我们现在所做的就是在向上面的人说出我们的心声,我们代表了自己,又不仅仅代表了自己""中国太大了,我们不可能只调查农村而放弃城镇,只有把调查尽量普及,才能保证我们所知所晓为真正的国情民意"。但偶尔自己也会像被访者一样怀疑:我们所做的真的能对他们有什么实际益处吗?

不只是被访者,在未开始问卷调查以前,我也很疑惑,这么详细的问卷真的会有人愿意花时间填吗,我一度感觉要把被访者的家底都摸透了。事实上,"晓国情民意,推知行合一",我们确实无法向政府助农扶贫一样,能在入户之后给予相应的补助,我们所做的也只是社会调查的第一步——晓,但这是基础性的一步,是奠基性的一步,把这一步做好,才能为社会科学研究和政府决策提供翔实而科学的基础信息,才能做出更加科学利民的社会决策。

我们所做的虽然没能在当下给被访者实实在在的利益好处,但是"前人栽树,后人乘凉",我相信实践出真理,没有任何一项政策是完美的,那么我们更要通过持续不断的调查,以获得公众最真实的想法和情况,"推"的过程是漫长而艰难的,但只要有了"晓"的基础,我相信未来总是会越变越好的。不经一番寒彻骨,怎得梅花扑鼻香。

(三)关于同伴

我和CSS的小伙伴们的友谊真应对了那一句"同是天涯'调查'人,相逢何必曾相识"。我一度非常担心队友间的相处问题,因为把一群素未谋面的人放在一起完成一件事很可能会出现种种合作问题,但幸好,我们的队员们都是非常友善又热心的人,也正是由于我们在调查中能相互扶持、相互帮助,每一个人都格外努力完成属于自己的问卷,在陪访时也尽力帮助队友,我们的调查才进行得如此顺利。犹记得,那晚的星空熠熠,我们一行人在社区楼下等文骏做完问卷调查都差不多9点了，当我们兴致勃勃地讨论要去哪里吃夜宵时，一通电话止住了我们的脚步，得知两位调查对象都只有在晚上有空，我们当机立断决定在晚上10点钟进行访问，并自愿分成两组奋斗到十一二点，尤其感动的是当时没有一个人先回酒店，没有参与问卷访问的队友们就默默陪在一旁等待调查结束。

何其有幸，能在不短不长的大学生涯中拥有这样一段友谊，能在最美好的青春中共同奋斗、互相扶持，建立一段"革命友谊"。

（四）关于访问

访问时，我发现有些专有名词被访者们往往比我更加熟悉，例如"农村宅基地"，尽管之前连续进行过三天的培训，然而内容太多，上手起来并不简单。所以在访问之前非常重要的一点是一定要将问卷内容理解透，据我的经验，重点理解那些需要我们引导性的问题，比如在家庭基本情况模块中需要填答数字的问题。在开始之前，也要注意熟悉电子问卷，在下发的练习问卷中多尝试填答，模拟需要改错的情况。我就曾经遇到过在入户抽样时，家庭成员模块描述不清，导致录入成员时重复了三遍，因为一旦发现录入时遗漏，需要从头开始录，浪费了相当多的时间。

在确定抽样对象且其愿意接受访问时，一定要将问卷可能花费的时间说清楚，无论是有没有社区干部引路。面对被访者中途出现不耐烦、可能放弃的情况，一定要不断进行语言安抚，当出现被访者突然愤怒的情况，推己及人，站在被访者的角度与其沟通，如果出现打人、暴力驱赶的倾向，立即放弃。

（五）关于成长

在这次CSS之行中，我相信每一位成员都获得了各种意义上的成长与进步，从刚开始两位一组完成问卷到后来每一位成员都能独立完成从入户抽样到问卷访谈，每个人都增强了与他人交流沟通的能力，在困难中磨炼了自己的意志。

"脸皮变厚了"应该是我在这次调查中收获到的"惊喜"之一，在入户接触时，需要向抽样对象解释调查的意义，在对方出现抵触、不信任甚至明确的赶人趋势时我也没有放弃沟通，尤其是因每一份问卷都需要花费超过一小时的时间，刚开始调查时，一旦被访者询问我何时结束问卷，我时常感到不好意思，到后来已能坦然用一些语言应对被访者了。

  在五天左右的CSS中，我亲身体验了真正的问卷调查，体会到了社会调查的不易，且不说需要耗费的人力、物力、财力之大，几十页问卷，需要每一位调查者费心费力引导，甚至会面临被驱赶、辱骂等极端情况，这让我对那些一直从事社会调查研究的工作人员满怀敬佩。同时，这次CSS之行，也让我结识了一群可爱的小伙伴，虽然我是非常非常慢热的人，但当我真正投入到调查中，投入到与他人一起做问卷、走访的工作中，我们之间的友谊就此产生了。感谢海宽，跟我一起被暴起的大叔骂了十几分钟，感谢缪丹，在酒店居住时听我一直唠叨，感谢权峰，一直解答我各种琐碎的问题，感谢田老师、蓝琦、文骏、海棋、富华、嘉琪，感谢花姐，感谢每一位引路的工作人员，感谢每一位耐心填答问卷的被访者，调查的顺利结束离不开每一位参与者。

遇见光，成为光

严湘　南昌大学公共政策与管理学院

热情的太阳，滚烫的地表，"旅程"的开始总是有点让人难忘，稚嫩的我们总是期盼遇到惊喜，减少面临麻烦的风险，殊不知风险和困难才是催化我们成长的良药，在这一过程中，我们笑过、哭过、难受过、也感动过，终究信念战胜了困难，让我们完满完成了在萍乡安源区的调查任务。接下来我将从调查经历、调查思考、调查建议和结语四个方面来总结我们组的这整个"旅程"。

一 调查经历

（一）第一站：从"干劲十足"到"内心淡然"

作为队长的我在规划好酒店住址、找好前进路线的前提下带领着我的小伙伴来到了第一个SSU——A社区。为了社会调查的稳定开展，我们提前买好了入户访问的礼物放在酒店，接着就去拜访了A社区的负责人，由于她每年都接待此类调查，所以在问及相关问题的时候回答的都非常迅速，她带着我们去看村居的边界，并且告诉我们这片今年有很多拆迁的地方，大部分房子都得拆掉，当时听到这个话的我们非常开心——这意味着我们在绘图的时候能减少很多工作量，想到这个大家都露出了开心的笑容。在确认完村居边界后，我们小分队两两分组进行核图、绘图，刚开始干活大家都兴致勃勃，到下午4点绘图就完成了，接着抓紧时间提交数据便于接收核户的名单，半个小时之后就进行了核户，由于A社区这个地方小巷很多，晚上核户存在安全问题，我就召集所有人一起核户，除了部分建筑存在"问题"之外，其他问题相对较少，晚上开会也受到了地方督导的表扬。

核户之后的工作就是入户调查了，每个SSU要收集17份有效问卷，天真的我们认为很快就能完成，可是没想到完成用了将近5天。拿到入户名单后我们先跑了整个名单上的入户人家，发现大部分都是人不在家或者是空房子，部分在家的却拒绝访问，暴力地驱赶我们出来，当然也有赶上人家出门但成功预约访谈的，只是一到预约那个点却又被"放鸽子"，当天我们的队员非常沮丧，觉得自己白忙活了，一份也没完成。作为队长的我让她们别担心，我说明天会找F姐帮忙的。第二天，大家重新露出笑容踏上路程，我来到居委会和F姐说明情况，并请求F姐将我们的项目及目的（我们帮她们拟好文字）公布在群里，同时将我们的访问员证盖上她们居委会的章以证明我们的身份。后来由F姐带着我们入户，我记得第一次入户，F姐打了电话确定对方在家就立即带我们过去，进行了长达两个小时的访谈，访问对象很烦躁，还好有F姐一直劝说要好好配合。然后我们了解了城市生活规律，我们了解到哪个区应该在饭点过去蹲守，哪个区白天也可以去。让我印象最深的是第17份问卷的那个卖粉的叔叔阿姨，我前往他们家六七次，都没见到他们的人影，第七次去的时候碰到了他们的邻居，邻居告诉我们他们在前边卖粉的地方，我感谢后直接前往卖粉的地方，寻找卖粉的叔叔阿姨，找到后礼貌地问他们愿不愿意接受我们的入户访谈。妻子似乎没有发言权，一直说问我老公，他说了算，于是我们就问叔叔，叔叔一直拒绝，让我们走，我们一直说明我们的身份和我们的项目，他仍然不相信，甚至我们当场打电话给F姐，他仍然不松口，就这样安源小队所有成员一个一个劝叔叔，劝的全员都哭了，心里觉得明明做的是好事为什么还不被人接受呢？就这样我们在他的店铺待了将近一个小时，他一直催我们走、去找别人，但是我们要遵守科学的抽样，仍然哭着劝说，F姐后来和我说让我明天再来。于是第二天我和F姐前往那里，在我们的软磨硬泡下他终于同意了，但是抽到的是他的妻子回答问题，妻子不敢回答，老看自己的丈夫，但是最后还是完成了问卷，后来我问叔叔为什么对这个调查如此敏感——他说以前在深圳被非营利组织骗过让他已经不敢相信这些活动了，所以我可以理解他。

在这17份问卷收集的过程中，我非常感谢GJ小区门口闲谈的叔叔阿姨的帮忙劝说，感谢拆迁区门口卖水阿姨的倾情帮助，也感谢F姐的陪访，实时关注入户进度。对我们来说，问卷调查每成功一份都能让我们高兴很久，在这17份问卷中，我们所流的汗水和收获的祝福都将是坚定我们走这条路最大的力量。

（二）第二站：从"重新期待"到"咬牙坚持"

我们是在城市社区里开展调查工作的唯一的小队，原以为会是充斥着热闹与繁华的调查过程，可是当我们到达第一个SSU——A区居委会时就打破了我们对城市的幻想，所以我们去B区居委会时已没有了一丝期待，麻木的4个人像机器一样继续前往目的地，当我们快到达的时候，突然繁华闹市映入眼帘，大家又开始期待起来。在这个社区工作的过程中我们无奈过、挣扎过、努力过，每天都在为这17份问卷焦头烂额，还好有付出就有回报，我们小队努力抓住了每一份幸运。

我想，B社区能让我们高兴的就是路人的热情和城市区域规划的整洁。因为这让我们在核图、核户过程中进行的相当顺利。可是令人高兴的只有那么半天，接下来的入户调查真的是让我们所有队员操碎了心。

A社区的前车之鉴让我们知道在城市社区要尽可能地在饭点去蹲点，多露脸给当地社区的人，跟他们热情地介绍自己。本以为吸取了之前的教训能够做得比以前快，可没想到仍然是如此艰难。一样的公布了信息，一样的给我们盖了章，甚至联系了楼栋长带我们入户调查，但是结果总是那么不如人意。有的入户人家仍然不相信我们，还说不认识当地社区书记，让楼栋长来了也没用，甚至对我们进行暴力驱赶，说再不走就报警。有的入户人家明明明确了预约信息却直接拒访，严重影响我们的工作效率。但终究上天不负苦心人，17份问卷还是被我们攻克了。

让我印象最深刻的应该就是那两户人家了。第一户就是晚上访问的男户主家庭，刚开始我和队员是在楼下看我们所抽中的人家是否有人在（通过灯光判断），当判断有亮灯时则立马上楼敲门，当我们跑到了楼上，听到花洒的声音，立马确定确实有人居住，我们就开始在门口等花洒声音停，门口蚊子很多，叮得我和队友都浑身瘙痒，终于花洒声音停了，我们立马敲门，可是敲了将近5分钟都没有人应，我开始在门外介绍自己和我们的目的，终于5分钟后他开门了，但是他开门只是让我们别吵，随即想立马关门，我当机立断拉住了那个即将要关上的门，再次恳求他接受我们的访问，他听我们说了5分钟，仍然不为所动，还是强硬地关上了门。队友很沮丧，我安慰她说："没关系，他都愿意听我们讲5分钟了，说明他已经动心了，明天我再来一次能拿下的。"她信任地点了点头，于是第二天我又来了，他依然不开门，我在门口一直等，突然他的两个朋友来访，我开始讲我的情况，他们两个看我实在太可怜就带我进去了，后来，在两位朋友的陪伴下他也完成了此次访谈。而对第二户人家的访谈则更加艰难，第一次敲门是没有人应答的，在无奈中我们就先前往其他被抽中的人家，第二次敲门是一个小孩子开了门，但是那个时候正好她家长都不在，于是我们把即将要访问的信息告诉小孩子，并请求她帮忙转告家长，并在我们的交谈之间确定第三次的访问时间。第三次来的时候，我们终于见到她的家长——她的奶奶，看起来年纪挺大的，可能由于白天上班晚上还要处理家务事让她看起来非常疲惫，刚开始她是不接受我们的访问的，并请我们出门。但是看到这个可以"闪烁"的"微弱星光"的我们自然不能直接放弃，于是进行了第四次访问，终于通过软磨硬泡让奶奶接受了我们的访问。然而却又因为问卷太长以及很多专业词汇她难以听懂，使得我们需要耗费很多时间去解释，在我们访问到一半的时候，她中断了访问，并说她要洗澡，再次让我们离开。在她的坚持下，我们不得不离开，但是我们还是约好了下次来的时间。第二天，我们进行了第五次访问，当踏进这个家的时候，我们给奶奶讲了我们现在的处境，可能是她看到我们想起了她的孩子，最后终于配合我们完成了这个任务。

经历了这个社区，我真正体会到了什么叫坚持就是胜利——不到最后一刻你真的无法确定你能不能成功。这里态度再强硬的人也会因为各种各样的原因为你动容，我永远也忘不了白天蔚蓝的天空和夜里街边橘黄的路灯，是它们陪我在这几个炎炎夏日里成长。我永远也忘不了这里的楼栋长，不明白人与人的差别怎么这么大，有的人如此兢兢业业，有的人却谎报信息，让我们在未知的楼栋里迷惑。终究，热闹是他们的，剩给我们的只是心底的那一丝宁静罢了。

伴随着时间的流逝，我们的社会调查工作也逐渐步入了尾声。原以为调查一直在市区进行的我们没想到还要去往C地的两个SSU，这把我们高兴坏了，听闻去往其他乡镇的小分队说入户非常简单，有村支书带着速度会非常快，村民待人也特别热情。可是，我们后来才明白不是所有的地方都这样，在这两个SSU里我们努力过、期待过也失望过，在这一过程中最让我感动的是我们小分队团结的精神和坚定的信念，才得以熬过这两个SSU的问卷调查。

初次来到C地，被当地第一个SSU村支书热情接待的感觉让我难忘。村支书安排我们就近入住（即使只是他们乡最好的麻将馆房），安排我们吃饭的地方，甚至安排退休的老主任带我们前去入户。原以为在村支书的支持下能快速解决工作的我们却又面临了如此难过的境地——上级给村支书打电话说没接收过我们的函调，村支书立马停止手头的工作，让我们先解决好再继续工作，没办法的情况下我找到了魏老师，经过协商后他口头答应给予我们帮助，却不再热情了，后面所有的入户工作几乎都是我们自行解决，当然还好有那位退休的老主任带着我们去往无法协调的居民户，幸好有她在，无论是雷雨天、大太阳还是什么特殊天气，只要我们电话联系，她立马就会过来，确定该户有人居住就带我们入户，还有傍晚出来健身的叔叔，他主动告知其他人我们的身份和来意，让大家对我们不存疑，让他们愿意接受我们的访问。而第二个SSU则遇上新一届干部上台，不了解这个项目使得当地主任直接让我们对接他们的普通职员，在请求人带我们入户时当地称他们新来不太了解这个地方，了解这个地方的人都住区里去了，无法前来，所以他们也帮不上忙。没办法，我们又一次只能依靠自己的力量去做这一系列工作，甚至只能通过便利店等人流量大的地区进行联系，非常感谢第二个SSU里开便利店的老板娘，每次我们经过便利店阿姨都会关心地问我们进度，了解我们的入户清单后主动给我们约时间进行联系。有的时候陪着我们工作到晚上九十点，让她丈夫看店，让我们注意安全。没有基层干部的帮助，我们小分队每一份问卷都举步维艰，然而正是在这种"孤军奋战"的感觉下，让我们小分队更加团结，也更加具有成就感。因此换一种角度想，这也许是上天给我们的磨炼。

二 调查思考

（一）科学调查原则

在整个社会调查的过程中，我们一直贯彻的是科学性和严谨性。在调查开始前，作为队长的我要请村居负责人填写一份科学的问卷，确认好两年来村居边界的变化，从而进行重新绘图和核图。在核图和核户的过程中，我们要确认GPS遥感地图每一个建筑物的绘图情况、要了解每一个房子的每一层是什么用途，并用相应的代码标好，同时我们要根据所抽取的样本去找到对应的楼栋、对应的房间，并根据各种因素来判断是否有人居住，这一行为准则让我们意识到村居点的巨大变化，能够让我们思考和衡量整个地区的经济发展水平，譬如第三个SSU和第四个SSU由于矿厂倒闭使得大量青年人涌出该地，外出务工，因此当地经济发展水平呈现较低的状态。而在入户的过程中，不仅要寻找对"户"，而且还要科学地抽取回答问卷的人，在完成以上工作后，更要进行科学的表述问卷，不能自以为这样解释很不错却偏离问题本身的意义。其实在这一过程当中我们遇到了很多回来得很晚，又起得很早，当抽到他时无法进行访谈的情况，有的时候我们也会质疑，为什么这种无法访谈到的对象也要列入我们的样本框，还有就是表述问卷，只有经历了才知道语言表述有多么重要，问卷上有些生涩的文字真的无法让老年人理解清楚，他们不知道你在讲什么的时候，他们就不会发表言论抑或是发表与你所问并不相关的言论，因此，在这个过程当中你能用自己的话将学术问题表达清楚就显得非常重要。后来我想这就是调查科学的原则，人人平等，都有被了解、被理解和被尊重的权利。

（二）人情冷与暖

在现实各式各样的情况下，准备的所有技巧和策略都略有不足。我们在这4个村居遇到了各种困难，包括人口老龄化、社会信任度下降以及无干部支援等。其中社会信任度下降最为重要，在入户过程中我们遇到过暴力拒访的，声称要"报警"的，预约成功又被"放鸽子"的……，在这种时候我们的眼泪似乎也不值什么钱——也不是说因为别人拒访而难过，而是对这个社会的信任度表示悲哀。通过调查发现，信任度下降也不是没有原因的，拒访的居民表示被非营利组织骗过、被陌生人发广告骗过等等，不拒访的居民则非常乐意、笑哈哈地接受我们的访问，我想这种居民肯定是被世界善待着，所以他们愿意相信一群陌生人的来访，这就是不同的人生环境下态度的不同吧。而无干部支援影响也较大，去往其他地方的队伍由于有村干部的支持进展神速，而我们大部分都是依靠自己。在团体协作能力强的小区，也许是看到了我们的无奈和可怜，总有人愿意倾情相助。GJ小区前闲聊的叔叔阿姨，每天晚上都在楼下关注着我们的进度，在确定受访人之后主动帮我们联系，替我们向受访者解释我们的来意。天气热了，受访者会主动开好风扇，递上一杯水，下雨了，在屋里的阿姨们会主动让我们进来避雨，和我们聊天，家乡话听不懂了，叔叔阿姨们会尽量说普通话照顾我们，甚至手写他们要表达的意思。而在相处冷漠、互不认识的小区则显得我们更加奇怪，他们将我们看成是一群背着书包、戴着帽子的"奇怪的人"，也许是他们各自的人生经历让他们对社会产生巨大的不信任感，不再相信社会的任何善意，社区的人们更关注自身，而非社区，因此在社区交流中干部与居民仅仅保持着基础工作上的联系，而非更深入的人文交流，这让后期社区干部的工作开展面临困难，也让我们的工作面临更大的障碍。

（三）无法解决的问题

其实在这一过程中，感人的事情有很多很多，令人难受的也很多很多。第一，在我们进行调查的过程中，有的居民把我们当成上级来的干部，给我们诉说他们家庭的苦痛以及干部的不作为，比如住在五楼以上的人喝不到水或者水质过差问题，我们可以听他们的诉说，但是我们知道我们目前没有能力介入其中，甚至无法给对方承诺，只能回应说我们会努力统合大家意见整体汇报的。第二，有的居民不接受访问是因为之前接受过访问，但对于他们来说，几年来村庄没有发生一点变化，他们觉得既然访问没有任何作用，那么为什么还要耗费时间接受访问？尽管我们解释说，我们会收集数据以便了解大家最急需解决的问题，国家会出台相关的政策改善民生，但是我们也知道对于他们来说这种解释是苍白无力的，面对生计，他们更加注重个人利益，换谁都会这样。第三，有的居民觉得题目设置太过分，如里面涉及艾滋病病人的问题，在我们的调查当中，正好抽到此类患者回答问题，当看到接受艾滋病患者的宽容度打分时，他立马停止了访问，并表明这个访问不尊重艾滋病患者，将他们放在一个特殊的位置。以上的这些问题看似特殊，但是从整体的调查来看，还是非常普遍的，尽管我们认识到了这些问题，但是我们无法直接解决这些问题，我想这是我们最无奈的地方了。

三 调查建议

（一）调查前

在调查的过程当中，可以发现前期的村居联系以及问卷设计当中可能会存在一些小小的误解。当我们向村居寄送礼物、进行再次联系的时候我们需要明确表明有没有通过镇进行自上而下的沟通，不然就会出现各种质疑的声音，使项目进展不顺利，也要明确地了解是否有新换任的社区领导，提前让被派往社区的同学们做好心理准备，并为他们提供一些方法和技巧，如在人流量大的地方进行沟通、找到之前的领导者等。而在关于特殊群体的问卷设计中，应该对特殊群体在回答前进行筛选，让受访者感受到被尊重，被理解，这样才能推动整个项目的进展。

（二）调程中

每年的调查都会出现一些新问题和新情况，在问题中不断改进，探索新方式是我们调查的小目标。处于城市社区时，在进行入户前，首先，访问员们可以和社区负责人商量好提前拟定发布项目小组即将入户的消息，并在访问员证上盖好相应的社区居委会的章，并拍好自己帽子以及书包的照片，让大部分人知道项目小组是来做什么的，让居民配合同学们的工作；其次，在小组整理好所有样本之后，将所抽到的具体地点在社区负责人的带领下走一遍，用图片或者文字的方式记住实际位置（而非CARS系统中的样本编号），回到社区居委会再按照联系方式联系，请社区居委会负责人提前联系好，访问员两两分组分别前往，提高办事的效率。而在入户后则要注重与受访者沟通的方式，由于问卷时间比较长，当小组成员一个人进行问卷调查的时候，若受访者在带小孩，立马联系附近空闲的另一个访问员过来帮忙，这样可以使访问进行下去，同时在不影响访问的情况下也要注意多夸一夸受访者和受访者的家人，提高受访者回答问题的积极性，当受访者回答结束以后，要对受访者表达诚挚的谢意。

（三）调查后

由于每个小组要走4个村居点，在前面村居点遇到的问题和学到的解决方式对后面的村居点活动具有极大的帮助。因此在完成每一村居点的问卷调查之后，小组应该对遇到的问题和解决方式进行复盘，对比总结最优的方式，并讨论在不同情况下如何运用，同时要注意时刻关注小组成员的心情与信心，在小组成员失落或者沮丧时要给予他们支持和关怀，要让他们激起斗志，整装出发，去往下一个地点。

结语

走过了A市的四个"小城"，敲遍了四个"小城"所有样本的门，遇见了美丽的人和风景，打造了一个有着坚定信念的团队。我很感谢，拥有这样一次作为队长的机会，照顾队员的吃喝住行，了解队员的心理状态。原以为作为小组成员年龄最小的一个当队长会不被人认同，但是当组员遇到问题了会找我、村居负责人要了解情况会找我、老师要了解情况会找我的时候，我渐渐相信我可以带好整支队伍；我很感谢，有这样一次专业的社会调查的机会，让我真正了解什么叫社会调查研究方法；我很感谢，有这样一次了解百姓的机会，让我第一次去听、去用心感受，去了解百姓内心的想法，他们希望什么、期盼什么，这让我更清楚未来我应该做什么、怎么做。

以前上课经常听老师讲到田野调查，我就非常想参与其中，终于让我在这个炎炎夏日有了真正的实践。过去我把它当成历练的机会，而从现在开始我将把它当成我人生中的一部分，作为行政管理专业的学生，我们更要经常往基层去听、去看、去感受他们的真实想法。人生如棋，落子无悔，来到"中国社会状况综合调查"就是缘分，我不后悔来这里寻找光，遇见光，希望未来在各种各样的调查中可以成为自己的光，也希望未来自己所做之事、所想之事对整个社会都有意义。

何为真实与幸福

曹灵　广东海洋大学社会学系

一　核图核户——被汗水腌入味的夏天

在本次CSS项目中，我所在小组负责的是Z市的调研任务。我们到达的第一个SSU是所负责的四个SSU中唯一的城市社区，我们抱着绝对的热情与信心开始，但没想到最受打击的就是在这里。到达该SSU的第一天，我们先前往当地社区所在的街道办，在了解社区的基本情况后，就迅速开始了核图工作。

刚开始核图工作的时候，大家都有点找不清方向，手机和平板同时打开使用，最后还是把自己绕晕了。这个社区的建筑结构比较复杂，多为本地居民自建的房屋，所以刚开始的核图进度较慢。但在慢慢掌握规律和方法之后，一切都顺利了很多，我和同组的一位女生甚至对此"上瘾"，全然没有察觉到天色已晚。

第一天核图过程中，我们像是社区内突然闯入的"侵入者"，当地许多居民都向我们投来好奇的目光。为了给居民留下一个好的初印象，对于这些目光，我们都报以微笑，并主动介绍身份。那天让我印象最为深刻是，在路过一户爷爷家时，我们先向坐在门口的爷爷介绍了自己的身份，但这位爷爷始终一脸严肃地看着我们，一副很凶的样子要赶我们离开，这时候屋内突然传来方言的怒骂声，一位奶奶走了出来，用普通话安慰我们不要害怕，说爷爷只是在开玩笑。看到奶奶走出来之后，爷爷瞬间"变脸"，绽放出大大的笑容，原来刚刚只不过是爷爷的一个小恶作剧。

七月的Z市就像是一个火炉，核图、核户是一场体力游戏，身上的衣服每天湿了又干，干了又湿，等每天晚上回到旅馆的时候，已经彻底被汗水腌入味。

二 入户访谈——心累与感动并存

（一）门都进不去

在城市社区进行入户访谈时，我们面临的第一个困难在于"进门"，因为大多数时候我们甚至连大门都无法进入。记得在一次入户抽样过程中，系统恰好抽到了同一栋公寓的好几户，而这栋公寓的门禁十分严格，必须刷卡才能进出。连续几天，我们都是先蹲守在公寓门口，等待着里面的住户开门再趁机进去，想要出来的时候，也是蹲守在公寓一楼，等待其他住户进出。但这类问题还只是小困难，最难的是我们根本找不到人。因为在工作日的时间里，城市社区的大多数住户都外出工作不在家，很多时候都是"敲门无人回应"的情况，一天下来"颗粒无收"。我们访问员的自信心在这毫无收获的访问过程中被消磨殆尽。

第一天进行入户访问的时候，我们都抱着十足的激情与信心。只是没想到在进行第一家入户访问的时候，就遭遇了强烈拒访的情况。第一次敲门的时候，住户草草地打发我们离开，秉持"三次敲门"的原则，我们决定过几个小时再来试一次；没想到第二次住户连门都不愿意开了，只是在屋内警告我们赶紧离开；第三次敲门的时候，住户已经表现出了强烈的不满，要求直接给北京总部打电话，并质疑我们身份的真实性与调查的可靠性。在这个过程中，我们一直尝试让住户平静下来，也了解到住户只是暂时独自租住在此处，刚刚结束捕鱼工作，只有几天时间在家休息，所以才不愿意接受我们的访谈。在了解到受访户拒访的原因后，我们也表达了自己的歉意与理解，该住户也对我们的调查工作示以尊重与理解，同时还建议我们如果在第一次就遇到了住户非常不愿意接受访问的话，之后也就没有必要再继续了。这次的接触经历，让我明白了在社会调查中相互理解的重要性。

  除了无人回应的情况外，还有一个常见的情况是只有孩子在家。因为调查期间正逢暑假，许多学生都放假在家。在这种时候，我们就会格外小心，以免对孩子的安全防范意识造成影响。在城市社区进行访问期间，我们还因为这个问题差点闹进了公安局。当时，我们在征得一楼住户的同意后，进入被纳为抽样户的二楼居民家开始接触。第一次敲门时只有孩子在家，所以在简单介绍了我们的身份后，将本次调查的宣传册与预约单留下后就离开了，准备之后再过来和家中大人沟通。第二天早上，我们再次前往访户家中，敲门无人回应。过了几个小时再准备上楼接触的时候，意外发生了，二楼的住户阿姨突然愤怒地跑下来用当地方言怒骂我们。当时在幽暗的一楼门廊处，我们三位访问员被吓得愣住了，大家都是学生，还未经历过如此轰轰烈烈的场面。阿姨拿着棍子，激动的话语声和急速的脚步声充斥着我们所有的感官。那时候阿姨堵在门口不让我们离开，一直说要报警把我们抓起来，怀疑我们是非法分子，想要诱拐儿童。之后，我们尝试着让阿姨冷静下来，也让之前沟通过的一楼住户帮我们一起解释。等到阿姨冷静下来，开始用普通话和我们进行沟通之后，我们也意识到了自己工作上的失误，在只有孩子在家的情况下贸然打扰，对孩子的安全防范意识确实有一定影响。此外，这件事还让我感受到了人与人之间直接沟通的重要性，我们原以为和阿姨早就相互通晓，但没想到还是造成了误解与冲突。虽然我们也体谅访户的困难，但是自己也会忍不住暗自委屈流泪。

（二）石沉大海的再约时间

很多时候，要想等待访户再联络，都像是石沉大海。因为大多数访户可能会在之后的"再约时间"中销声匿迹。记得在一次访问中，我们恰好遇到一位独居的年轻女性，前期所有的抽样工作都进行得很顺利，但就在准备开始访问的时候，访户突然说她准备出门和朋友聚会，表示如果今晚九点能够赶回来的话就联系我们。我和另外一位访问员都对此抱有极大的信心，认为今晚一定能够顺利进行访谈，之后便去另外一户进行试接触。这一户是一对刚从外地过来的建筑工人夫妇，年龄较大，普通话并不太流利，但还是非常热情地接受了我们的访问。之后因为访户需要午休，我们就约定好晚饭后再来，并且也留下彼此的联络方式。但让人意外的是，到了晚上，这两户访问都无法继续开展，独居的年轻女性暂时无法返回家中，而之后就是工作日了也没时间再接受我们的调查。另外一户夫妇，在我们走到他们家门口的时候，恰好碰上他们外出，准备前往另外一个区县工作，短期之内也无法继续接受我们的访问。那天晚上坐在昏暗的路灯下，我才算体会到"希望有多大，失望就有多大"这句话的真实感受。不过，在这个过程中，我们也收获了许多真诚与谅解，第一位访户虽然无法及时赶回来，但也积极配合我们的工作，询问能否进行线上访问或者等一周之后再进行面对面访问。如何使访问在第一次就顺利完成而不中断，这也是我们需要掌握的重要技巧之一。

（三）风雨过后的彩虹

这次CSS项目经历，如果用一句歌词来概括的话，就是"不经历风雨，怎么见彩虹"。一路上，我们遇到了很多辛酸的时刻，也收获了许多感动与欢欣的瞬间。在疫情形势仍旧充满不确定的情况下，我们还遭遇了台风，每天都在担心自己能否如期回家。台风到来的那天，我们穿着雨衣戴着口罩在泥泞的村路上行走，最后脱下雨衣的时候，发现里面的衣服也被汗浸湿了。调查初期，由于城市社区的访谈进度缓慢，我们便选择同时开启下一个SSU的调查工作，白天在农村社区进行访问，晚上再回到城市社区进行入户接触。

印象最深刻的是在台风过后的第二天傍晚，我们抽中一位很友善的阿姨进行访问，她对我们所有的问题都十分耐心地回答。后来因为阿姨要给家里人准备晚饭，所以我们和她预约晚上八点半再来。坐在马路边等待的时候，我和另外一名访问员都非常担心这次访问又会像之前一样"石沉大海"，都准备好了如何向阿姨卖惨，请求她能够接受我们的访问。正在脑海里预演之后的场景时，一转头就看见挂在云朵上的彩虹，我们瞬间兴奋，前几天调查的种种不顺利与焦虑顷刻间一扫而空。正如彩虹预示着的幸运，阿姨和她全家人都非常配合我们的调查，虽然家中经济状况一般，但他们的生活态度仍旧非常乐观且积极向上，对当下存在的一些社会问题也能够提出自己的看法与见解。那次访问，我们一直持续到晚上十点半。我们一天工作下来，虽然身体感觉到有些疲惫，却会因为不期而遇的彩虹和友善的访户而感受到倍加温暖。

三 一些个人的调查思考

（一）何为真实？

作为本次CSS项目的访问员，自培训之初，老师们就一直强调问卷数据的真实性问题，确保数据真实性最基本的一条守则就是遵循其抽样规则与访问技巧。这是我第一次参与大型社会调查，也是我第一次尝试将课堂的方法和知识与生活实践联结，也在这个过程中，逐渐体会到理论转为现实的困难所在。问卷调查作为当下定量研究的主要调查方式，其效度与信度一直以来都是我们关注的要点。但是，究竟什么是真实，我们又该如何达到真实呢？

首先从问卷设计者本身出发，其真实性的体现在于问卷设计的合理性与可靠性。合理性指的是题目对社会大众来说是否具有普遍适用性，通俗点讲，就是我们所设计的问卷，受访者是否能够读懂，明白题目在问什么。但是在本次调查过程中，由于CSS调查问卷的题目涵盖范围较广，许多问题的理解都需要建立在一定的文化经验之上，而我们接触到的大多数受访者学历程度较低，有些农村的住户甚至一辈子都没怎么出过家门，根本无法理解问卷中题目的含义。身为访问员，我们的一大责任就是帮助受访者更好地理解题目，但这样做不仅耗时耗力，也难以确保受访者真正理解题目。这样，即使最后受访者给出了回答，用这套问卷获得的数据是否还真实呢？所以我们还是得回归到问卷设计本身，针对问卷受众本身来进行合理设计。

其次，问卷的可靠性体现在其样本的使用效度上。问卷中每一道题的设计目的与测量结果是否符合研究者预期，各个变量的操作性定义是否能够反映原始的基本定义。这也是我在访问过程中，不断去思考的一个问题，"这个问题究竟为什么这样设计，它想问什么"。唯有知道问题设计的目的，才能保证我们在使用样本数据进行分析时，其结果的可靠性。

督导与后台的严格管控也是社会调查中保证真实性的重要一环。每个人的社会化过程不同，看待问题的角度与思考方式也存在着差异。因此，为了保证访问过程中的一致性与真实性，督导与后台的作用就在于尽可能地控制调查过程中访问员本身可能带来的误差与干扰。

此外，访问员的专业性与中立态度也是保证社会调查真实性的重要一环，其主观能动性地干扰将间接影响整个社会调查的"真实观"。调查过程中，我们很难控制个体情绪波动带来的影响。例如在问卷抽样过程中，大多数时候抽选出来的样本户及受访者都不是访问员所期待的，甚至是排斥的，心理上的落差与不平衡将直接导致访问员对整个调查的自信心与热情的下降，从而出现消极情绪。据我了解，许多访问员对抽样系统的信度问题是存疑的。对于样本的随机性，有时候访问员的理解会与机械化的系统编码之间出现偏差。这类个体的理解偏差也是调查过程中的误差来源之一。因此，访问员中的领导者角色就显得十分重要，如何让整个调查团队朝着正确且积极的方向发展，及时调整个体情绪，这都是社会调查中我们需要掌握的技巧。

最后，不得不谈的就是受访者的态度问题。无论在前期的接触过程，还是在正式访问的过程中，受访者的不真实回答都将直接地影响整份问卷的真实性与有效性。在本次调查过程中，我们就遇到过这个问题，受访者在户内抽样环节说家中只有三口人，但在后续访问中，却出现了第四个人，前后回答的不一致使得我们这份样本最终因不符合抽样"应纳尽纳"的规则被废弃。据我观察，受访者的"不真实"原因主要可以分为以下三类：一是对陌生人的警惕态度，二是对繁杂问题不想回答的敷衍态度，三是对政府权力的忌讳态度。第一类与第二类原因较为常见，第三类多出现于个别男性受访者，即使他们对当地政府颇有微词，但最后对政府工作满意度这块的题目，其填写的答案也大多表示肯定或者中立。

（二）何为幸福？

什么叫幸福，怎样才能被称为幸福呢？在这次调查中，我遇到了形形色色的人。有独自带着三个孩子居住在廉租房里的母亲，也有生活在富丽别墅里的空巢老人；有外来务工的流动人口，也有祖辈就生活在这里的当地人；有为了工作朝九晚五的"打工人"，也有只需日夜守着一栋楼的"包租公"；有早早辍学在家的年轻人，也有考入名牌大学的研究生。他们的人生经历各不相同，对于许多问题的答案与看法也不太一样，包括对于"幸福"的定义。

独自带着三个年幼孩子在家的母亲，一家人生活在狭小的空间中，但是她却始终面带微笑地回答我的问题。虽然自己的经济状况一般，但在有关生活满意度的问题上，她却给了高分："10分，非常满意，我觉得我的生活还是很不错的，你看外面还有那么多人吃不饱饭呢，现在这样已经很好了。"这是她当时给我的回答，我一直记到现在。

就在今年，我们CSS调查期间，河南暴发了特大洪灾，公共交通系统瘫痪，洪水倒灌地铁，有受难者，也有挺身而出的英雄。看着手机上的各类新闻，我也忍不住跟着屏幕那端的人们一起落泪。或许对遇难者来说，活着即为幸福。这不禁让我想起了"相对福利"的概念，福利与快乐应相提并论，强调福利的相对性。我们无法让所有人民享有共同的社会福利，只能尽力往"相对福利"的天平上靠拢。

由"相对福利"又可引申出"相对幸福"的概念，在本次调查经历中，我发现许多家庭实际上并未享受到应有的社会福利，甚至并不知道自己也有此类社会资源。但他们对自己生活的评价仍旧是满意，因为他们拥有一种"相对幸福"的生活态度。

在这次调查过程中，很多人是抱着对未来幸福生活的期望接受我们访问的。有一位老党员因妻子患有精神疾病须在家照料，多年无法外出工作，生活较为困难，访问过程中也一直请求我们和上级反映情况，给他们家中多一些帮助。身为访问员，我们自知力量微小，唯一能做的也只有将他们的声音以文字和数据的形式记录下来。

何为真实？何为幸福？这是我在本次社会调查过程中一直在思考的两个问题。作为社会调查工作者，我们唯有通过保证社会调查过程中的真实性，将当下人民生活的真实数据记录下来，传递出去，转化为社会政策，才有可能促进民众未来的生活幸福感。

四 关于调查的一些个人建议

（一）微笑是最有用的工具

在进入社区的阶段，我们要做的就是以笑容来回应所有人好奇的目光。无论是在最初的核图、核户阶段，还是在之后的访问过程中，我们都要以亲和友善的态度待人，以善意来收获善意。试想一下，当我们自己面对一个严肃冷漠的访问员时，是否也会感到紧张不安。本来访问过程就是与陌生人对话的过程，让受访者处于一个放松自在的状态，才能够使调查顺利地进行下去。

（二）社会调查者要具有专业性与严谨性

作为大型社会调查中的工作者，我们必须具备的基础能力就是专业性。这里强调的不仅是内在逻辑自洽的专业性，更有外在特征的"专业性"。注重自己的穿着，佩戴好工作牌，随时准备好自己的调查工具，这都是向外界展示我们专业形象的要点。严谨对待调查工作，也是让社会大众信任我们的方式。

（三）一场没有终点的马拉松

社会调查是一场没有终点的马拉松比赛，它需要不断地对过去进行反思才能够持续进步。这就要求我们每一位参与社会调查的工作者都要不断地去思考，去批评，去总结。小到对一天调查工作的反思，大到对整个过程的回顾。问卷调查本身就是一个刨根问底的过程，并没有一个真实的终点，唯有秉持不断反思与进步的宗旨，我们才能一步步贴近社会事实。

CSS2021教会我的事

杨姗姗　中国社会科学院大学社会学院

2021年的夏天是一段幸运与忐忑交织、奔波与感动并存的时光。在参与CSS的这段日子里，我有过紧张不安，有过自我怀疑，但更多的是顺利完成一项项任务之后的满足、兴奋与踏实。第一次听说CSS是在2020年，在与师姐的聊天中偶然得知，自此便在心中埋下了一颗CSS的小种子。后来在李炜老师的课堂上，我对CSS的认识更加深入，一步步地了解与学习让我对CSS的好奇心越发高。终于在5月份我如愿开始了CSS的督导培训时光，自此便开启了一段属于我的CSS之旅。虽然这段旅程满打满算只有两个月的时间，但就是这短短的两个月足以让我成长。这期间所遇到的人、所经历的事，都让我收获满满。

成事要件之一　充足的准备

宜未雨而绸缪，毋临渴而掘井。充足全面的准备是顺利完成调查的基础。简单地看CSS不过是一份份问卷数据，一次次聊天对话，但是获得这一次次对话的机会是全体CSSer通力合作、不断努力的结果。为了保证抽样环节的质量，抽样组的老师们潜心研究计算机辅助地图地址抽样方式，精心设计、更新、优化CARS，维护系统的稳定；为保证问卷的质量，问卷组的老师们不断商量、修订问卷，大到整个模块的取舍，小到一个标点符号的更正，一次次地修改与完善才有了最终版本；为了保证整个调查的顺利开展，执行组的老师们精心安排督导培训，10天时间，500多页PPT，从绘图抽样到入户访问，从访问技巧到待人接物的礼仪，从物质辅助到思想准备，全方位、多层次的培训让60多位督导从CSS小白迅速进阶。

通过了紧锣密鼓的督导培训后，我的CSS之战正式拉响。6月24日我与姜同学两人出发前往青岛开始绘图抽样培训工作，当时压力超级大。"我这可是CSS的第一站，一定不能出丑啊！""抽样框这个地方到底要不要讲啊？""右手原则怎么样才能说明白呢？"……带着一堆的问题和未知我踏上了前往青岛的列车。虽然在出发前已经进行了很多次的试讲，但是内心仍然忐忑忑。培训的前一天晚上，我不断向小昱姐请教，明确了我的培训"终极三问"："我是谁？我要教谁？教什么内容？"就这样与小昱姐一边探讨一边修改，直到深夜2点钟，我终于彻底理清了思路。6月25日，第一场绘图抽样培训正式开始，在同伴的帮助下，在后台的强大支持下，我的第一次培训顺利完成。现在回想，若是没有前期充足的准备又怎能有第一次培训的成功呢？

我的CSS第二站是河北，在河北我也只是负责有关绘图抽样的培训工作。有了青岛培训的经验，以及更加全面的准备，再加上团队的协作以及河北地方师生的配合，整个培训非常顺利。一遍遍地试讲找出问题，一次次地修改完善内容，正是这些不断地积累和准备让我在培训中逐渐得心应手。

成事要件之二 从容不迫的镇定

青岛之行在忐忑中结束，河北之行在从容中度过，由于时间较短很多问题没有暴露出来，以至于让我产生了"培训很简单"的错觉。当然哈尔滨和天津的培训很快就把我从幻想中拉回现实。第三站我来到了参与人数最多的哈尔滨。参与人数多、物资不充分、现场秩序混乱、培训质量难以保证等一系列的问题让我措手不及。天津是我的第四站，也是我第一次做组长的一站。本以为一切准备就绪，可直到现场我才发现最重要的平板竟然忘记寄过来了，于是紧急联系胡老师寻求支援。原计划只有三天的培训课程，可是在第四天天津开始下暴雨，无法去实地调查，我们迅速调整方案，进行室内模拟训练，帮助大家巩固学过的知识。在哈尔滨时遇到这些问题，我的第一反应是慌乱，脑海里一直重复"怎么办，怎么办"，很难真正地静下心来思考解决办法。但是渐渐地，遇到的问题多了，我开始调整自己面对问题的方式。遇事先冷静，先不要想解决办法甚至是后果，弄清楚问题的来龙去脉是第一要务。在这样的调整和训练下，我逐渐能够从容应对突如其来的问题。

三毛曾说过：从容不迫的举止，比起咄咄逼人的态度，更能令人心折。作为巡视督导的我们，要前往全国各地帮助地方开展调查，我们应该成为地方的强心剂，这就要求我们遇事一定要冷静。如果遇到问题我们慌乱、焦急、手足无措，那又怎能更好地给地方带去帮助和支持呢？看看我们的老师，无论我们遇到何种难题，总能以一种从容的姿态，淡定的话语给予解答。虽然我们做不到泰山崩于前而色不变，麋鹿兴于左而目不瞬，但是我们要从现在做起，从容不迫、泰然处之，不被问题和困难左右。只有内心真正有了一种从容淡定，才能取得良好的实绩。

成事要件之三 持之以恒的韧劲

属于我的真正意义上的巡视督导之旅是在内蒙古自治区，这是我的CSS第五站，也是我完完全全参与全程的一站。有了前期的经验积累，在内蒙古自治区我可以不依赖PPT就能进行培训，遇到问题不再慌乱总能想出解决办法，但是也面临着新的挑战——如何坚持不懈、保质保量地完成调查。

在内蒙古自治区遇到的第一个考验就是身体的劳累。在呼和浩特核户时，32℃的高温天又晒又热，已经让大家疲惫不堪。然而，某小区30层高楼设有门禁，我们外部人员无法正常乘坐电梯。访问员们想尽办法蹭电梯，当然多数情况下是无法蹭到的，只能一步一步爬。核户完成后访问员们都汗流浃背，但是没有一个人抱怨，看到系统中一个个"绿色坐标"，一切劳累似乎烟消云散。他们这种不怕苦、不怕累的精神让我深深地感动。

第二个考验就是频繁地被拒绝。一共3个PSU，12个SSU，其中11个是城市社区，只有1个农村社区，由于绝大多数是城市社区所以我们的拒访率非常高。有的人明明家里有声音，就是不开门；有的人好不容易敲开了门，说明来意后立刻关门；有的人态度还好就是不配合访问，随便找理由搪塞我们；有的人约好再访时间，可时间已到出尔反尔；有的人好不容易进入访问，可中途抱怨时间太长，于是扬长而去……当然这些问题都没有让我们的访问员们退缩，反而越战越勇。为了顺利开始访谈，有的访问员拿出撒娇、装可怜的办法，"阿姨，您看我们都是大学生，大热天也挺不容易的，您就帮帮我们吧"；有的访问员发挥厚脸皮精神，"叔叔，您现在不方便访问的话，我们过两个小时再过来，您要还是没时间我们明天接着来"；有的访问员"拍马屁"，"阿姨，您看您家多幸运啊，全小区这么多居民竟然抽中了您，您的意见可代表这咱们小区居民啊"；有的访问员积极寻求居委会的帮助，穿上代表居委会的"特制马甲"，大大提高了居民的信任度。正是访问员们坚持不懈的努力才有力推动了调查的开展。

做事干事，在动手之前，当然要详慎考虑；但是计划或方针已定之后，就要认定目标前进，不可再迟疑不决，这就是坚毅。同学们用老牛爬坡的坚持，水滴石穿的坚韧，为内蒙古自治区CSS画上了圆满的句号。

总结与反思

在参加CSS之前我一直在思考两个问题："我为什么要参加CSS""为什

么耗费人力物力财力来做CSS"。我想经过近两个月的探寻，我大概找到了答案。

　　我为什么参加CSS？因为这次经历值！一方面，在这里我学习到了社会调查的前沿方法与技术，深入了解了CARS的应用与操作，切实认识到了一项大型的全国调查是如何密切配合，保持各个部分有条不紊地运行；另一方面，在这里我认识了和蔼可亲的老师们，收获了一群志趣相投的朋友，锻炼了自己组织、交流的能力，磨炼了持之以恒、从容镇定、踏实肯干的心性，让自己在实践中快速成长。

　　CSS为何耗费巨大的人力、物力、财力坚持来做问卷？我想是因为CSS是一个听见民声的重要渠道。在调查过程中，我们听到了百姓对医疗政策的称赞，看到了环境治理带来的成果，感受到了百姓对生活水平提高的欣喜，同时也感受到了百姓对政策持续性的担忧，听到了百姓对未来美好生活的憧憬。当前我国发展进入新时代，人民生活水平不断提高，然而人民日益增长的美好生活需要和不平衡不充分的发展之间的矛盾依然存在。CSS在其中发挥着重要的传声筒的作用。我们通过入户访问倾听民声，运用可视化的数据传达民意，从而扶民之困，解民之忧，纾民之怨，满足人民对民生工作的期待。听民声，才能让政策反映百姓冷暖；听民声，才能让治理获得人民支持；听民声，才能让惠民工程落到实处。相信在未来，CSS定能不忘初心，直面挑战，争做中国好调查，倾听群众心底最真实的声音。

　　属于我的CSS之旅已经结束，但是CSS带给我的感动，教会我的道理将会成为我成长路上的"灯炬"，指引着我不忘初心，砥砺前行。

倾听大地的呐喊

梁樱子　广东金融学院劳动与社会保障系

"**前**方到站是，E市站。"高铁停下，广播响起。我和六位队友一同来到了E市，开展我们"中国社会状况综合调查"的调研工作，通过"晓国情民意"这样一种独特的方式庆祝祖国华诞。

我生长于祖国南海之北的阳江市，离我们调研的E市，仅需乘坐一站高铁，在这个追求速度的时代，坐上那飞驰的高速列车，只有不到半个小时的车程。但是，我却从未踏足这方土地，只是听闻它与我的家乡一样，明明身处广东这个外省朋友看来遍地黄金的经济大省，却在广州、深圳等珠三角城市经济腾飞的同时，以自己的速度，徐徐地走着。十分荣幸，这个假期能够与一群志同道合的伙伴，以"倾听者""体会者"的身份踏足"邻居家"的这片土地，领略这里的民风民情。

一 开幕冷暖

下了高铁，我们来到一位队友亲戚开的家庭式饭店吃午饭。说它是家庭式饭店，除了因为它是叔叔阿姨夫妇俩在自己家经营的以外，还因为，无论是叔叔阿姨做的一桌子家常菜，还是如寻常百姓家的待客厅一般的饭馆布置，再或者是他们乖巧懂事的小女儿，都让我们感觉仿佛回到了自己家，与自己的长辈，还有他们带来的小表妹相处。和叔叔阿姨还有小妹妹围坐在一张大圆桌旁一起吃着饭，聊着我们的调研任务，聊着我们各个成员的家长里短，不知不觉地，就到了下午。叔叔阿姨即便再不舍，还是不得不帮忙联系了司机送我们到住处。临走前，他们一句句"注意安全""工作顺利"之类的嘱咐，相比国庆前，妈妈打电话问我有没有抢到回家的高铁票，却得知我要去调研时，口里那句简短的"好好工作，调研也要注意安全"，说这些话时的语气有什么两样？这些当时我只觉啰嗦的话语，不知为何，这时竟觉得格外亲切。在叔叔阿姨的饭店，或者干脆说，在他们的家里，我对E市这个县级市的风土民情有了初步的感知。

我们住的地方离叔叔阿姨的饭店有点距离，所以到了之后收拾一下东西，已经下午4点了，还下起了大雨，但我们还是怀着满腔的热情，联系N镇居委会的工作人员帮忙带路做问卷调查。居委会的大哥哥和我们一起在雨中翻看平板上已有的样本图层，最终先带我们去了最近的一户楼下开商店的人家。店里柜台前一位中年男士在忙着收款。我们这群背着黑色背包，胸前挂着证件的陌生人刚小心翼翼地进入店内，就被男士用警惕的眼神上下打量了一番。居委会的哥哥说明了我们的来意，男士也一再坚持说只有夫妇两人看一家店，很忙，没有时间配合我们做问卷调查，最后还是在哥哥的说服之下，他们才勉强同意我们可以在第二天下午客人比较少的时候再来。

离开商店之后，我和另外两名队友跟着居委会的哥哥来到一位老党员爷爷的家。由于年纪比较大，爷爷的听力不是很好，但还是很和蔼地让我们大声点说。经过若干次大声复述和出示宣传海报,爷爷终于了解了我们此次前来的目的——带着国家的任务来了解老百姓的生活状况。得到这个回答,他一下子就笑得更灿烂了,一边反复确定:"真的吗?你们真的是国家派来了解我们的生活状况的吗?我就知道,国家一直都很关心我们的生活,党和政府也一直牵挂着我们呢!"一边忙着让一旁的小孙女给我们搬来椅子坐。看到爷爷的反应,我们也非常开心地向他点头,觉得爷爷肯定会很愿意配合我们的调查。果不其然,还没等正式开始抽样,爷爷就介绍起自己的家庭状况,说自己的子女分别都在哪里工作,赚的钱足够让一家人丰衣足食了,自己的孙子孙女读书成绩也不错,都考上了哪里的中学,他的生活很好,叫我们回去汇报工作的时候,让党和国家放心。还给我们讲起今年建党一百周年,他作为老党员的种种感受。

爷爷非常配合地与我们说着自己子女的工作地点,无一例外,他们都在大城市,国庆假期都没有回家。爷爷自己也已到耄耋之年,所以抽样的结果不言而喻——他家没有符合条件的访问对象。但我们都不约而同地忽略了平板上的废样本提示,更没有人告诉爷爷这个"残忍"的消息,而是接起了爷爷的话匣子。

"哇,原来爷爷的孩子们都在大城市工作,这么有出息啊!"

"唉,出息有什么用呢?我倒想他们回老家发展,这里才真正需要他们做贡献啊。这些不说,在家里怎么也能陪我这老头子说上几句话吧。"

"呀哈,其实他们可能有自己的考虑,说不定想趁年轻,先赚多点钱来孝敬您呢!"

"是啊,儿子长大了,怎么想是他的自由,年轻人都有自己的想法,我们老的也只能尊重他们,至于孝敬不孝敬的,我倒无所谓啦。"爷爷说这话的时候,依然是和蔼可亲地笑着。但我从他眼里似乎看到了很多很复杂的情绪,我说不清楚,只知道,肯定有遗憾之情。年轻人们啊,当你身心俱疲地走出那光鲜亮丽的高楼大厦,挤进熙熙攘攘的地铁,回到大都市里那并不属于你的低矮出租屋时,请记住,有一个老人,有一片土地,无时无刻不在牵挂着你。

最后,当我们说出"那爷爷我们的访问就到此结束了,谢谢您的配合"

这句话的时候，爷爷依依不舍地送别了我们，并表示希望留下那张宣传海报作为他配合国家调研的纪念，还不忘叮嘱我们要好好读书、报效祖国，又再次强调我们回去一定要汇报，他的生活真的很好，不要给党和政府添麻烦。即便这份问卷没有做成，我们还是笑着从爷爷家出来，我想，中国共产党能够走过百年的征程，带领中国屹立在世界的东方，必然离不开千千万万像爷爷这样不忘初心、心系国家的党员。

我们去找另外几个队友时，他们正在做着问卷，可惜进行到一半，被访者就要吃晚饭了。这才想起，我们一行七人，一个都还没吃晚饭！可即便如此，我们也尚未完成哪怕一份问卷！天初晴，但见不到彩虹，因为天空不知何时已变得黯淡。

此时，天黑，路滑，难行。

我们拖着舟车劳顿和工作劳累双重折磨后的疲惫身躯，努力把吃晚饭和总结工作两件事进行下去，最终想到了一块儿去——万事开头难，而我们第一天的情况，也没有那么糟糕，至少我们做完了一大半问卷，而且被访者也答应了我们第二天再上门完成剩余部分，还成功预约了一份。随着会议的进行，房间里的温度变得越来越适宜，我们身心的疲劳得到缓解。

二 倾听百态

单看完成的问卷数量，第二天的情况确实要好一些，但是，过程的艰辛，唯有亲身体会过才知道。也只有我们自己知道，我们是如何"低声下气"地恳求被访者接受我们的访问；我们顶着烈日走遍整个镇子挥洒了多少汗水；我们那简单的午餐吃得有多么仓促……虽然，我们言语那么礼貌、态度那么诚恳，但还是有一份问卷在快到结束页的时候，被本就不太情愿的被访者以问的问题太多、太琐碎为由，直接把大门一关，将我们拒之门外。一份将近完成的问卷，已经花费了不少时间，我们不甘心，午饭后再去，却只得到了"没空"二字和又一次的闭门羹。

无奈，住户拒访，此卷作废。

虽然闭门羹吃得不少，但依然有人很乐意与我们谈天。我和我的搭档在这一天的中午,终于完成了全队的第一份问卷。当我们把这个消息在微信群里告知其他队员时,大家激动的心情犹如当年我国第一颗原子弹爆炸成功的蘑菇云,冲出了冰冷的电子屏幕。同时,还有另一份"捷报"——我们的其他队员也即将完成一份问卷了。我们迈出了最艰难的第一步!

提到我们的第一份问卷,就不得不提被访者阿姨。根据阿姨透露的情况可知,她的丈夫长年在外打工,而身体状况欠佳的她,只能在家一边经营着生意平淡的小理发店,一边照顾自己虚弱的身体,夫妇两人长年分隔两地。从她回答一些问题时会悄悄低头触摸眼睛的举动,也可以猜测出来这些问题的背后,一定隐藏着许多令人心酸的故事。但是,就像一些俗套的故事主角一般,阿姨正是"世界以痛吻我,我报之以歌"的那类人,问卷里有一道题是对乞讨者的接受程度,阿姨对这个群体的接受程度很高,她说:"要是有得选择,谁愿意去乞讨?每次看到这些人,我心里就痛,多多少少都要给他们一点零钱。"可是有关自身经济状况的问题,阿姨给的答案都是较差。我也不知道,阿姨对乞讨者的接受,是不是出于"同是天涯沦落人"的缘故。

终于完成了这份问卷,我们转身走到了门口,"等一下",屋里的阿姨叫住了我们,"你们是大学生吧,记住了,一定要好好珍惜读书的机会,不要像我们一样,吃了没文化的亏"。我们刚想说什么,阿姨又缓慢地说:"跟你们倾诉完我心里舒服了很多,谢谢你们,愿意来倾听我们这些人的心声。"出于访问规范和情理,我们选择了尊重,没有过问除问卷内容以外的事情,但我始终相信,无论问卷背后的生活有多不易,这位善良、乐观的阿姨都会心存希望、微笑面对,就像挂在墙上那幅她笑容满面的照片一样。

是的,无论多不易都要心存希望、微笑面对,不管是生活,还是我们的调研工作。这天炎热的午后,好不容易有了点成果,没想到又一次被拒访。我和我的两位搭档沮丧地来到街边一个被烈日忽视的小角落,想让疲惫不堪的双腿和被烘烤得干燥的肌肤得到暂时的歇息,也调整一下心情。我们闲谈时说起,这小角落就像我们的工作一样,真是太令人失望了啊，你看它这里寂静无人，甚至连阳光都照不到。我们决定就叫它"失望角"。

接下来两天，我们累了，访问遇到困难了，都会来"失望角"一吐苦水，抱怨完便重拾希望，开始新的工作。而这个角落，也默默倾听着我们基层调查时的酸甜苦辣，就像我们倾听着这里的人们各不相同的心声。不知是不是它理解我们的不易，所以化身为"锦鲤"，每次在这里吐完苦水，必然能做成一份问卷。我跟搭档说："它该叫'希望角'才对。"我和两位搭档都是坚定的唯物主义者，却因为"希望角"的"魔力"而越来越频繁地来这里，因为我们都知道，我们想从这个小角落获得的"魔力"，其实就如我们给它新改的名字一样，叫"希望"。

2021年10月4日上午，CSS2021的E市调研队圆满完成所有问卷。

晚上，就该离开这个我们已经走遍的小镇了。此时的我，却连高铁订票的软件都不愿打开，因为它会告诉我，我有一班离开这里的高铁，几个小时后便要出发。还记得我们第一天来的那个晚上，饥肠辘辘时买盒饭的那家大排档，实惠的价格、新鲜的食材，再加上便利的位置，使它成了我们这几天的大本营。最后一次了，我们围坐到门口那张每次都被我们"霸占"的大桌旁。老板娘看到大桌旁又坐满了人，却唯独不见当时在酒店审核问卷的督导，便问："你们的那个什么，哦对，督导呢？他不来吃中午饭吗？"

"他在酒店审核问卷呢，我们的问卷全部都做完了哦！"

"啊，真的吗？那这几天真是辛苦你们了。"这位朴实的中年妇女，难以抑制她发自内心的喜悦，即便我们的工作与她不相干，她家也不是我们的样本家庭。

"是啊，今晚就要走了。"我低着头，小声回答。

"这样啊，那阿姨给你们今天的午饭多放点肉。"阿姨低声说完，就转身进了厨房，都没等我们说一句谢谢。

这时候，我真的好想和我的队友们再去一次"希望角"，去逛一逛这里的大圩（乡镇集市），去轻抚一下那只朝我们摇尾巴的小黑狗……我脑海里不断浮现的，还有这里形形色色的人们，有老党员爷爷见到我们时的喜悦，有理发店的阿姨在困境中依旧灿烂的笑容，还有我们访问一户经济条件相对较好的家庭时，门外围观的老伯一句"你们是不是只调查有钱人的生活情况"的牢骚。

回过神来，原来我在这里的所见所闻，都是最真实的众生百态，是广袤的中华大地最清晰、最朴实的样子。短短的四天三夜，我倾听了多少故事、多少心声？而这些，正是人民的呼声，是田野的呼唤，是我们脚踏着的大地，最根本、最真切的呐喊！

三 有所思

"治政之要在于安民，安民之道在于察其疾苦。"作为社会学相关专业的学生，我直到参加了这次社会调研，才切身体会到这句话的真实意涵。至于经济大省广东里这个并不发达的小镇，小镇里淳朴的人们，我没有能力为它和他们做什么，唯一能做的，只是写出跳出楼阁的论文，走进基层，把在这片土地上听到、看到、想到的一切，汇聚成这样一篇苍白无力的文章，尽可能让更多人注意到。而放大来看，我们经济蓬勃发展的现代社会，依然有许许多多的人、事、物需要我们去关注，有许许多多的问题需要我们去解决。最直接的，为什么一些住户明知道国家需要了解他们的生活状况却依旧拒访？为什么会有群众抱怨我们只调查所谓的有钱人？为什么问到与国家政策相关的问题，哪怕是一些与他们的生活息息相关的政策时，受访者基本上都是一问三不知？我们在这里还遇到一个很大的难题，这里的居民大多是70岁以上的老年人，这导致我们有很多样本作废，而这一个个废样本的背后，是年轻人大都外出务工。N镇，还是缺少留住年轻人的理由。这些问题，不都是值得反思的吗？我们有时候是不是在百尺高阁坐得太久，以至于忘记了基层的大地是什么模样？是不是华丽辞藻见得听得太多，而忽视了最朴实无华的呐喊？

调研的这几天，我确实感受到了广大人民群众对美好生活的向往之情极其强烈，然而如何实现他们对美好生活的向往？我个人的体会和思考是，要把"从群众中来，到群众中去"这句话落到实处，这短短的十个字，要真正身体力行去做、去落实，绝非易事。我们要双脚走到土地上、田野里，去关心人民群众真正需要的到底是什么，然后再对症下药。很多利国利民的好政策，不应只停留在死板的公文上，不该让作为政策受益对象的人民群众一无所知，而该让政策成为人民群众日常生活中的一部分。这一切，都有很长的路要走！我们要实现人民对美好生活的向往这个奋斗目标，可谓是任重而道远。而"中国社会状况综合调查"这个项目，正是倾听人民群众呼声的一个有效途径，我想，这个项目开展的目的，很大一部分是了解人民群众的真实需求，从而使人民一步一步迈向更美好的生活。

四 一些总结

从一开始看到"中国社会状况综合调查"这个项目，义无反顾地报名，到过五关斩六将，通过一轮又一轮的面试和培训考核，再到走完了N镇这一站，很累，但很快乐，因为我收获满满。这些收获，来自在这里的工作经历和体会，来自这里形形色色的人们，更来自结识的几位志同道合的伙伴，因为有了他们，调研的路上不再孤单。开心的时候，我们一起笑；遇到挫折的时候，也只有我们最能理解彼此。工作时，齐心协力渡过一个又一个难关；休息时，没心没肺地打闹玩笑。同样值得高兴的是，虽然调研告一段落，但我们早已建立深厚的友情，时不时分享自己学习生活上的点点滴滴，做彼此的树洞和日记本。除此之外，还要感谢站在我们大后方，随时给我们提供远程支援和指导的老师和前辈们，没有他们的协助，我们的任务无法如此顺利地完成；感谢我的爸爸妈妈，刚开始知道我要参与本次项目时就全力支持我，正式开始调研的时候也尽其所能为我排忧解难；感谢每天按时接送我们的司机师傅，他知道我们项目经费有限，主动提出收取低于市场价的车费，了解到我们工作辛苦，一路上还变着法子把自己的人生经历化为诙谐的语言来鼓励我们。

何其有幸，能获得这个机会，去结识这么多有趣的灵魂，去倾听辽阔大地最真实的呐喊。多年以后，如果我们再次携手走过N镇一条条似曾相识的街道，却再也找不到曾经作为我们大本营的大排档，找不到访问过的家庭和那些可爱的人时，我们也许会怀念当时的一切，但我相信，那时的我们绝不会感伤，因为最值得留下的，是我们"晓国情民意，推知行合一"这颗不变的初心和我们在这里结下的不朽友情。就如我们一份份问卷里一颦一动的人们，我们也许无法像火炬一般熊熊燃烧，却有无数理由向上走，有一分热，发一分光，哪怕渺小如萤火，也能在黑夜里发出独属于自己的光。

奔赴山海，体悟百态

师燕 中国社会科学院大学社会学院

因为热爱，我一次又一次奔赴山海；因为责任，我看到每一份有效问卷背后的付出和坚守；因为心系苍生，我在忧虑之中仍相信彩虹！

一 调查经历

（一）第一场：湘水两畔

这一次CSS巡访，短暂却又漫长的十几天，苦尽甘来，收获满满。我于7月4日抵达CS市，7月5~8日在当地某高校培训地方督导和访问员，7月9~13日在NY社区巡访，7月13~19日分别在SX村、HX社区、SF社区巡访。从7月9日到

7月20日，7个PSU、28个SSU、476份问卷顺利完成！

首先，巡访不仅让我深入了解了CSS实地执行全过程，也让我知道了科学数据产生的背后是一次又一次的探索和严密的质控流程。而在实地调查中一份合格问卷完成的背后，是一次又一次的入户接触和访问被拒。在这个过程中，我们也曾被质疑身份，也曾被无情泼过冷水。有核户时晚上八九点为了准确定位来回上下六七楼，有入户时大铁门前的蹲点……但更多的却是温暖与感动，有热心的大哥帮忙指路，有热情的阿姨递的热水和西瓜，有访问员小伙伴们的纯真和搞笑……这些看起来微不足道的点点滴滴，能让调研过程趣味横生，也能让我们在一次次的垂头丧气之后重整旗鼓。

其次，一次次的敲门拒访，一次次的迎难而上，从多次访问被拒到问卷完成，从起初的满脸质疑到最后的一句"你们做的是有意义的事"。这一切的一切都离不开湖南地方督导的带领和访问员们的专业素养以及他们面对困难时所展现的惊人毅力。当然，也要感谢邹老师和董老师的前期教导以及各个村居负责人的配合和支持。前有访问员认真不懈，后有老师支持陪伴，外加村居人民质朴热诚，才有了湖南目标问卷量的圆满完成。

再次，实地调查不仅仅是对当地访问员们耐力和专业素养的考验与锻炼，对作为巡视督导的我来说也是一段成长的经历。从培训到进入实地调查，不仅锻炼了我的人际沟通能力和观察处事能力，也让我对人对事变得更加温柔和坚定。

在实地调查中，让我印象深刻的是陪访时与工棚地区流动人口的沟通。在一个多小时的访问中，我了解到一位大爷60多年来艰辛的生活和从福建到湖南打工的经历。这不仅让我深深体会到底层流动人民工作的不稳定性及其对未来丧失劳动能力后生活来源的担忧，更让我廓清了自己之所以执着于参与社会调查的初心和动力。以前，对于社会调查可能更多的是一腔孤勇和满腹热情，而此时我认为这是与生俱来的责任和使命，正是这样一种信念驱使着我义无反顾地投身CSS，也让我更加坚定了要为这个社会，要为底层人民做些什么的信念。尽管一个人势单力薄，尽管这个过程漫长坎坷。但是，我始终愿意相信，在千千万万个CSSer点点滴滴的努力和中国社会科学院严谨科学的数据质量管控下，最终我们的社会面貌会呈现一个合理美好的状态。

最后我想说,我可能不是一个优秀的督导,可能有很多安排做得不是很好。但是我会尽我所能,用实际行动证明我与CSS走过的每一程,无论烈日还是风雨,无论拒访还是质疑,无论天南还是海北。总之,与CSSer们走过的每一段路、看过的每一处风景,都是我人生中宝贵的财富!

总之,参与CSS实现了我用脚步丈量祖国的梦想,不管最终能走多久,只要我勇敢地尝试过,就不会留下遗憾和叹息。因为仅仅一个省,就让我窥见祖国山川一隅、倾听不同民意心声、遇见不同社会风景。愿和CSS长长久久!

(二)第二场:帝王之都

在2021年暑假期间因为新冠肺炎疫情,我不得不听从项目组安排取消了去往广东和山东地区的培训和巡访,说实话,我有一些遗憾。不仅仅是因为要在家度过无聊且被家人"嫌弃"的生活,更重要的是对于喜欢参与社会调查的我来说,去往实地、走进人民和基层是我一直热爱和向往的。还好,我是幸运的,暑假期间,我在督导群里得知北京DC区在招募CSS访问员时便不假思索地报了名,不仅仅因为我是曾经的督导之一、是"小院"的学生,更是因为参与调查、体悟民生、做有意义的利国利民的事情是我一直奋力追求而又愿意为之付出全部的梦想,于是在开学后的一个月左右,我便开始了第二段"逐梦旅程"。

首先,我被分配到DC区某社区。在10月10日,伴随着核图、核户工作的开始,此次调查正式拉开序幕。由于姜瀚师兄前期的准确踩点以及我们有着比较丰富的实地经验,所以在一天之内便完成了本社区的工作任务。然而在此期间,我看到了不一样的老北京人的生活状态、生存环境。核图、核户时我因映入眼帘的凌乱布局、错综复杂的"羊肠小道"而感到惊讶,这种场景颠覆了我对北京胡同的认知。穿梭在各条逼仄的小胡同里面的住房之间,道路的狭窄、住房的破旧、环境的拥挤,压抑、紧迫、无助是我一开始的感受。这确实让我深深地感受到心灵的震荡。

其次,10月17日、24日、25日三天是我的入户访问阶段。在这期间,我看到了与我想象得不一样的北京人的生活场景,也听到了他们的心声。其中最让我印象深刻的是我按照CAPI找到相应受访家庭，却被阿姨"诚实坦白"的真实看法决绝地拒绝。阿姨告诉我正如我所看到的这样，这种住房条件、这样子的生活情景才是老北京人最真实的生活，他们因为没有足够的钱去购买条件更好的楼房，就只能住在在外人看来"舒适、清闲"的胡同之中，日复一日、年复一年，也曾经有很多调查者来到这里做问卷调查，他们满心期待地以为那会让他们的生活情况有所改善，然而，一个又一个调查者来来往往，不变的还是一样地"被迫"居住在此，过着不得不接受的生活。所以阿姨说她对于任何调查都不再信任，也不愿意接受任何访问。因为她看不到改变的可能，看不到任何生活变好的希望。尽管我对我们的调查意义进行了解释，并将其与她以往所接受的调查进行了区分，然而经过长时间的劝访后，最终还是没能改变阿姨的看法和态度。与阿姨的交谈，让我思考、让我疑问。为什么各种各样的调查后，却没能给他们带来任何"希望"和"改变"？我们的调查是否能在一定时间内，例如十年、五年、两年甚至更短的时间内让他们感受到生活、感受到社会变得越来越好？还有就是一些惠民政策的落实情况如何？是否受到监督和调整？这些疑问困扰我至今。

　　DC区的调查于10月25日画上句号。说到这次的收获，我感觉更多的是想象与现实、万丈高楼和狭窄胡同、墙外络绎不绝的游人和墙内孤单逼仄的生活场景之间巨大的反差带给我的心灵震撼。这是我参与调查前不能想象的，甚至到现在也是难以置信的。同时，我看到自己的渺小，感受到个人力量的微薄。在现阶段，我能做到的仅仅是去调查，去探寻真相，对于如何做出改变、如何让他们过得更好却无能为力。或许，这种状态是时代的结果。不过，作为中国社科院的学生我始终相信，在政府，在千千万万学者、访问员共同努力之下，这个社会最终会建构成我们想要的样子。我一直相信"未来"二字的力量与魔法，未来可期！

二　调查思考

　　此次CSS项目，我以一名观察者的身份进入村（居）基层中去，在整个调查过程中我学会用更理性和客观的视野去看待和思考我们的基层现状以及未来努力的方向。主要有以下几点思考。

第一，农村空心化问题。这是在湖南调查巡访核图、核户环节最突出的问题。在核户时我们发现有的房子建设得很好，但是通过核户后我们发现不是无人居住，就是只留下年纪大的老人或者年龄小的孩子在家，而年轻人则占比较少。

第二，住房保障的问题。这个问题在北京某条胡同社区让我感受很强烈。在调研开始之前，我以为在北京老胡同生活的北京居民淡然惬意，幸福指数要高于居住在高楼大厦里的人。然而现实却与我的想象甚至大众的认知截然相反。直到进入胡同核图、核户时我才发现很多胡同住房破旧、面积狭小、道路狭窄，甚至连排水、上厕所都是问题。在调查中，还听居民讲在十几平方米、二十几平方米的房屋中却住着三四代人，这与想象中北京的繁华、屹立的高楼形成强烈反差。

第三，就业保障的问题。此次调研中关于就业这部分，我印象深刻的有两点，一是乡镇就业大环境欠佳。例如当地政府关于促进就业的政策力度不够，当地提供的就业岗位不足，高质量、高收入的岗位则更加稀缺等问题，这进一步导致了青壮年劳动力向外流动；二是外出务工人员就业得不到较好的保障。拖欠（克扣）工资、工作强度大、工资低等，都是比较明显的问题。

第四，看病难、看病贵的问题。无论做问卷访问到相关题目还是在调查之余同当地村民闲聊时，看病难、看病贵这一问题都是大家最经常提到的。尤其是在胡同里，好多居民反映虽然北京的医院治疗条件很好，但是医药费高昂，这是一笔很大的开销。同时还存在医院医生乱开药、报销手续烦琐等情况。这也从侧面反映了我国的医疗保障在具体实施环节存在诸多阻碍因素。

因为问题存在，所以更需要我们去探索未来的无限可能，这是我们调查的初心所在。但是在与当地民众的交谈中，我们真切地感受到了他们对于党和政府的拥护和信任，对于我们国家和当地政府在养老保障、就业保障、社会治安、惩治腐败等方面提供的服务、所做出的一些努力和取得的成就的肯定和喜悦。

无论我们是走在田间地头还是在调查访问的时候，遇到不止一个民众对我们说过类似的话——"你们做的是有意义的事情""年轻人是中国的未来，一定要好好学习""你们一定要多下基层看看，要忆苦思甜"。这些话语真切朴实，饱含着他们对于祖国未来发展、对于社会变得更好的殷殷期望，让我们更加感到身上的重任和使命。

作为一名中国青年和一名光荣的中共党员，CSS给了我宝贵的机会和一位70多岁的老党员同志进行面对面的交流，他为我讲述中国共产党的光辉历史，讲述中国从战争年代一路走到繁荣富强的伟大征程。在他的身上，我看到了老一辈人的赤子之心和对祖国、对人民的无限忠诚与热爱，这进一步让我感受到作为中国人的自豪以及出生在和平年代的幸福。我们年轻人有机会，一定要秉持一颗最纯粹的心，去祖国的基层走一走，去人民群众之中看一看、听一听，既要看到存在的问题，也要看到党和政府做出的努力，而不只是高高在上地"指点江山""发号施令"。

三 调查建议

通过调查中的观察和自身访问经历，我主要有以下几点不成熟的建议。

第一，关于调查对象的年龄限制问题。我们知道CSS的受访者年龄控制在18~69周岁，但是在实地入户抽样时发现好多答话人对于我们的调查访问热情支持且口齿清晰、思路灵活，对于一些社会问题和政策现状有自己独到的看法和见解（这一点在老党员身上体现得尤其明显），但在户内抽样环节却因为年龄超过69周岁不能成为受访者而失望和情绪瞬间低落。这种情况的出现无论对于访问员还是答话人来说都是损失。对于访问员来说，这个答话人可能是他经历过前面数次的敲门无人应答或者是拒访换来的唯一一个开门且热情接待的答话人，就在满心欢喜地以为终于可以完成一份问卷时，却因为答话人"不符合受访条件"而使心灵再一次受到打击。对于答话人而言，自己对于当今社会现状和民生问题很有看法和表达欲，也很乐意表达出自己最真实的看法来供政府决策，却因为自己的年龄被"无情"地排除在受访者之外，心情也是经历了过山车般的起伏，甚至使其自我效能感减弱。对于调查本身而言，失去了这样一位配合程度高、表达理解能力强的潜在受访者，在某种程度上也就意味着少了一份具有较高信度和效度的问卷。所以建议不限制受访者最大年龄或者适当上调受访者年龄上限。例如，调整为18~75周岁。

第二，关于问卷H6a题目的问题。其中"2.在村（居）委会选举中，选民的投票对最后的选举结果没有影响"采用的是否定式陈述。在实际访问过程中，我们发现很多访问员和受访者很难关注到这一题目是否定的提问方式，从而导致受访者所选择的选项与他实际想要表达的结果相反。例如DC区有一个受访者觉得选民投票对于选举结果有影响，并在回答问题时选择了非常同意这一选项，对于这一题目而言，是符合逻辑的，但是却与受访者真实想法大相径庭。追问后才发现，受访者忽视了题目问的是"没有影响"。这样访问员就需要再花一些时间解释题目与选项之间的逻辑关系，既浪费时间，也有可能让受访者不耐烦。同样采用否定式陈述的还有该题目的第3条"村（居）委会根本不在乎和我一样的普通村（居）民的想法"、第6条"参与政治活动没有用处，对政府部门不能产生什么根本的影响"、第7条"我对政治不感兴趣，不愿意花时间和精力在这上面"、第8条"国家大事有政府来管，老百姓不必过多考虑"。所以建议将这些题目换成肯定式陈述。这样不仅符合正常逻辑，而且也减轻了访问员解释题目的压力，降低了受访者的理解难度，在一定程度上可以提高访问效率。

第三，关于赠予礼物的问题。在DC区访问时，一位曾经在2019年也是受访者的大姐说："2019年的礼物就是毛巾，这次还是毛巾，下次换成杯子吧。"结合实地调查情况我也考虑到，装毛巾的盒子过于占用书包体积，不易携带，通常除了调查必需物资，一个书包里最多能塞下两盒毛巾。如果换成包装体积小，更加易于携带的物品一定程度上会减轻访问员的负重。所以建议2023年北京地区的礼物换成别的物品，如杯子、遮阳伞。

第四，关于符合受访者年龄条件的答话人是否可以成为正式受访者的问题。这一问题是在实地巡访过程中好多地方督导和访问员提出来的。据了解是因为答话人易于接触且一般受访意愿较强。个人觉得这一问题涉及入户抽样环节的设计和调查的严谨性、随机性，需要谨慎思考。因此，不做过多赘述。

随着10月底DC区调研的顺利谢幕，我的CSS之路也走到了尽头。尽管在整个过程中有过劳累之感、有过压抑之情、有过小小的吐槽，但是从来没有为自己的选择感到后悔，没有后悔参与CSS，没有后悔成为2021CSSer的一员。参与2021年的"中国社会状况综合调查"是我的荣幸、我的骄傲。

最后，要谢谢项目组的老师给予我这次机会，谢谢CSS，谢谢所有一起走过的督导、访问员，谢谢摄影组的他们和一路上遇到的形形色色的人以及无数变换的风景。正是这些，让曾经胆小、不善言谈的我，在经历过一路磕磕绊绊、一路风雨的磨炼和成长之后，迎来一路花开，最终变得自信、果敢、乐观。

CSS2021再见！CSS2023有缘再会！

用脚丈量土地，
用心体悟人生

刘少山　中国社会科学院大学社会学院

从2021年5月15日到8月5日，从校内培训到实地调研，参与了近三个月的CSS2021大调查是我读研期间印象最深刻的活动之一，感触良多，不仅仅是对自己在整个调查过程中的表现，也是对参与这次大调查时所见所闻的一些思考。

一 培训篇

从面试开始，我就对这个调查项目充满了期待。5月15日是培训的第一天，随着李炜老师的开场介绍再到调查流程、入户接触、入户抽样、绘图抽样、调查问卷等一系列的培训，我对这个项目的认识在一点点加深。在整个培训期间，我们同时扮演着访问员和督导两种角色，这意味着培训中老师们传授讲解的内容我们都要内化于心，只有这样才能够在实地调查时更好地陪同和指导地方访问员。培训中的第一次考核在问卷部分的培训结束后如期而至，我们要开始试访了，而且需要自己找到受访者，这无疑是一个小小的挑战，好在学校餐厅的叔叔阿姨都很善良，在得知我的来意后很爽快地就接受了我的调查邀请，就这样我顺利地完成了第一次挑战。

随着培训进行到尾声，我们也迎来了更为真实的考核——要开始实地调查了。在老师们的安排下我们要去往H区进行实地调查，这是一次真真切切的检验。很开心可以作为调查先锋队中的一员提前一天到达进行踩点工作，在张宾师兄的带领下，我们一行5人分别前往4个SSU进行前期工作。我负责的是B社区，为了明天能够给组员进行合理的分工，我提前把整个SSU都走了一遍，算是做到了心中有数，但到了第二天大部队真的要开始入户的时候，我内心是超级紧张的。正式调查共计两天，第一天我作为小组长来组织本组的调查，真的是培训听课时觉得自己掌握得还不错，但实地调查时一切都跟培训时不同了，切身体会到"读万卷书"和"行万里路"的差距。上午主要进行的是核图工作，在核图时发现了之前的错误，一栋六层高的楼房其中第5层和第6层都是每层3户居民，但是在2019年的记录中却是每单元7层，每层2户。虽然总户数相同，但是这样的记录很明显是错误的，一旦抽中不存在的第7层该怎么调查呢？这也说明调查的每一步都至关重要，前期的一个小小失误都有可能会影响到后续的调查，需要我们认真对待每一个环节。虽然逐层逐户去核实很累，但只有这样才能够保证调查数据的质量。下午的工作才是兵荒马乱，第一次全流程实地操作，我对于这项调查的流程掌握得还不是很熟练，在分配完样本地址后进行统计时花费了过多时间，中间还出现了组员联系不上的情况。总而言之，实地调查会出现各种意外，需要我们有强大的心脏和随机应变的能力。

二 实地督导篇

我CSS2021实地督导的第一站是浙江，如果说在H区的试调查是大的考验，那么在浙江的培训就是更大的考验。6月底和同组的督导小伙伴一起前往浙江进行为期三天的培训，第一次作为培训督导站在讲台上给台下的24名访问员进行培训，说不紧张是假的。培训前的一个晚上熬了大夜在做准备，PPT改了一遍又一遍，生怕哪里会讲错。还好我有一个团队，老师和伙伴都给了我支持，任老师非常耐心地听我试讲，李老师也熬着夜帮我们进行梳理，浙江的薛老师后勤工作做得超级棒。紧张的三天培训时间转瞬即逝，记忆中最深刻的是最后一天培训中的试访环节，所谓耳闻之不如目见之，目见之不如足践之，在两天半的理论知识学习中访问员们究竟掌握得怎么样在试访中就可以看到了，在访问员们进行试访的时候我们在一旁陪访，指导和帮助访问员们更好地完成访问。在陪访过程中，我也尝试把自己带入访问员的角色，在想如果我是访问员，我应该怎样跟我的受访者进行互动，怎样赢得受访者的信任……功夫不负有心人，虽然访问员们在访问过程中磕磕绊绊的，但多数访问员都能够完整地试访。看到访问员们的成功真的比自己成功还要开心，这证明这三天的培训效果还不错，我有着满满的成就感与幸福感。

CSS实地督导的第二站是河南，郑州是我曾经生活了4年的城市，这里让我觉得格外亲切和放松。在浙江的督导工作只有培训，而在河南即将开启完整的督导生活。7月份和小伙伴们一起来到了河南财经政法大学，在熟悉的环境中再一次进行培训。总体而言，本期培训相比浙江培训效果更好，但其中也出现了一些失误和小意外，比如第一天正式培训时才发现忘记让访问员们提前在平板上安装CARS，导致不能边讲解边练习；因参与培训的人数过多，下午练习时系统一度崩溃；因未能提前操作投屏设备导致培训时投屏效果不理想……尽管有困难，我们还是比较顺利地完成了培训，给80人做老师的经历是我为数不多的体验，我从中更加认识到"凡事预则立，不预则废"的深层含义。

你以为在河南的经历就到这里了吗？不是的，培训结束后更重要的就是我们要出发去实地进行调查，河南省需要完成共计748份问卷，涵盖郑州、洛阳、焦作、商丘、南阳、周口和濮阳7地44个SSU，我实地跟随督导的是前往洛阳的小分队。在洛阳的第一站我来到了栾川，河南省海拔最高的县城。作为一个一直生活在平原上的孩子，我第一次到栾川特别是到百炉和伊滨进行调查时，没有看到一望无际的平原，放眼望去是山是山还是山，四面环山，被山包裹在其中，心里是很压抑的，但在待几天之后我感受到了被山包围的安全感。调查期间适逢河南雨季，天气反而不像调研开始前预计得那么炎热，但时不时地一场雨给我们的入户调查带来了不少麻烦：核图时泥泞的道路、需要防雨的设备都需要我们多加注意。真正的困难到入户接触时才出现。我们所在的洛阳市既有传统的村庄，也有发展起来的村改居小区，还有城市社区，这些类型的社区居民特点不完全相同，共同点是很多人长期在外工作，仅仅在农忙或者逢年过节时才回乡，这就造成有效样本空户过多。而且在实际接触访问对象时，理论知识和培训方法并不完全有用，大家在入户时会碰到形形色色的人，比如敲不开门根本不给我们解释机会的、防备心极强把我们当诈骗分子的、软磨硬泡开始调查做一半说什么也不愿意继续做的、暴力拒访让我们"滚"的……当然，也有很理解、因为觉得我们很辛苦愿意配合的访问对象。每一次入户都是在提升我们的抗打击能力，都在告诉我们实际入户根本不像理论知识说的那样简单，会发生除了书本上已有的拒访例子之外的各种各样的问题。

CSS的第三站我来到了上海这座现代化的大都市，回忆中有从虹桥站到华东政法大学的1个多小时公交，有华东政法大学图书馆门前的柏拉图和亚里士多德雕像，有和小伙伴夜游松江打卡有轨电车的神奇体验，也有终于可以轻轻松松安排的4天实地培训，在华东政法大学的5天是我被治愈的5天，我也被小伙伴调侃"在河南受的罪在上海补了回来"。但是因为新冠肺炎疫情的关系，培训结束后只陪同访问员小伙伴们进行了1天的绘图核图工作，上海的调查就暂停了，而我们去上海前制订的调查结束后的出游计划也同时搁置了，没能跟完上海的调查工作实为憾事。

三 感悟篇

在河南实地督导的20天累并充实着，那是我收获最多的一段经历，从培训到陪访以及过程中的答疑和探讨，我切身感受到的以及访问员们提及最多的问题当属问卷太长和拒访。确实，问卷篇幅长带来的直接影响就是很多受访者，特别是在城市社区的受访者很容易做到一半拒访。诚然，问卷所涵盖的问题非常全面，涉及个体生活的方方面面，但是，一份高质量问卷着实非常考验访问员和受访者。对受访者而言，想要回答完问卷中的问题需要一定的文化水平和理解能力，但在访问过程中受访者无法理解问卷内容恰恰是访问员面临的最大难题。在陪访和每日总结开会时访问员也会频繁地提到问卷设计语言过于书面化、专业化，不贴近实际生活。对于文化水平较高、见识较多的人来说，题目相对容易理解，但我们接触到的访谈对象大多数年龄较大、文化水平较低，他们对于这种相对书面、专业化的提问方式理解程度较低，比如"你认为目前腐败势头是否得到遏制？"这个问题，有很多人根本听不懂什么是"遏制"。问卷中的许多问题都是如此，这就需要访问员先念读问题再念读选项然后再对问题和选项逐一进行解释，如此一来，不仅延长了访问时间，有时候还会使受访者情绪越来越急躁，最后甚至可能因为无法理解问卷而拒访。这也引发了我对于"作为一项社会调查如何保证自己的样本质量的准确性，是否为了保证准确性而放弃理解能力较差的受访者"这一问题的思考。为了保证样本数据的准确性，我们需要确保受访者听懂了问题并进行回答，但事实上有部分受访者因多种原因无法理解问题，面对这种情况，是否放弃该受访者？放弃意味着会增加抽样概率的误差，不放弃受访者会增加数据层面的误差，那么该问题的最优解是什么？

拒访在调查中是极为常见的事情，无论是我自己去做问卷调查还是陪同访问员做问卷调查这都是需要面对的事情，尽管前期对访问过程中可能出现的各种拒访情况都做了思想准备和应对方案，但是当我们身临其境真实地面对拒访时会发现不是所有的事情做了准备就可以顺利应对，很多时候是真的敲不开拒访者的门，更有甚者我们刚表明来意就被拒之门外再无争取的机会，思想上的准备远不如亲身体验让人更加刻骨铭心，现实中的拒访总会让人猝不及防，解释的话语显得格外苍白无力，经历得多了也慢慢有了强大的心脏，甚至后期终于学会了平静地看待拒访，就像邹老师所说的："当我们希望这个世界变得更加美好、更加包容时，先让自己变得更加美好、更加包容。因为，你或许就是那个受访者，成千上万的你就组成了我们的世界。"

此外，在询问受访者对某些社会问题的看法和态度时，打分对受访者来说也是相当烦琐且让其纠结的事情。一方面，频繁的打分会让受访者失去耐心，他们会为了求快而胡乱打分；另一方面，我觉得个人的态度在很多时候或者说在一些事情上相对没有那么明确，"差不多"这样的词汇可能才是受访者回答问题时最真实的反映，如果再进一步追问，多数受访者只会在"6~8"分之间随便选一个，可以明显观察到，多数受访者都会避而不选那些相当肯定或相当否定的选项。

另外就是问卷里有些问题可能会伤害访问对象。以我的一次陪访经历来说，在被问到"您有几个同父同母的兄弟/姐妹"时，有些受访者会避讳这个问题。有个阿姨在被问到这个问题后，她说："问这个干啥呀？我不想说。"经过解释后，她又说："我们兄弟姐妹关系不好，就当人都不在了吧。"阿姨难过地抹眼泪，但我们还是要继续追问，直到要出准确的数字。这不是个例，在整个调查过程中访问员表示不止一次遇到这种情况。还有问及婚姻状态时，有的受访者对于"丧偶""离异"也表现出难过和避讳。在整个问卷中，每一道题目都是必答题，如果不填写就无法保存提交，针对这种情况，是否可以给出更加人性化的选项，以免对受访者造成伤害。其实对于这个问题我也有跟访问员讨论过，如果受访者实在不愿意回答我们可以合理使用备注功能，将问题进行相应的反馈，但是在整个调查过程中时间比较紧张，访问员又很担心会出现废卷，对此也是很有压力。其实，在调查过程中遇到的情况不止如此，在另一次陪访过程中，受访者是这家的男主人，而女主人是我们的答话人，对我们也非常热情，但是在访问过程中阿姨一度泣不成声，为了让调查顺利进行，我陪同阿姨换了一个地方听阿姨的故事。阿姨的一对儿女都患有Ⅱ型糖尿病，姐姐的病情比较严重开始出现并发症，弟弟在三年前也被查出患病，每天都要扎破手指好几次取血测量血糖，家里负担特别大。在听阿姨述说的时候我觉得自己很渺小，不知道能做些什么才能够帮到他们，而且很心疼阿姨，这得承受了多大的压力才能对着我这个陌生人倾诉。

有时也会产生一些疑惑，就像我们入户接触时受访者最直白的一句"这么多人来调查，也没什么改变"，我们做调查真的能帮助他们吗？是揭了伤疤让他们回忆抑或是直面艰难的生活？我们做完问卷带着完成了任务的心情离去，而受访者却沉浸在生活的困难中久久难以平复心情。尽管如此，我相信，时间会说明一切，心中依旧更倾向于我们做调查可以帮助到一些需要帮助的人。问卷调查背后的故事远不止如此，社会上有太多人和事情在等待着社会大众的帮助，我们需要通过问卷调查去了解受访者及其家庭背后的故事，这也正是调查的意义所在，深入社会的底层，去看看这个世界，去了解、去帮助这些需要帮助的人。

　　"知者非真知也，力行而后知之真"，只有亲身经历才能了解世界的真实，为期近三个月的调查参与，用问卷了解人们的生活经历、工作情况和人生态度，通过问卷了解背后的故事，也许是社科学子应该做的事。无数次的敲门、数不清的脚步、黑了几度的皮肤都在讲述着那个夏天的故事，讲述着关于CSSer的故事，这既是关于探寻他人人生的故事，也是自己的人生故事。通过调查我感受到了中国地域的宽广，实际情况远远比课堂上学习到的东西更复杂，这次调查让我收获最大的就是不要只会在空中楼阁里想象，一定要走到真实的生活中，走到现实里去思考、去体味。用脚丈量土地，用心体味人间百态，社会学学者只有真正做到深入生活和社会中，体验普通人的生活，才能真正为社会做一些有益的事情。

感受祖国的时代脉搏

CSS2021鹤山调查分队　广东金融学院

"窃闻致理之要，唯在于安民，安民之道，在察其疾苦而已。"缘晓国情民意之心，圆知行合一于吾乡，跟随着CSS的脚步，我们走出大学的象牙塔，去往自己的家乡，以一种从不曾有过的角度去看人生百态。同时，我们十分感激同队的队员刘小泉、林庭蔚、禤祖荣、谢诗雨、黄艳莹和覃依梦，感谢他们一路上的支持和帮助！没有他们，这次的CSS会是一次不完美的CSS！同时也要感谢中国社会科学院社会学研究所和广东金融学院CSS项目组的各位老师与师兄师姐，感谢他们一直默默陪伴着我们！他们是我们调研路上坚实的后盾！

鹤舞岭南蹁跹侨邑，鸣唳九皋声闻于天。我们的家乡鹤山，因市内有山形似仙鹤而得名。这里山清水秀，环境优美，是著名的侨乡。东临广佛向潮汕，西接肇庆往高凉，南经水路达港澳，鹤山是全国具有投资潜力的百强县，近年来因地理位置优越受到国家和省政府高度重视，斥资建设珠西物流中心和中欧中小企业国际合作区等重大项目，千年古县城依托国家资源和自身地理及侨资优势，正积极融入粤港澳大湾区建设，努力成为湾区较重要经济增长点和致力创建粤港澳大湾区生态旅游度假的标杆城市。

这段实地调研走访经历让我们真真切切感受到什么是"纸上得来终觉浅，绝知此事要躬行"。在调研开展之前我们队员都兴致勃勃、信心满满，觉得问卷任务量不大，肯定能顺利完成，但真正在鹤山的村镇里开展调研时，事情并没有我们想象得一帆风顺，甚至可以说是困难重重。通过提前联系，我们得到了淳朴又热心的村主任和村居干部的亲自带路、村委会的大力支持，但很多村民还是因为不了解CSS的背景和目的，自我保护意识很强，对我们入户调查存疑甚至拒访。我们只好一遍一遍地向村民们介绍自己的身份和CSS项目，鼓励村民们积极配合我们完成问卷访问。尽管如此，还是有很多被抽样到的家庭认为调查与他们无关，或者害怕自己回答不好，又或是认为自己的理解能力不够、见识不足而拒绝我们的访问。加上乡间的小路纵横交错、地面凹凸不平，样本户间隔距离远而我们只能徒步前往，还有很多被抽到的样本因无人在家已变成闲置房屋、被抽中的家庭成员早出晚归种种问题，导致调查无法进行。这些我们原本没有预见到的困难令队员从开始的信心满满变得有些垂头丧气了。但我们仍然没有放弃，向在中国社科院值守的师兄师姐申请了更多的样本，一个一个地寻找、询问、耐心介绍，终于成功完成了第一份问卷！万事开头难，总结成功的经验，我们又重新充满信心，干劲十足，接下来陆续完成了更多问卷！看着村民们紧皱的眉头舒展开来，愿意请我们进家里坐，倒上暖暖的茶，还愿意畅所欲言、耐心回答我们长达一小时的问卷问题，我们开心之余更多的是感动、感谢、感恩。在走访途中，我们倾听着家乡变迁的故事，感受着世间百态的人生，品尝着成功与受挫、兴奋与失落给我们带来的五味杂陈。

犹记得在前往S镇的路上，我们搭乘公交车进村，到了学校站点，恰逢一群初中生兴高采烈地放假回家，狭小的车厢瞬间充满了童真的气氛。只见他们搬着重重的书箱，很多同学在热烈地讨论着数学题目，让我们也似乎一下子回到那些要做作业的假期中。这里的学校虽然条件没有城市学校优越，但是依旧承载着方圆几里的孩子的梦想，那些充满朝气的学子都是一样的，他们都盼望着通过学习更多的知识以后走出小村庄，走向大城市发展，希望能为家乡发展出一份力，让村民们过上更好的生活。

我们如今是享受着优质教育的大学生，更应该珍惜优越的学习环境、教育资源，让自己的水平得到更好的提升，早日成为祖国栋梁，建设家乡、建设祖国，也成为小孩子们的榜样。

我们不断感叹着，如果没有参加CSS，我们可能永远都没有机会如此真切地看到社会百态。10多天里，我们遇到了各种各样的人，家庭妇女、退休老人、退役军人、车间工人、村委会干部、普通农民、公司经理、无业者……在相隔不远的村居社区里，人们的生活状态却有着天壤之别，人与人的悲欢不能共通，每扇门的背后不仅是全新的故事，也是截然不同的人生。遇到生活条件较好、积极乐观的受访人，他能非常理解我们的调查，还和我们热情交流；而遇到那些生活状况不好的受访者，我们能做的也只是静静地听他们诉说自己的遭遇。这一路听着故事，做着记录，其中两个故事，让我们印象深刻，故事的主角一位是年过六旬的老党员L伯伯，另一位是正值壮年的新农民Z叔叔。

老党员L伯伯退伍在家，依旧精神饱满，在谈话中他的脸上始终洋溢着和蔼可亲的笑容。一听到我们是做社会调查的大学生，就马上兴奋地跟我们分享起他戍守边疆的军旅生活。他绘声绘色地给我们讲述当年他在边疆的日常生活，我们仿佛亲身经历了一样。当他讲到跟战友们的趣事时，那瞪得像铜铃一般的大眼睛，夸张的肢体上下比画着，手舞足蹈地情景再现引得我们哄堂大笑。但是在不经意间，他提到了因公牺牲的战友，只见他走向身旁的桌子，拿起摆在桌子上裱着他和牺牲的战友穿着军装的相框，他的神情黯淡了下来，那双炯炯有神的眼睛里涌出越来越多的泪水，眼泪滑过他饱经沧桑的脸，滴到相框上，他那满是老茧的手温柔抚摸着相框里战友的脸，照片上的两人，英姿飒爽，意气风发，他身旁的战友，与他一起玩耍、一起长大、一起参军，却没能一起变老。此时，无声的哭泣诉说着无尽的衷情。嘀嗒的老时钟似乎让时间的流逝无限地变缓。当我们缓过神来时，陷入情绪的L伯伯想要把我们请出去，中止受访。于是我们顺从他的意愿先行离开，在他家附近商量应对的策略，决定等伯伯的情绪稳定后再登门劝说，最终在我们的劝说下，L伯伯同意继续接受访问。

当问卷进行到有关中国共产党相关的部分时，L伯伯眼睛里突然闪耀起光芒，他说昨天的事可能不记得，但只要提到中国共产党、提到革命工作，那绝对是年、月、日都记得清清楚楚。他回忆起改革开放后的生活，不仅生产方式发生了翻天覆地的变化，生活方式也发生了巨大的变化，人民生活水平得到了提高，中国人民富起来了！"以前走的都是土路，一到雨天根本走不成，还容易滑倒！""我们以前去县城，早上4点半就得坐车，一天就一趟车！"L伯伯指着门外平整的道路说："现在出门就能坐车，只要想走，四面八方都能走。"他激动地说道："是共产党带领我们过上了幸福生活，感谢新时代！感谢中国共产党！"现在L伯伯家里四世同堂，其乐融融，家门前挂着金光闪闪的"党员之家"，子孙四代多数入党、参军，效力国家，"奉献"这个准则已经融入全家人的血脉，成了L家传承的红色家风。"希望我们的国家越来越强大，老百姓的生活越过越好！"L伯伯真诚地说出了自己的祝福，"作为一名老党员，我也要发挥老党员的作用，发挥余热，贡献自己的力量"。最后，L伯伯勉励我们年轻人，要坚定不移听党话、感党恩、跟党走，学会居安思危、忆苦思甜，尽自己最大努力，把共产党建设好，把祖国建设好！

Z叔叔是一位新农民，受教育程度高，一听到我们的自我介绍就马上表示理解并愿意积极配合。他主动向我们介绍说，自己是读完大学和农业相关的专业后决定回乡耕作的，希望能够把专业知识运用到实际上来，希望自己能够为家乡建设献一份力，在耕作自家农田的时候因为学习过这方面的专业知识，更加了解科学的方法，于是想到办法提高农作物产量和质量，经过一次次的完善种植方法，实现了稳步增收。谈及回乡耕作自家农田的时候，恰好Z叔叔的爸爸热情地给我们递来沏好的茶，听到Z叔叔的讲述，他用衣服擦了擦手，然后坐在我们旁边，一边微笑着一边指着Z叔叔跟我们说道："我跟你们说呀，这臭小子当年读完研究生回到家跟我说，他要回家种地,那时候我不理解他,供他读了那么多书就是想把他送到城市里面,坐在舒舒服服地办公室工作,不要像我这样做农民,每天日晒雨淋,不仅辛苦,还要望天打卦、看天吃饭,我当时还把他臭骂了一顿。"Z叔叔的爸爸拿起茶杯悠闲地呷了一口茶继续说:"这臭小子脾气很倔,被我骂了之后,天天把自己锁在房间里,一连好几天都没有吃饭,他妈妈看着他这样糟蹋自己很心痛,我心里也很不是滋味,想着这样也不是办法。于是他妈妈就劝我跟他好好谈一谈。"Z叔叔补充道:"那时候我就跟老头子说,我们国家一直以来都鼓励大学生回乡建设家乡,振兴乡村,发展农业。我有农业相关的专业知识,自家也承包了耕地,我们S镇政府也有对应的帮扶政策,我在农村比在城市有更大的空间施展拳脚,实践出真知。劝了好久老头子才同意我回来种地。""你们别看他现在搞得风生水起,一开始不听劝,吃了不少亏呢!前几年的时候,我跟他说按照以前的经验,现在还没有到春耕的好时候,他偏不信,说已经到了满足书上说的条件,照搬书本知识,非要耕种,结果那一年歉收,亏了几万块钱。""后来我不是学精明了,会把书上学到的知识跟实际情况结合起来,所以现在这几年的收成还可以。"在父子俩一来一往融洽的氛围中,我们渐渐地进入问卷的调查中。

在回答问卷上的问题时,Z叔叔有时会问我们,他是否回答正确,不正确的答案他会改过来,不影响国家做决策的数据。但是,我们CSSer只负责讲解题目和记录答案的选项,不能去影响答题者的答案,所以我们耐心地告诉叔叔,我们要按照手册上的准则,不能引导他去选择,而问卷的答案也没有对错之分,只要是答题者主观认为是这样的,那么就是选择这个答案,我们只需要中立客观地记录。只有我们收集的数据是真实的,才能更好地服务科学决策,这才是我们开展这一社会调查项目的初心。Z叔叔听完后,十分认可地点点头说:"做人做事,必须是踏踏实实的、认认真真的,这样才是干实事的、做好事的。你们一定要将这次社会实践中这种实事求是的精神践行到日常生活和学习中,用自身的专业知识,发挥自己的能力,去到国家需要的地方帮助更多有需要的人,这样才能报答党和国家对你们这些大学生的重视和培养啊!"他积极了解并向我们具体说明了国家的乡村振兴相关政策,我们从他的身上看到了国家政策在具体落实后对个人的影响。他也相信国家政策能帮助农村发展，相信好日子是奋斗出来的！Z叔叔还说自己平时也参加志愿活动，去帮助村里一些独居老人，因为这让他感觉到在实现自己人生的价值。他滔滔不绝地讲述，我们能够充分感受到他对生活的热情、对家乡的热爱。

鹤山，是我们的家乡，从村民的讲述中能够得知新农村建设、美丽乡村正如火如荼地在鹤山进行，"三农"问题正在逐步地得到解决。在家乡开展CSS，让我们得以走出象牙塔，走向社会，体验社会，感受社会；也让我们明白，理论若不能应用于实践那便是纸上谈兵。因为CSS，我们结交了志同道合的小伙伴，遇到了忠于党和国家的老党员，碰见了积极乐观的新农民，看到了蓬勃向上的新农村，从另一个角度重新认识了我们生于斯、长于斯的家乡。

L伯伯和Z叔叔两人的人生经历，也是我们国家发展的一个缩影。我们国家，从靠一条一条的土路连接村与村的年代，到"四横四纵"的高铁网络联系全国各地的时代，未来，我们将会向交通强国迈进！我们国家，从温饱问题难以解决的年代，到拥有"杂交水稻"等高产作物的农业大国时代，未来，我们将向农业强国转变！我们国家，从落后追赶世界发展的年代，到"复兴号"等高新技术引领世界科技发展潮流的科技大国时代，未来，我们将成为科技强国！从"旧四大件"到"新四大件"，人们的生活质量不断提升；我们人民的衣食住行，从解决温饱问题到追求精神满足，物质层面与精神层面的需求不断得到满足……这一切的一切，是改革开放带来的成果，也是中国人民自强不息、奋斗拼搏的结果。如今建党百年，这般盛世，如各位革命先辈所愿。

中国社会状况综合调查项目也已走过17年春秋，这个社会公益事业在全国已有上万的师生参与其中，为采集民生社情做出自己的努力，而我们有幸参与到其中的绘图抽样和入户访问工作并成为其中的一分子，为此十分荣幸。我们以实际行动践行着CSS的宗旨——"晓国情民意，推知行合一"，自身的能力得到了提升，视野得到了开阔，我们了解到家乡的发展状况，了解到国家华南大区基层的现状，并且，我们的汗水和心血凝聚在CSS的一份份问卷之中。CSS的数据库里，我们的名字将与问卷一起见证着我们在青春岁月里为国家发展做过努力、贡献过力量。希望像CSS这类全国性调查得到的数据能真正地被用到惠民政策的制定与调整中，希望将来老百姓在接受这类访问时能大胆地表达内心想法，希望生活善待每个在社会上打拼的人。

我们作为光荣的共青团员，正在向党组织靠拢的入党积极分子，在党和国家的关怀下茁壮成长，在党和国家的光辉下奋勇前行。适逢建党百年，追忆似水年华，恰是百年风华，奋斗正当其时。

我们会牢记习近平总书记的嘱托，"我将无我，不负人民"，我将忘我，报党许国，不辜负党、国家和人民对新时代新青年的殷切期盼，认真学习专业知识，提升自我道德修养，积极参与社会实践，不断增强综合素质，将"小我"融入"大我"，将自己的青春汇入新征程的星辰大海，不负韶华，砥砺前行，做出无愧于国家、无愧于人民的正确选择，做出无愧于时代、无愧于青春的重要贡献。我们定当以梦为马，持之以恒，努力奋进，积极进取，在未来，交出一份令党、国家和人民满意的历史答卷！

夏日炎情实践行

杨赟　南昌大学公共政策与管理学院人力资源管理系

一　调查经历

满怀着期待与忐忑，我们的CSS之旅开始了，首先我们在学校进行了4天的封闭式集训，令我印象深刻的就是第一天负责老师对CSS项目，即"中国社会状况综合调查"的介绍，这是中国社会科学院社会学研究所于2005年发起的一项全国范围内的大型连续性抽样调查项目，目的是通过对全国公众的劳动就业、家庭及社会生活、社会态度等方面的长期纵贯调查，获取转型时期中国社会变迁的数据资料。该调查为双年度纵贯调查，范围包括31个省（自治区、直辖市），共1万余户家庭，调查结果将公之于众，为政府决策、学者研究等提供翔实的基础资料。听到这些,我十分庆幸有机会参与这样一个全国性的社会调查项目,想到之后公布的研究资料中有我的一份努力我就激动兴奋。随后的几天各位培训督导针对CSS的各个环节,从核图、核户再到入户,分类细致地进行了讲解,同时给予了我们一定的时间进行练习。终于,在期待与忐忑中,我们出发了。

5人组首先到达的是县城中的一个社区,这应该是我们四个目的地中最繁华的一个。由于在县城中心,社区范围小而密集,边界比较明晰,尤其庆幸的是居委会的叔叔阿姨比较热情,给予了我们很多的帮助。事先已经订好了酒店,在中午稍微休憩之后,我们的工作就开始了,首先是核图,就是查看社区边界是否发生了更改,里面的建筑物相较两年前是否有变化,然后用平板记录下来。不过由于刚开始,许多更改规则我们还不是很清楚,所以经常核图核到一半大家就坐在路边开始翻阅手册,或者在群里询问督导学姐,学姐一直非常耐心,回复很及时。对于工作来说最大的问题可能是炎热,时间又是在最热的7月份,每天都是三十六七度,只要一出门身上必定会被汗水浸湿,还有访问员第一天结束之后脖子就被晒伤了,但是也没有办法,只能够自己克服。一般来说晚上回到酒店就9点多了,然后一躺下就睡着了,第二天一早再接着干,说实话只有在酒店吹着空调的时候才感觉自己又"活"了,那时候还要进行一天的回顾,开个小会。

不管怎样的磕磕绊绊,核图工作总算是顺利完成了,我们紧锣密鼓地进入了下一步——核户。这个相对来说是比较简单的,后台会对社区内所有的住户进行抽样,然后从80户中抽出70户,我们负责去核对这些住户家中是否有人,尽量在不影响住户的前提下通过观察、询问邻居等方式了解情况,如果有效住户数不符合要求的话还要多次进行抽样。

历经千辛万苦,终于来到了最后一步——入户访问,这是所有环节中最最重要的。前面做的所有工作都是为了它,每个社区我们需要访问17户人家,是我们的后台抽中的人家,必须要访问这些家。刚开始我们一般都是两人一起的,可以互相补充,也可以壮胆。这个时候真的特别感谢居委会的叔叔阿姨,在这么炎热的天气他们还特意带着我们一起入户敲门,担心我们被拒绝,真的是太好了!由于有居委会的帮助,我们开始得异常顺利，虽然有些住户会被我们几乎一个小时的问卷时长吓到，但总的来说还是比较配合的。

不过不太幸运的是，我们开始入户的第二天刚好是周末，也不太好去打扰居委会了，只有靠我们自己，这麻烦就立马显现出来了，大家瞧见我们像是骗子似的，可能有些不太相信我们，被拒之门外的情况比较多，进展不太顺利。不过幸好晚上一位伙伴想出了一个好主意，由居委会党支部书记在社区群中发布一个通知，证明我们的真实性，再附上照片，这样果然第二天就会好一些。

不要以为顺利入户完成问卷之后就好了，我们的问卷还要经过后台审核，通过听取录音看是否按照要求问答，其中有一户人家抽样环节出了问题，我们还因此废掉了一份问卷。所以每次我们将问卷上传之后，总会时不时刷新看审核结果，然后赶紧修改，直到审核通过才可以真的安心，因为一旦出现需要补访的情况就非常令人抓狂。

不管怎么说，万事开头难，我们终于顺利完成了第一步。我们一共有两个居委会、两个村委会需要访问，经过讨论之后，大家一致决定下一个目的地去往甲村，事先与村支书取得联系，得知村内没有住宿的地方，我们只能住在镇里，准备到那儿之后再寻找合适的交通工具进村。

收到甲村村居边界之后，大家都蒙了，这个地方也太分散了，有几处住宅之间距离特别远，步行基本是不可能完成任务了，正巧上次来这里的学姐我们认识，就向她们取了一下经，又问了一下饭店老板，货比三家，大家最终决定租借几天电动车，相比于三轮车来说，电动车活动范围更加大，而且充电停放都不需要担心，交通工具问题解决！因为村支书中午给我们安排了吃饭的地方，所以我们一般是早上吃完饭出发，下午回来吃饭休息。

村里的调查主要有两个问题，一个是遮阳的地方比较少，住宅都是独院，不过访问员已经比较习惯这个温度了；另一个就是语言不通，村里年轻人比较少，大部分都是一些上了年纪的人，他们相互之间用方言沟通，我们就比较尴尬了，有时候一个问题要说好几次，所以一份问卷花的时间也比较长。

不过也有好处，因为大都是独院式建筑，很容易就可以看出房屋是否变迁，核图、核户比较方便；村里人都比较朴实，经常邀请我们吃饭、吃冰糕，即使沟通不是很顺利我们也特别开心。

总的来说，到第二个地方了大家对流程也比较熟悉了，还是蛮顺利的！

乙镇，我们的第三个目的地，在租车无果后我们只好向村支书借了两辆电动车，两个人负责去较远的地方，其他三个人负责较近的区域，然后会合。到了那里，我们基本上已经是各自行动了，这样效率比较高。本来我们以为这个地方会像刚开始的丙社区一样，人们的学历水平都比较高，沟通也会容易一些，只会有些小意外。刚开始的核图、核户其实还顺利，但到最后一步才发现，这个地方拒访率实在是太高了，我们刚开始计划的25个样本，成功进入的不到5户，其余的连门都进不去，说实话一上午看着群里都是拒访，真是够打击人的。没办法，大家只能够屡败屡战，一次一次地去敲门，去跟住户解释说明情况，感觉我们一直在向后台申请新样本，成功搞完17户的时候我们都快哭出来了！

最后一个地方，丁村，和之前那个甲村情况其实差不多，刚开始村委会有些不太配合，不过还好指导老师刚好在我们这儿，经过老师的交涉之后，村支书对我们还是挺好的，虽然又是一个语言不通的地方，但是胜在民风淳朴，各位叔叔阿姨实在是太热情了，而且因为是最后一个地方了，大家都比较放松，完成效率也特别高。终于在21日下午，我们的最后一份问卷搞完了，我们的CSS之旅也结束了！

二 调查思考

经历了将近三周的社会实践，我感慨颇多，我们见到了社会真实的一面，实践生活中每一天遇到的情况在我脑海里回旋，这次社会实践活动给生活在都市象牙塔中的我们提供了广泛接触社会、了解社会的机会。

"千里之行，始于足下"，这短暂而又充实的实践，对我走向社会起到了一个过渡作用，是人生的一段重要经历，对我将来走上工作岗位也有着很大帮助。这次实践让我深刻了解到，和团体保持良好的关系是很重要的。

做事首先要学做人,要明白做人的道理,如何与人相处是现代社会一个最基本的问题。对于一个即将步入社会的人来说,需要学习的东西还有很多,团队就是最好的老师,正所谓"三人行,必有我师"。实践是学生接触社会、了解社会、服务社会,运用所学知识充实自己的最好途径。一定要亲身实践,而不是闭门造车。

在这次实践中,我得见最普通的民生百态,有一些想法要分享。

自古以来,中国就以文明有礼著称于世,中华民族的传统美德是代代相传,即使经过千年的洗礼,它的生命依旧灿烂光鲜,且随着时代的进步,焕然一新。

以前的我们在教室、食堂、宿舍三点一线上来回奔波。那些所谓的德育不过书本上古人写的几句话,书本一合上,便立马被抛到九霄云外。而随着这次实践活动的开展,我看到了年迈却仍在相互扶持的爷爷奶奶,看到了稚儿开心的笑颜,看到了兢兢业业的社区服务者,也看到了最普通的农民。不管生活如何,总有一些事情是值得高兴的,或许是墙上孩子的奖状,或许是随手捡起的垃圾……我明白了,快乐,原来如此简单。

我们遇到了许许多多的好心人,有叔叔会为骄阳下走了一天的我们买根雪糕,有阿姨会为工作到深夜的我们提供一碗热气腾腾的面,有虽然不太情愿但仍然陪我们做完问卷的姐姐,有许许多多的人,真切地让我感受到了生命的温暖与人性的光辉。

在结束这段经历的时候,不可避免地有一些怅惘与难过,即使开始时我们是那样的无奈,但后来想到,其实我们身边随处都是一次实践,有那么多人那么多事,多看看、多想想,我们会发现许许多多的美好。

实践活动虽告一段落,但它给我的影响却是深远持久的。它使我们走出校园,走出课堂,走向社会,走上了理论与实践相结合的道路,到社会上的大课堂上去增长知识,施展才华,更加磨炼我们的意志。在实践中,我们一方面锻炼了自己的能力,另一方面为社会做了一些贡献,虽然这贡献很微小,但这是我们迈向社会、服务社会的第一步,只要我们迈出了这一步,成果多少,并不重要,重要的是我们真正向社会贡献出了自己的一份力。虽然我们是大学生,但在实践中仍然存在一些问题,比如经验不足,处理问题不够成熟，知识与实践不能够很好地结合，也就是说，我们虽然学了一些知识，但在现实中却不能很好地运用，为此，我们更要锻炼自己的实践能力。

  一个小小的实践活动，让我懂得了很多，也学会了很多，一些心得和体会只有去参加实践活动才能获得，这不仅仅是一门课程，更是需要我们传下去的宝藏。总之，知为行之始，行为知之成，不管是课堂上的知识还是诗文里的内容，都只有亲身实践才能感知。

实地经一遭，思想方落地

朱咏诗
广东金融学院公共管理学院劳动与社会保障系

一 在D市

国庆七天的时间里，我们的调查队伍主要在D市开展调查。

第一天早上我们便搭车前往了第一个调查点，在酒店放下行李后，督导为我们划分了每个人负责的区域，便带着我们几个新手寻找受访户。在寻找了几家住户都敲门无果后，我们恰好遇到了一个开着大门的受访户，在我们解释了来意，详细认真地回答她的问题，打消了她对于我们这个项目的一些顾虑后，她便让我们进屋开始抽样和访问。由于我和另外两位访问员还没有真正接触和尝试过调查，所以首次调查由督导主导询问受访者，而我们则负责递示卡等辅助性工作。或许是因为我们4个人同在一屋显得略有压迫感，而且受访者认为问卷问得过于详细，她在调查过程中出现了一些迟疑、不太愿意回答的表现，但是我们也不想因此放弃这个机会，于是用起了培训时老师传授的专业话术安抚她，并且说明了该调查项目的意义和匿名化处理。在我们的耐心劝说下，最终访问顺利地进行。

接下来的第二位受访者，是一位和蔼的本地阿姨，也是我第一位独自访问的对象。无论是入户接触阶段还是正式访问期间都进行得比较顺利，除了访问中途阿姨提出到时间该做饭了，所以后面的访问阶段我是捧着平板跟在阿姨身后边走边问的，应该是我问问题的速度慢了些，倒是有点耽误人家了，所幸访问顺利结束了，看来之后的访问阶段要在保证问清信息又不耽误他们的时间的前提下完成访问。随后调查的日子里我和一位访问员组成了小组一同走访，一天走下来常常遇见敲门无人应答的情况，毫无收获，只能第二天再战。

第二天白天，我们再次走了一遍该片区后除了预约了一户人家外，遇到的都是闭门不开和受访者年龄不符合要求的情况。正当我们下午满头大汗却一无所获时，碰上了一位刚刚回到家的受访者。前几次我们敲她家的门或是路过时，她家屋顶上的狗都会"不辞辛劳"地吠，像是在提醒我们工作任务还未完成，不要偷懒。而这家的受访者符合不满70岁的要求，我们便进行了入户接触。进入正式访问阶段后，我便遇到了问题。这位受访者有点逻辑混乱、不能理解题意，而且她只会听、说粤语，我的同伴也是爱莫能助，所以访问就在我向她解释问题含义和阻止她跑题的过程中完成了。

在完成了这位受访者的访问之后，我们又马不停蹄地前往了之前预约的受访户家中。很幸运的是，这户的男主人和女主人在了解我们CSS活动的内容和意义之后都比较配合地让我们进行了入户接触和抽样。这户人家中，我们抽中的是女主人，而女主人也以当地一家私营公司会计员的身份讲述了自己对于所在镇区现状的看法并真实地表达了自己的诉求。顺利地完成了问卷后，我喉咙的灼烧感是喝多少水都缓解不了的，当时一心只想着明天的访问能否顺利进行。

之后的第三天，我们仍然抱着不放弃的心态重走了负责的片区，非常有幸地访问了一户人家。如同前几次访问的住户一样，都是男主人外出打工难回家，女主人在本地打工兼照顾孩子，只有生病时才会白天在家。依照流程入户接触抽样后，我们开始了访问，尽管自己和孩子们住的地方称不上舒适，楼梯上还放着接水的盆，但是受访者始终乐观地回答我们的问题，在轻松的氛围中我们顺利完成了对该户的女主人的访问。随后在得知调查队伍的其他成员们也相继完成了调查任务后，我们便结束了该地的调查工作，前往了第二个调查地点。

不同于第一个调查点农村田地的景象，第二个调查点是一个以工业区为主的社区，而我们抽中的样本地址基本上是外来务工人员居住的出租地带，所以白天敲门无人应答的情况时常发生，有时候样本地址的房东不允许我们私自进入，我们入户就变得十分困难。不过我们调查组的成员无一例外地坚持了下去，选择了继续抽样入户。当面对敲门没有应答的情况时，我们会在门口的邮箱处放上预约信，其中有我们的来意和访问员的电话号码。同时我们转变了策略，将入户时间调整到下午5点后，多人一同出发。俗话说，坚持就是胜利，在调查过程中我们互相支持和鼓励，第一位受访者的出现和问卷的完成为调查任务开了个好头，流出了汗水终将收获甜美的果实，国庆访问任务圆满完成。

二 初见

CSS国庆期间的社会调查活动暂告一段落，在寒假进行了重启。听说Q市的调查队伍缺人手，而我也本着去的地方越多见识越多的想法报名加入了Q市的调查队伍。首先去的第一个调查点，不同于在D市我们几位访问员和督导的单打独斗，我们请了一位向导大叔作为带路人。在与向导大叔相处的过程中，我深深地感受到他非常善于与当地人打交道。当我们带领他去到我们需要访问的样本地址后，他都能进门与人家招呼一声"老表"，碰上男人则递根烟、女人则喊声"阿姐阿妹"地和人熟络起来，而村民们在了解我们的来意后基本上都同意让我们进屋做调查访问,所以在该村调查的这几天时间里我们都访问得非常顺利。

当然也不是没有遇到挫折的时候,在我们访问的第一天下午6点左右,我们恰好遇到了一位年纪略大的受访户,她的情况与我之前在D市遇到的那位老人家差不多。由于年纪较大和独自居住,我们遇到的一些受访者会存在逻辑不清和理解能力较差的情况,因此这也需要我们访问员耐心地向他们解释问题和选项的含义,即使这种情况会导致访问时间拉长,但是也正是因为当今社会存在这样的群体和状况,所以我们更不能让这部分群体的意见被忽略掉。只有我们访问员更加耐心沉稳,细心地把不同群体的意见和情况汇集起来,形成数据,才有可能帮助他们。

而另外一个样本地址中,我们抽中了那户人家的奶奶,这位受访者她只能听、说客家话,不过在她孙女的帮助下,我们的访问顺利进行了。本来在访问的前期老奶奶的情绪还是比较平静稳定的,但是我们在聊到有关未来情况时,老人一时情绪失控,回答时她有点伤心。我们安抚了老人的情绪之后观察了一下还是继续了访问,老人的情况也让我想起了自家的长辈,我们想要让这份问卷的数据和情况能够反映到北京后台。随后的访问过程中,老奶奶的心情得到了平复和舒缓,我们也完成了这份略带"沉重"的问卷。

随后我们来到了第二个调查点,第一天我们有居委会的人带路敲开了几家受访户的门,这让我们顺利完成了几份问卷。我们前几天都完成得比较顺利,但是在我们去到一个小村子的时候却遇到了比较严重的阻碍。这个村子里的样本地址基本上是空置房屋或者是受访者的年龄不符合的情况,而且在寻找样本的路程中还会有几条看门狗从路边窜出。每当我想要上前去敲受访户的门的时候,就会有几只狗跟着我的脚一起动,这种情况虽然比较惊险,但所幸我没有受到伤害。在这个村里我们遇到了一位大叔,即使我们详细认真地向他讲解了CSS的内容和意义,他一直秉着不信任的态度,但是我还是想要尽力说服他,使他的想法和意见能够形成一份有效的问卷,在我努力地说了十几分钟之后,这位大叔他的态度还是很坚决,消极地认为"你们帮不了我,你们做什么也没有用"。因此,我的心情有一定的挫败，而且产生了一些怀疑，我们做的这些问卷真的能够对他们起到什么作用吗？

之后的几天，我们便自己开始在这个片区里走动，正是在我们的不懈努力下，遇到了几户愿意配合我们的受访者，其中一位是个体经营户，在她的叙述里我们能够感受到她对于当地经济发展的一些不满，并且她也很坦然地提及了家庭压力较大和自己的一些生活困境。在这位受访者的话语中，透露出她对于社会现象的真实看法，所以我想我的疑惑在与她的访问过程中被解开了。我们现在所做的事情其实就是一栋建筑里的基石，只有我们这些小的基石一点一点地垒砌，才能建造出一栋辉煌的大厦。而我们作为访问员是信息的收集者，只有我们收集到居民真实的对社会的看法，才能够使社会朝我们梦想的方向发展，变得更好、更美丽。

三 再识

在完成了Q市的调查任务后，我们返回了D市进行调查访问，由于个人原因我只跟随了调查队伍完成了D市一个地点的调查。之前由于新冠肺炎疫情的原因缺少样本地点的绘图，所以我们只能根据地图上的各种参照物进行样本地址的寻找，但是这一方法要运用在该调查点上就变得非常困难，因为社区里面房屋鳞次栉比，没有固定的排列顺序，想要真正找到需要的那一栋建筑就变得非常困难。不过在联系了当地义工队，由他们帮助我们寻找地址进行入户之后，过程就变得稍微顺利了一些。

在这个社区里，我从两位受访者口中得知，他们都是从外地过来D市谋生的，然而D市因为人口的饱和，对于外来人口显得不太友好，所以他们俩在心理层面都认为自己是外地人。而且他们也有对于所在镇区经济环境的不满，认为当地给予外来人口的工作机会不能满足人们的需求，因此产生了相应的诉求。

对于访问地我自以为了解还算多，但是当自己真实地到各个镇去了解当地人们的生活时，发现自己实在是井底之蛙，知之甚少。两个访问地都是以第二产业为主，工业化程度较高，外来人口近几年的涌入在促进了经济繁荣的同时，也加剧了不同镇区发展不平衡的现象，导致他们之间贫富差距拉大。我们在调查的过程中发现有一些社区和村镇相对比较富裕，但是也存在一些比较落后和贫困的人家。当地大部分人家都保留了耕地，缺乏足够的工作机会使很多青壮劳动力外出打工养家糊口，大部分都是老人或者小孩留守在老家。年轻劳动力流失，导致当地没有办法拉动新的经济增长点，使得当地房价下跌，商户经营不景气，而疫情的冲击也加快了这些商户关门闭市。

知行合一，见微知著。纵使读了那么多书、学了那么多理论，仍不如一次实地体验带来的收获大。坚持不放弃同伴、互帮互助协力合作，这些都是访问之旅带给我的收获。感谢CSS，让我变成了一个更好的自己，从一开始不敢自己上前敲门，到后来成了敲门主力。正是在这次脚踏实地的行走过程中，我有机会融入当地人的生活，认识了一个更加广阔、真实的世界。

第三篇
其　问

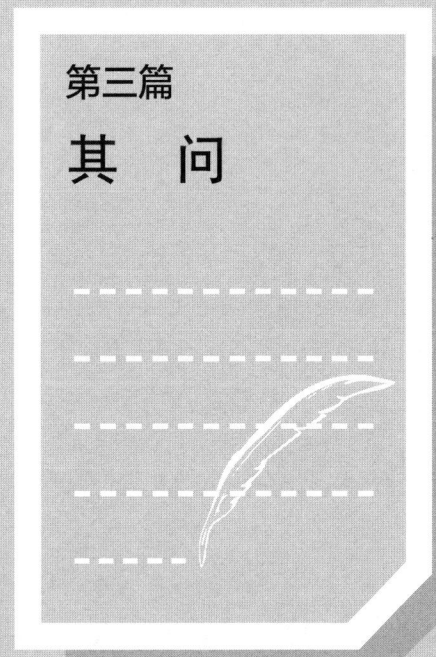

序 语

田志鹏 中国社会科学院社会学研究所

"其问"者，从实求知之道也。在"问者"与"答者"的真诚沟通中，社会的多维样态得以不断呈现。社会调查的根本目标是使用有限的资源获取尽可能真实、准确、具有代表性的第一手数据。尽管眼见不一定为实，但相比其他更间接的基础信息获取方式，实地走访、面对面访问仍旧是收集信息的重要方式之一。因此，尽管面临各种各样的现实困难，"中国社会状况综合调查"项目组始终坚持组织督导和访问员深入中国基层社会。在访问员与受访者的交流沟通中，每一户家庭的真实情况得以记录，每一位访问员的人生阅历得以丰富。这些"种子"最终结成的丰硕"果实"对于理解中国社会变迁、推动中国社会发展有着重要的意义。

本部分督导笔记反复凸显的一个主题是实地调查给"闯入者"的心灵带来的冲击。习近平总书记在党的十九大报告中指出,"中国特色社会主义进入新时代,我国社会主要矛盾已经转化为人民日益增长的美好生活需要和不平衡不充分的发展之间的矛盾"。我国社会主要矛盾的变化根源于社会变迁,不平衡不充分的发展在基层具体表现为城乡之间、地区之间生活方式的差异。对于长时间在一个地方生活的个体而言,容易将周围具体的生活样态理解为社会的总体样态,产生方法论意义上的"生态学谬误"(ecological fallacy)。而实地调查提供了这样一个机会,让参与其中的人能够短暂跳出熟悉的环境,进入一个个具体而又陌生的环境,亲身感受多种多样的生活状态,进而在更充分认知我国社会发展不平衡不充分问题的基础上,更好地参与到探索解决这一问题的历史进程中。试举几例说明实地调查给"闯入者"的心灵带来的冲击,以及这些冲击所具有的重要的社会意涵。

首先是个体层面的成长与改变。在实地调查过程中,访问员们遇到了形形色色的人与事,这些人与事不仅丰富了访问员对社会的感性认知,也极大提升了访问员理解不同社会群体的共情能力。如张馨雨所说,"跟访问员们敲开一户户门,闯入别人的人生故事中,又悄无声息地离开,一次次的'闯入'让我们不断成长"。又如王翰飞所说,"很幸运有这种'老少'之间的交流,这是老一辈对年轻一代的寄语,更是一种传承"。此外,除了短暂"闯入"陌生人的生活中,以团队形式组织的实地调查也为访问员提供了团队互动的情境,而这种深度团队互动的机会在日趋个体化的时代显得尤为珍贵,如麦嘉盛所说,"我们8个人连成一心,大家在不熟悉的地方互相照顾,真的像一家人一样。这种感觉,让我很是享受,也很是感动"。总之,实地调查经历对个体的影响是内在的、持久的,而他们对于成长与改变的记叙值得细加体会。

其次是社会层面的"变"与"不变"。本书的主要作者是正在接受高等教育的学生,他们大多身处快速发展的城市之中,以至于认为快速的经济发展与不断变化的城市景观是一种常态。然而,实地调查让参与者更加具体地意识到在广袤的中华大地上仍有大量"桃花源"。正如张馨雨所说,"观察ML社区的人和物,我常常有种回到90年代的感觉,外面的世界吵吵闹闹，但他们却默默地、不为所动地在按照自己的节奏发展、生活"。又如胡静凝所说，"在荆州，我见识到了源自沙市码头的独特的早酒文化，在如今这样一个快节奏的时代，谁能想到有人会在大清早起来就支起热气腾腾的锅子，推杯换盏，侃侃而谈"。这些直观冲击所带来的感受值得分享，也值得反思，"不变"的背后反映的是飞速的社会变迁产生的一些"掉队者"，他们的境况对于实现更平衡、更充分的社会发展至关重要。正如麦嘉盛所写到的，"他们的存在感可能会比较弱，但我真的很不希望社会快速发展的同时会忽略他们这一类人，忽视掉他们的发展，忽视掉他们的需求"。

最后是国家层面的城乡、地区融合发展。推动城乡、地区协调发展是解决发展不平衡不充分问题的根本之道，而城镇化，特别是人口向发达地区城市群迁移、集聚是其中一项重要工作。然而相关论者常常忽略了文化适应的问题。参与调查的同学们亲身体验"闯入者"的身份能够帮助其更好地理解城市流动人员的文化适应问题。如张馨雨所说，"一座城市的胸怀，它接纳外来人的程度，它的文化，住在其中的人，将会是我这样的'闯入者'决定留下的关键因素"。而读者在阅读过程中也可以透过督导和访问员的实地调查笔记直观感受文化差异给人带来的冲击，增进关于"异乡"与"故乡"的理解。如罗文骏所记述的，当他询问一位早年外出打工的大叔是否还会"回去"时，得到的回答是，"回到这里，才叫'回去'"。这些直白的记述可能无法提出解决问题的应对之道，但对于全面理解城乡、地区融合发展问题无疑十分重要。

以上结合督导和访问员的田野笔记讨论了实地调查经历对其成长的帮助，并且举例说明了可以从哪些角度理解这些真实而又具体的感受。需要说明的是，这里提取的文字仅是本篇内容中非常少的一部分，而且对这些文字的解读也不限于以上三个维度，此处仅引用原文聊作引申，供读者思考。究其根本，读者阅读本书内容的过程，其实无异于走入一场场鲜活的对话中，与访问员一同"闯入"他人的故事，"闯入"访问员自身的调查经历中。在这一互动过程中，读者能够阅他人之经历，发自身之感悟，解调查之真意，思社会之变迁，收获属于自己的成长与改变。

身为一名闯入者

张馨雨　中国社会科学院大学社会学院

跟裴璐一起坐上下午4点15分的高铁，我们踏上了前往福建的漫漫之路。列车行驶中，从北至南的风景让人明显感觉到南北方景观的差异。过夜高铁上的人也是形形色色，有一起相约去往福建旅游的大学生，有前去出差的职场精英，也有带着一家老小归家的福建本地人。窗外的风景呼啸而过，彼时我的心情却是迷茫的。出发前虽然已经做了所有能做的准备，但是对于即将开启的正式调查，我还是忧心忡忡。

一　培训那三天

对Z市的第一印象是摇摇晃晃的——我跟裴

璐有些晕船，一下船就见到了路边的棕榈树，典型的亚热带季风气候让人忍不住有"度假"的心情。坐上了公交车，拖着一身疲惫，我们终于到达了酒店。两小时后，我们第一次见到了地方督导们。

正式开展培训的三天是忙碌且幸福的，三天里除了密密麻麻的课表，还有傍晚关了灯访问员上台唱歌表演节目的温馨，有单纯可爱的访问员们。仅仅从大学毕业了一年多，却觉得自己距离那段无忧无虑、勇敢快乐的时间越来越远了，与地方督导和访问员们在一起的日子让我暂时忘却了很多生活中的压力，于我而言，这不仅仅是小确幸，还是极其宝贵的简单的快乐。我曾经想过站上讲台的时候会是何种心情、何种状态，曾经担心，也有过畅想，这一切都在开讲的那一刻烟消云散。讲台莫名给了我一种坚定的力量，看着台下的同学们，一瞬间我觉得自己回到了初中的时候，辅导班里老师们也是这样拿着话筒讲课。这种感觉好近，又好远。

Z市实在是一座适合慢生活、适合养老的小城，嘉庚学院对门的小吃街上，有很温柔的台湾阿姨，有做鸡排太出名以至于有了专门的代购代买的鸡排夫妻，也有放弃了大城市的高薪、经营着一家温馨小店的情侣，小小的一条街里，每个店里的故事都很精彩。

还记得每晚培训结束后从嘉庚学院走向酒店的一段路上，我总能看到成群结队的学生加入轰轰烈烈的"夜宵大军"，我走向人群，加入人群，好像融入其中，心却还是处于一种剥离状态。"我想要融入这里""融入这个团队"，这是我那时最大的想法，尽力地了解福建的一切，生活习惯、语言习惯等，我不想只是单纯地做一个"闯入者"，我想摆脱"闯入者"的角色，这是那时的目标。

二 似曾相识燕归来

我的第一站是X市，可以说，开始核图的前两天是兵荒马乱的两天。无数的电话、信息一窝蜂砸向我，核图的两天里我的身份大概是链接者、问题解决者、咨询者和监督者。我仿佛是纷乱的图形中向外发散箭头和收到箭头最多的一个点，而我所要做的，是理清每条线的关系，打开每一个

"死结"以及创造新的连接。

去X市前我就对X市的核图任务有大致的了解，任务量大、难度大是其突出特征。其中不得不提的，是HK社区和ML社区两个SSU。刚去X市的前两天我还没能完全记清访问员的姓名，第一次对唯勤和晨昕有印象是在傍晚时分的HK社区的沙县小吃店里，见到了风尘仆仆的她们。还记得那天晚上我们一起在HK社区里走来走去，绕了无数的小路，走进了不知道多少次死胡同，走在路上我才知道这两个瘦瘦小小的女生已经在这个卫生条件差、外来人口多、导航失灵的地方转了整整一天，晚上在我们一行人的努力下，终于完成了图层上最后一个三角形，我看到两个女生脸色煞白，虚弱地蹲在路边。我不知道CSS于她们而言意味着什么，对于我，是看到了两个瘦弱稚嫩的女生的坚持和认真。成长如果实成熟一般不会在一个时间节点突然发生，在生活微小的片段里，有每个人在成长道路上一点一滴的进步。

ML社区是我在X市去的最多的地方之一，第一天去ML社区见到的场景对我冲击最大。那天导航带着我绕了一个小时，最终还是靠问路，我才找到了这个在高楼大厦中隐藏的城中村。那实在是一个对比鲜明的场景，ML社区的后面是新建的中高档社区，马路对面是豪华的购物中心，前面是车水马龙的交通枢纽，城市快速发展，却好像单单遗忘了这一处。走进ML社区，先见到的是垃圾桶和崎岖不平的道路，进村的路是单行道，大家对外来人抱有很强的戒备心。从外面看，会以为这是一片自建的居民区，然而越往里走越会发觉它就像是独立于社会之外的"小世界"。

在村里核图和调研的那段时间里，我越来越觉得，住在这里的居民不需要离开社区就能满足其百分之九十以上的需求。社区里有菜鸟驿站、菜市场、理发店、超市等生活必需场所，这里的生活很慢，人们大多不相识，有很多因租金便宜而在此处租房的打工者，他们很多晚上上班，白天就挤在学生宿舍大小、条件很差、安全得不到保障的自建楼房里休息。在这里，安全和危险是极具戏剧性的。这里的治安条件很差，外来人口太多导致盗窃事件频发，然而人们没有去加固单元楼栋外的门锁，而是在单元楼内加了一道并不好用的门锁，可以说这个门锁作用并不太大，小偷不会因此被锁在门内，忘记带钥匙的租户却有时候会被锁在里面。我不知道这些租户每天生活的心态到底如何，只记得有次在楼里寻找受访者地址的时候路过一间房屋，门开着，里面摆放着两张上下铺的床，只看到一个20岁左右的男人坐在床上打游戏，屋里没有一点阳光，那一刻突然想到了一句网络流行语：生活已经这么苦了，为什么不让自己快乐一点？在阳光进不来的屋子里待着的人，他们被生活压迫得好像连一丝希望都看不见，心理上的颓废好像成了唯一的结果。

  观察ML社区的人和物，我常常有种回到20世纪90年代的感觉，外面的世界吵吵闹闹，他们却默默地、不为所动地按照自己的节奏发展、生活。ML社区的门口有个大牌子，站在那里时，是我感受到社会发展差异化最显著的时候，也是无力感最强的时候。我相信ML社区里的人也想变得更好，但是受限于他们的受教育水平和能力，只能做着城市中收益较低的工作，他们的子女相较于城市中产阶层或者家庭生活状况更好的子女，面临着受教育的种种不平等，若是不能摆脱这样的命运，将来面临的依旧是这样的生活。ML社区里有大多数人的缩影：每个人在幼时都以为自己可以改变世界，青年时意气风发，中年后却渐渐放弃了在"沼泽"中挣扎，而后被世界改变了。从另一个角度来说，国家近几年加大了对弱势群体的关注，常常推出有关经济、社会领域的改革措施，一波又一波的改革浪潮里这些人却依然在城中村中挣扎，2020年我们已经实现了全面小康，在去往下一阶段的路程中，这些散落在社会中不起眼的小群体值得我们更多的关注。

  在X市的城市社区调研时绕不开的两个话题就是"房子"和"排外"。X市岛内的房价逐渐飙升，外来人口的收入远不足以购买一套普通小区的普通楼房。另一个值得关注的是X市这座城市的排外情绪，在岛内调研时有受访者提出了这样的"鄙视链"：X市岛内人–X市岛外人–除X市以外的其他城市的人。走在街上接打电话时我浓重的北方口音多次引起周围人的关注，仔细听听会发现，在公交车上、饭馆里、马路上大家都在用闽南语交流。年纪长的人说普通话的极少，就算说普通话可能也不熟练。这座城市好像在低语：欢迎你们来做客，但不要在这里定居。我作为一个"调研者"，其实也是一个"闯入者"，我是这些受访者平静生活中的"闯入者"，也是这座城市的"闯入者"。如果将调研看作一份工作,那么其实我与其他任何来X市这座城市打拼的人无异,这些打拼的人也会有"闯入"的感觉吗?一座城市的胸怀,它接纳外来人的程度,它的文化,住在其中的人,将会是我这样的"闯入者"决定留下的关键因素。如果仅仅是为了高薪,大可以去北上广发展,城市的精神才是外来人口选择留下的关键因素。如果因为长久地存在这样的"闯入"感,没有了新加入的"闯入者",不由令人担心起城市未来的发展。

在X市的访问有失落:我们经历了无数次地被拒,好不容易敲开了门,认真且诚恳地解释了自己的来意,男主人还是一下子把门关上,以致差点夹到访问员的身体。但这里的调研也有很多温暖:我印象最深的访问之一是一份大约做了4小时的问卷,开门的是一位奶奶,早先她是想拒绝我们的,但是访问员在她关门的瞬间用身体撑在门与门框之间,大约是看到几个女生比较可怜,最终奶奶答应了接受我们的访问。受限于普通话和理解能力,奶奶接受了大约4小时的访问,问卷结束的时间大约是晚上11点,其间奶奶没有表现出一点厌烦,一直耐心地听着我们的解释和询问。这样小小的善意于我们而言简直是当天最大的幸福。每一次敲门都满怀期待,每次去到新地址都忍不住在心里祈祷遇到"好人",开盲盒的心情也不过如此了。

在X市的一周里,虽然跟着访问员一起核图、一起入户,走到一位位受访者跟前,了解他们的故事,好像短暂地走入了很多人的生活,但带着调查者的身份,我总是忍不住跳出现状,喜欢以第三人的身份去观察和分析他们的生活。这座海边小城有舒服的晚风,有美丽的街景,有数不尽的卤味,一切都那么和谐,可是这一切的平静下,在敲开一户户受访者的门时,你会听到一段段故事,一件件不平凡的事,会感受到许许多多的情绪,又产生了许许多多的感慨。平静的湖面上只需要一颗小小的石子,就能激起涟漪层层,也只有在这些褶皱里,我们才能感受到鲜活的生命。而我们,就是这一个个小石子,我们的力量不大,却是十足的引发剂。大概这就是调查者的使命,也是调查的魅力所在。

三 想了解一个村

　　离开X市的那天下着雨，S市的天空却是一片晴朗。或许因为地理位置更靠北些，初入S市时能明显感受到周围人闽南语的口音有所减轻。到尤溪的第二天我便随大家一道上山开始了"一天完成一个SSU"的任务。尤溪县的SSU相互之间距离较远，租车等来往费用较高，加上对调研时间的考量，同学们只能在一天内做完一个SSU的访问。我已经很久没有看到过那样的场景了：四面环山，站在村里的空地上向四周看，除了山，就是山。置身其中，只有平静二字。村里的年轻人大多都出去打工了，留在村中的除了年长者就是小朋友，村里十分安静。天很高，云很远，要不是远处停着一辆推土机，你真的会以为自己置身某处原始森林。村里的人自得其乐，仿佛一点没有受到外界的打扰。家家户户门前都有椅子，你可以随时坐下休息。平静的小山村也不是那么全然的"平静"——村里住着隐姓埋名的英雄。那是居住在山坡的一户人家，老爷爷听说我们的来意后主动将自己参加战争得的功勋章拿了出来。大城市里追逐的一切，在这里仿佛都不存在，那种环境会让你不自觉也开始安静下来。那时候会想，我们终其一生寻找的到底是什么，是名利还是内心的满足？如果没有外在的物质，就这样安静地在村里生活，我会不会愿意？

　　直到现在我还会不时翻看相册里在S市拍摄的村庄的照片，现实世界里好像再没有桃花源了，人们只会问"桃花源现在房价几何？"，现实世界里却又仿佛处处可以是桃花源，像这样一个小村庄，生活于其中，早饭后去耕地，晌午太阳盛时返回，村里的狗不时会叫两声，除此以外，村里安静的仿佛没有人一般。村里的人际关系很简单，家家户户彼此熟悉，家里的屋子是根据自己的喜好盖的，不受太多拘束。晚饭后大家出门，聚在一起聊两句天，早早睡觉，然后又是新的一天。抛开一些世俗的羁绊和烦心事，村里的生活其实很简单。国家大力推进的精准扶贫，就是希望吸引更多的年轻人回到自己的家乡，建设自己的家乡。能留在自己成长的村里赚钱，可能正是这些在外务工的人内心最大的愿望。

在S市的大部分日子里，我都是以一种观察学习的状态努力想要融入当地的生活，努力想要了解每一个村子、每一户人家的故事，调研工作收尾的那天，穿梭在尤溪县的小巷子里时，我突然觉得近半个月的生活，我好像不再觉得自己只是"闯入者"，也不再总是产生剥离感。站在尤溪县某处楼房的走廊上，看着周边富有生活气息的人、事、物，有那么一刻，我觉得自己很满足、很幸福。我短暂的"闯入"对于原本就生活在这里的受访者来说可能是生活中很小的一件事，或许会成为当地社区短时期内议论的"新鲜事"，可是于我而言，成为"闯入者"的这段经历会是我人生中十分特殊并且会保留很久的回忆。跟访问员们敲开一户户门，"闯入"别人的人生故事中，又悄无声息地离开，一次次的"闯入"让我们不断成长：从努力地想要"闯入"——努力地敲开受访者的门，到从因"闯入"而听到的人生故事里不断学习、充实自己，"闯入"是我们每位访问员、督导不断进步的过程，也是每位参与CSS的人的必经之路。

四 我的福建之旅

这是我第一次参与这样一个全国大型的调研活动，出发前请教了很多人，希望自己能做好完全的准备以应对各种突然情况，但有时候不那么娴熟的沟通和调度，还是令我感到自己的稚嫩。清晨收拾好行李离开尤溪，我是第一个出发的。坐在出租车上，看着窗外渐渐退去的山和水，司机对我说："怎么样，我们尤溪很美吧，欢迎你下次再来！"因为这次调研，因为这些人、这些事，这些地名在我心里已经变得很不同。真正坐上返回北京的高铁后，看着背了一个月的书包，包里放着的调查问卷等各种资料，突然有种怅然若失的感觉。原来"闯入者"在离开的时候，也是会失落的。

一路看着从南至北的风景，与出发时相比，我有了很多改变。很感激这一路上给予我帮助的老师和朋友们，最辛苦的时候，是大家在激励我继续坚持。"闯入者"总有一天会离开——回到自己熟悉的环境里，摆脱调研者的身份，我继续着自己普通的人生。23岁的夏天，很多人"闯入"了我的生活，我也"闯入"了很多人的生命里。我们或许不会再见，但是这段

CSS的经历，将会成为我人生中十分特殊的一段经历。

有关这次调研，我也想表达一下自己的看法。第一，希望可以通过与各位巡视督导和培训督导的交流沟通，编写一本督导的"攻略"供大家查阅学习。虽然培训时已经对工作内容做了讲解，但实际工作中大家面对的问题还是千差万别、各有不同的，一些特殊问题的解决方法，如果有了先前处置的经验，是否可以相应在攻略中涉及，方便大家自行查阅而非相互询问。第二，希望能够对人员进行更加合理的分配。部分省份只有一位巡视督导负责，这其实是对督导很大的考验，不利于在访问时进行陪访，也不利于督导实时监督。第三，在核图和核户阶段，要加大监督力度。如果访问员有意在核图阶段作弊，其实是不容易发现的。巡视督导精力有限，难以做到同时监督，一旦有人在核图和核户阶段作弊，那么后续的访问便没有了任何意义。第四，减少后台质控的压力。希望能在培训阶段就确保地方高校了解质控核查的标准，反复强调问卷质量的严格要求不会更改，防止开始正式访问后，部分想"钻空子"的访问员与质控督导频繁联系，给后台质控造成较大的压力。

五 夸一夸福建调研团队

X市小组是我接触最久的一支队伍，跟大家在一起的日子虽然辛苦，但是真的很快乐。每天在路上跟吴烨、海川、唯勤、冰焰在一起讲无厘头笑话是缓解身体疲劳最好的方式。

相较于X市，尤溪县的调研环境确实是艰苦了些。大家住在板房样式的酒店里，还要面临蚊虫的袭扰。但尤溪调研小组的团结和乐观深深地感动和感染着我。为了在一天内完成17份问卷，同学们在村里来回跑了一天，有一些细节我到现在都记得。天黑时山下还有一两户人家或许可以做成问卷，所有人都被派出去访问了，只剩了两个女孩留守（请原谅我没能准确记忆是哪两位同学）。为了尽早完成这个村子的问卷，这两个女孩义无反顾地选择了下山去找那两户人家。在空无一人、漆黑一片的山路上，这两个女孩子为了给自己壮胆，拿出了白天临走时放在书包里的薯片，故意嘎吱嘎吱地吃出响声。那段山路很长，我不知道她们两个人是怎样走下去的，该有多害怕。尤溪的小组里这样的故事还有很多，核户阶段因为一直爬山和暴晒把自己累中暑的景晨、为了让受访者答应访问苦苦哀求的慧悦和金金。一个人访问遇到困难、一群人前去帮忙的尤溪小组，实在是我心中满分的调研小组。

很可惜因为时间有限等原因，我没能陪莆田和福清的小伙伴们一起访问，通过线上的联系也感受到大家满满的用心和努力。

最后，特别感谢嘉庚学院的柯凤华老师，在先前的准备工作中我就与柯老师在线上有着十分密切和友好的交流，在福建短短的半个月中，也真切地感受到了柯老师对学生们的关爱、对CSS的负责与重视，很羡慕嘉庚学院的同学们能有这样一位可爱的老师，这样的老师大概是任何时刻只要你想到就会让你嘴角止不住上扬的人吧！

萍水相逢，尽是他乡客

王瀚飞　中国社会科学院大学社会学院

2021 年7月9日，我出发了，乘着火车，行走在祖国的大江南北。截至提笔写下此文时，已经过去三个月了，一路走来，遇见了形形色色的人，经历了形形色色的事，我有很多话想对你说。其实，关于这段旅程，本没有打算用文字记录下来，后来想想我与你相处的机会并没有太多，为了不让你忘记我，避免多年以后回想起来这件往事感到遗憾。为此，我就把这段旅途的见闻和感受讲给你听听吧！

或许我们难以想象的是，在社会高速发展的今时今日，于城市或乡村，仍上演着各种各样的人间百态和人情冷暖。或许我们不能全然理解受访者作为"局内人"的生活，但在这次旅途中，却有幸真切地感受到一种难以言喻的温暖。每个人都在努力地过着自己的人生，而作为"局外人"的我，欲观他人之时仿佛也窥得了自己的面貌。各美其美，作为一种人们"想象的共同体"，是文化的人造物，它星罗棋布隐藏于日常生活中。令我深感慰藉的是，大家作为一种"生活中的共同体"，分享着彼此的人生经历，将生长在此地拥有共同理想和共同主义的人们更紧密地联系在一起。

一 萍水相逢，却志同道合

总的来说，2021年的我受了很多"磨练"，走了很久的路，过了很多道"程序"，终于在7月份的时候站在你的面前。虽萍水相逢，但注定和你有缘，也就"赖"上你了。和你简单的寒暄以后，发现你和我想做的事情一样，我说那咱们一块吧！起先跟着你到了湖南，在湖南，我通过你认识了很多朋友，第一次上台介绍我的时候，不偏不倚，虽有点生硬，但也介绍了我的方方面面。很高兴大家通过你，认识了我，其实你这个角色很重要，没有你当这个"中间人"，很多人是无法接受我的。

在湖南的日子虽然短暂，但还是很顺利的，因为前期行政联系做得好，我和访问员们进入每一个社区，走进每一户家中，基本上是没有困难的。在我这个小队里面，虽然大家都是第一次见面，但大家由于共同的目标、共同的任务，在交流中又逐渐熟知起来。这个小队的队长也很负责，一直坚持做好每天的访问计划，不仅把每一位访问员的工作安排得妥妥当当，也把我每天的日程安排得井井有条，我很庆幸遇到这样的队伍。在这一段时间里，他们带着我领略了三湘大地的风光，让我目睹了祖国的大好河山和沧桑巨变，不禁让我想到，正值青年的我，更应该坚定理想信念，不断充实完善自己，以顺应时代社会发展的需要。

调查虽然结束了，但千家万户的故事仍在我脑海里回荡，我像个孩子一样聆听百家故事，人类的悲欢并不相通，我们能做的也不过是杯水车薪，只能真实地记录每个村民的想法。我们总是慌张忙乱，没有太多悠闲时间可清雅端坐，亦没有太多闲暇可放眼清欢。我们来到一个地方，体验一阵子，就会离去，而大多数居民，要在这里度过一辈子。生活并不是很容易，将文字赋予指端的日子，便是无杂务染指的好光阴，更是喧嚣生活中难得的安然，更要倍加珍惜。

总之，访问过程很苦，但是也有许多的甜。哪怕是晚上回到酒店，与小伙伴一起看电视，一起说说话，也觉得访问的生活充满了快乐，简简单单的小事，会让人充满希望与动力，由此对第二天的工作充满期待。日复一日，几位志同道合的好友，一起做着必须要做的事情，欢声笑语，走起路来，大摇大摆，很满足，很幸福。

二 在他乡，情更近

7月的湖北，天气是非常炎热的。

在湖北武汉某社区的调查中，我真正看到了你的艰难。在武汉的第一个SSU中，由于缺乏社区帮助，加上受访者大部分属于高知，防范心理很强，在第一个星期中只完成了5份问卷。这个时候队友们已经非常受打击了，但你的乐观影响了他们，你不停地鼓励他们，让他们不要放弃，一定要坚持下来，因为开始一件事很容易，而完成一件事必须要付出巨大的努力。我在某天中午也听到一个访问员对你说："好难啊，老师！但我还不想放弃，不想半途而废，先继续做吧，后面情况应该会好起来的。"其实，你和这位访问员的想法是一致的，这时候"鸡汤"是有用的，多多少少有点"营养"。没有这个关键时刻的精神情感上的鼓励与支持，可能真要"军心涣散"、彻底溃败了。

说大一点，人生是那么短暂，我们没有理由不执着。"你们搞这么多的社会调查，可我们的生活依旧没有变化，你们这个调查有什么意义呢？"这是我们听到最多的一句话。他们或是期待，或是已经不耐烦。我看你给他们解释最多的一句话便是"政策的落实是缓慢的，但是一定会有效果的"。其实他们可能明白，这种社会调查反映的是一个地区的情况，能给更多人益处，不只是自己的家庭。他们有时愿意接受我们的调查，愿意告诉我们他们家庭的情况。那些清贫，那些艰难，并没有阻碍他们内心的格局与宽容。当我们面对他们的时候，我们对自己的责任有了更清晰的认知，对他们的敬重之感也随之加深。

7月中旬的时候，我和你转战到了湖北黄冈的一个农村中，村委会的工作人员十分支持咱们的工作，所以整体的调查还是比较顺利的，唯独天公不作美，变化多端，上午绵绵细雨，下午就烈日炎炎。这天，我们一块走到了一位受访者家中，家中有6口人，父母辈不在家，孙子在郑州上班，孙女最近在家照顾爷爷和奶奶。当时，我在访问孙女，我听到了你和爷爷的对话。爷爷今年已经80多岁了，但和你谈起话来仍然"理直气壮"，老爷爷说："你们年轻人就要多出来走走，毛主席当年也是出身于农村，并有意识地接近农民群众，体验他们的生活，才成了农民的知心朋友。"老爷爷年轻的时候去了很多地方，见了很多人，做了很多事，给你讲了很多。很幸运有这种"老少"之间的交流，这是老一辈对年轻一代的寄语，更是一种传承。是的，只在课堂上学习知识是不够的，如果不脚踏实地地去了解中国各地的境况，怎么能掌握中国的发展变化呢？老爷爷给我讲，读书不是死读书，没有时代关切，没有对社会问题的研思，一切都是"纸上谈兵"。是啊！我们走过的土地，不仅是为了完成大调查，还是为了踏踏实实地了解校园外的世间百态，以学有所用。

同时，这个村里面还有一个受访者——一位老伯伯，我对他的印象也挺深刻的。老伯伯在村里面自己开了一家废品回收站，当我问道："老伯伯，总的来说，你是一个幸福的人，您同意这个说法吗？"老伯伯说道："我非常同意，虽然我是一个回收废品的，但是我感觉我的职业挺好的，我做的事情也挺对的，另外儿子也在家能帮我搭把手，也不是很累，女儿也在上学，我们各司其职，劳动最光荣，挺好的，嘿嘿……"老伯伯说完这句话的时候，说实话我的内心是有一定的波澜的，我们常说"人比人气死人"，人们普遍认为有钱就会更加幸福，但其实知足更能常乐，老伯伯乐观的心态深深影响了我！

总之，在这个村子的几天调查中，我时常会感受到"熟人社会"在逐渐衰落，有几分怅惘，回忆与怀念"熟人社会"的那种邻里温情，焦虑"陌生人社会"的互不信任。诸如家长会叮嘱孩子"不要和陌生人说话""不要给陌生人开门",社区会提醒"陌生人搭讪轻易别理睬"等。"陌生人社会"的到来,增加了社会运行的成本,冷落了人间真情。大家一方面对"陌生人"处处提防,另一方面又不断抱怨人性的冷漠。但我看到那位老爷爷待你很亲热,想到目前的社会中,还能出现如此的"熟人"姿态,甚好,虽身处异乡,却"乡情"绵绵!

其实,在农村访问的整个过程中,我接触最多的就是村里的老人,他们不像年轻人那么忙,总是慢悠悠的,他们总爱问你是哪里来的,干什么的;总爱跟你说这个地方以前是什么样,现在是什么样,表示现在生活好太多了。受访者中有一些年迈的老人,他们会不经意地诉说一些关于苦恼和病痛的事,看着他们吃力回想的样子,真希望时间可以慢一点。我记得有次访问的时候有位奶奶身体还没有康复,她跟你说:"这个事情我记不清了,你下次来我告诉你行不行,你下次什么时候来?"那一次之后,我才意识到,我们的访问工作可能就这一次,而受访者们会经历多次被访,我们可能只是他们眼中众多访问员中的一位,不是第一个,也不会是最后一个。因此我们对于受访者而言并不是完全的陌生人,至少在这次调查、这次访问中,我们不再是陌生人。

三 终究是"客"

7月下旬的时候,我和你又回到了武汉,到了另一个社区。首先开展的是绘图工作,由于这个社区属于城中村,基础设施不是很发达,社区内部每栋楼里面有私人建造或者改造了内部房屋的布局的现象,给访问员在绘图核图过程中增添了一定的麻烦。不过好在社区并不大,访问员就一遍一遍地走、一遍一遍地确认,历时三天终于把绘图任务完成。

同时,社区环境复杂,大多数为外来务工人员,早出晚归。这无形中也给入户访问带来了一定的难度,白天找不到人,晚上回来较晚,时间上又不适合入户。所以整体的调查进度推进得也比较慢。同时,从当地住户(一位小哥)了解到,居民基本不和社区打交道,都是围着房东"转",这位小哥亲口说道:"我就是来打工的,我就没去过社区居委会,社区居委会也没管过我们，我们都是和房东打交道的，我们过来武汉这边打工，就是一个旅客，行色匆匆，加班加点，平时你们基本访不到我们的。"

后来我想一想，这位小哥说得对，一天的上班时间，回到家中，已是疲惫不堪，如果还要接受长达2个小时的来自一个陌生人的访问，确实挺痛苦的。对于我们的访问员来说，能碰到一个愿意接受访问的居民，更是一件非常幸运的事情了！

武汉地区的调查由于某些原因暂时停止，我和你也没有叩响这座城市的大门，终究在这个城市中沦为了"过客"，好累！好难！

为期近一个月的实地面访，不长也不短。面对形形色色的人，不禁令我想起多年前读到的一句话："人这一生中的悲惨遭遇无论在何时都可以看作是生命的悲歌，但人类的悲欢并不相通。"在世俗的意义上，那些悲情人生在当事人眼中可能是命运的馈赠，而他们眼中的"我们"，或许正在被同情，以上种种，这怎又能说得好呢？中国人常说盖棺定论，罗马人常说在生和死之间，人是社会的，生活似乎一直要被他人定义。饱受生活苦难的人没有抱怨人生，反而为自己所拥有的一切而感到幸福，这让我感到茫然。调查之旅与其说是记录民生百态，于我而言更像是对自我的救赎。生活的不如意是常态，所以顺意就显得格外珍贵，拥抱我们的不足，因为那也是真实的自己。感谢来过又离去的身边的每个人。

讲到这里就结束吧，从仲夏到金秋，我的使命逐渐走到了尾声，你和我的旅途也要暂时告一段落了。不管讲成什么样，可能是释放的情绪，或是唠叨的琐碎日常，但想起是和你诉说，就倍感温暖。齐心协力、认准目标、面对未来，才不辜负我们所承受的一切苦难。

四季列车

谭诚　中国社会科学院大学社会学院

南方渐入冬季的日子里，一场北风到访，骤然降低的室外温度似乎也迟缓了时间齿轮转动的步伐。昼短夜长的某日清晨，窗外的鸡鸣犬吠仍然淹没在靛蓝色的寂静中，高楼上某个房间的火炉被悄悄点燃，伴随着升腾而起的光亮，暖意开始在脚踝间呼吸，将梦将醒的小城有了小憩的光景。我倚靠在床尾，远山公路上的巴士在鸣笛，悠扬的笛声犹如越涨越高，有律动地轻拍着海岸的潮水；半晌潮水退去，海岸上漫步的人已不见踪迹，只留下承载着四季列车记忆的海螺与贝壳在那里。

晚春·海上列车

3月,即将毕业离开校园的我们都在寻觅着实习的机会,在参加过CSS2019的两年后,我在心底也希望能回归CSS的大家庭。找实习期间,我打听到CSS2021的督导招募与培训可能在5月才会展开,于是我和一行好友约定一起去参加面试。一次穿越四季的旅行在春天埋下了种子。

4月末,经历了月余的毕业实习和论文修改的我积累了些许疲惫,而此时CSS2021刚刚发布的督导招募信息,让我眼前一亮。我和好友原定在5月初自驾前往威海看日出、吹海风以调整心情,后来没想到我们的首次线上面试也在威海市展开。在海湾公寓内,我们围绕着餐桌开始了面试;海风习习,但也吹不散我心头的些许紧张。直到后来在夜返校园的高速公路上,在我们陆续被邀请进CSS2021督导培训群中时,我悬着的一颗心才悄然落地。这趟经历四季的列车,我从海上买票进了站。

初夏·校园巴士

5月,心心念念的督导培训终于正式开始。

踏进教室之后,李炜老师的幽默、任莉颖老师的认真、邹宇春老师的真诚、胡玉淑老师的微笑以及张宾师兄、申光明师兄和我打招呼的动作都让我感到很亲切。今年培训给我的感受就是,培训规模大而且很正式。面对近百人的参训督导,项目组结合往年经验出台了一份CSS2021培训督导管理办法,这让我感觉到了一丝紧张,也让我意识到我们的培训工作正变得越来越规范,管理的制度也在越来越完善。此次培训的督导和以往有所不同,往年的督导可能只负责绘图抽样、培训、巡访、问卷审核等环节的某一部分,今年的督导则要求能胜任任何一个环节的工作,同时项目组在培训时增加了许多测试和独立试访的环节,难度明显提升了。个人感觉今年的培训有着更集中、更全面和更严格的特点。

还记得在绘图抽样的户外培训环节,我们被划分成8个小组前往不同分区开展绘图练习工作，而我被指派为三组的小组长，当时我的内心很忐忑，因为面对的都是研究生学长学姐；但我又安慰自己，自己有参加CSS2019的实地经验，而组员大多是第一次参加CSS，虽然距离上次参与CSS已经时隔两年，但是我相信自己有能力胜任小组长一职。最后，我们小组在8个小组中以第2名的成绩率先完成了绘图练习任务。在返回的路上，我们遇到了张宾师兄，他笑呵呵地和我打招呼，让我有一瞬感觉自己回到了CSS2019夏天数据组聚会的日子。回到教室后，我结合组内访问员们的反馈，对绘图核户实地操作中需要重视的点与所发现的CARS尚待优化的点进行了总结，并在培训会上做了发言。培训课后，我感觉自己通过实践对于绘图抽样质量控制有了新的理解与体会，这为后来我主要在后台做质控工作打下了一个小小的基础。

6月初，中国社会科学院大学良乡校区的督导们于早晨的6点45分在校园南门集合。7点乘坐校园巴士从北京城的西南部房山区前往东北部的H区。本次试访分成4个大组（每个大组又分为2个小组）分头进行。我分属于张馨雨学姐所负责的第三组（BY社区），除了调查访问之外，我和另一组的光明师兄负责整个调查的绘图抽样质控工作。在参与质控工作之前，远在巴黎的郄昱师姐以及张宾师兄给我和光明师兄发了绘图抽样质控要点以及信息回报的规范要求，我俩也就此进行了学习。抵达试调查点之后，我们一行人首先在酒店存放了行李，接着拿着自己的工作平板等必要物品出发。在酒店大堂外，我们组内进行了再次分组，由一个女生和一个男生组成一个小队分头工作，这样有利于我们后来的入户接触，而和我一起组队的是性格非常好的裴璐学姐。

上午的11点钟左右，我们组一行人披着金灿灿的阳光向各自负责的片区前进，我心中怀揣着一丝兴奋同时又有一份忐忑——这是我在CSS2021的第一次正式访问，即便有前年的工作经验，新的绘图要求、新的问卷设计、新的调查环境以及新的同学朋友都让我感到这与之前有着很大的不同，因此我丝毫不敢懈怠。当裴璐学姐和我开始核图时，坦白来说，面对久不见面的系统和新的核图方式，我有一些无所适从。不过我俩很快都调整了状态，再次确认了自己的工作内容之后，我俩快马加鞭地开始了绘图工作。

由于社区整体变化不大，我俩率先完成了自己所负责区域的核图工作。同时我也发现了一些新的问题，后续咨询任老师后我和学姐又进行了一系列针对性的修改，并且我将自己的疑问和经验总结在了备忘录中。

近晌午时，完成工作后的学姐和我在我俩核图的区域找到了一家小卖部乘凉，同时我也拿出了电脑做好了建筑审核的准备工作。这家的爷爷奶奶很有趣，爷爷有收集烟盒的习惯，他在自家小卖部的墙上用玻璃柜储存了很多不同系列的烟盒，看上去非常漂亮；奶奶则在自家门口种了一棵树，奶奶的年龄比树大，但是树的个头更高，我和学姐都惊讶于这棵树有着与其树龄不相符的大小，同时也感叹这棵树为身下的老屋遮风挡雨，陪伴一家人度过了很多个四季。此时另一小组的组长刘少山学姐率先提交了建筑审核申请，而后各个大组都陆续完成了核图工作，亟待审核。我和光明师兄也开始在"抽样质控小伙伴组"群内接收质控请求，并同步进行着信息回报。还记得在建筑审核阶段，大家由于对"核图状态"以及"单元数"的填写要求不熟悉而产生了很多疑问，例如"只修改了建筑物的名称和单元数等不改变总住址数目的信息核图状态如何填写""单元数是清空还是填写1或者0"等，这些问题都在老师的专业解答下被逐个解决，大家对于操作CARS也变得逐渐熟练起来。

即便是CSS2021的第一次正式审核，我们审核组也没有因为大家是初次上手而放宽审核尺度，相反，我们审核得尽可能严格。记得当初MC社区由于核图信息未填写完整在建筑审核中进入了第四次审核，邹老师也关切地在群内询问未通过的原因。尽管MC组的进度稍微慢了一些，但既然是第一次做绘图抽样工作，我想后台审核得越严格，督导们的记忆应该就越深刻，在督导们今后前往地方培训时就会更加严谨、更重视抽样环节的科学性。下午的抽样审核同样如此，虽然各个组的进度不一，也有老师在群内表示等待得很煎熬，但我们后台并没有"放水"行为，不会为了赶进度而予以抽样通过。

各个组进度不一，当BY组结束了核户工作已经开始入户时，其他组仍在进行核户工作，所以下午的时候我一边抱着电脑审核一边前往样本地址，以防止漏掉其他组的建筑抽样审核，其间还下了小雨。虽然经历了一些坎坷，但是在下午3点半左右，4个村居均完成了绘图抽样工作，大家都准备好开始进行入户工作，此次试调查中我所负责的抽样质控工作告一段落。

尽管事先做好了心理准备，口头上也一直给我自己和裴璐学姐以积极的暗示，但是我们俩的入户过程仍然很快就打破了我们的心理防线。第一天我俩走遍了所有的地址，每户都接触了三次，但是没有一户成功的，原先树立好的信心也一点点被瓦解，疲惫犹如泥泞沾满了我们的后背。后来我们在途中遇到了几个同组的小伙伴，大家一起在小区楼下休息，李炜老师也遇到了我们，大家便开始侃天侃地。还记得我当时吐槽自己遇到的拒访家庭态度有多么坚决，而李老师则云淡风轻地说道："这不是很正常的事吗？"我顿时哑口无言，转念一想又好像确实如此。或许这就是老师们对拒访已司空见惯的平常心，我自身的态度也发生了微妙的变化。过了一会儿，大家各自收拾了背包，又开始前往不同的地址继续接触。第一天结束时，我和裴璐学姐很幸运地预约了次日的两份问卷，但两份问卷集中在早上，且预约的第一份问卷时间较早。为了避免时间冲突，我俩第二天早早起床在楼下碰面，揉着惺忪的睡眼步行前往预约的人家。此时天光尚启，街道空旷少人，空气也很清冷新鲜，不一会儿我清醒过来，调整好状态准备开启第一份问卷。出乎意料的是，我在下午又成功接触了一户人家。记得当时我的手中已经发完了礼物和感谢信，在我访问的时候，马晓娜学姐在一旁陪着我，并且联系了我们组的副组长陈腾霄专门跑来给我们送感谢信和礼品。等我完成了我的第二份问卷之后，我激动地在问卷结束页面拍照留存。我做的第二份问卷也是本次BY组访问的倒数第二份问卷，当我、组长陈腾霄和马晓娜学姐走出单元楼时，楼下聚满了其他已经完成了问卷的访问员们，大家都在祝贺我们组的访问已经接近尾声。随后，和我一组绘图核户、入户接触的裴璐学姐也完成了BY组的最后一份问卷，大家一起踏上了返校的校园巴士。现在看着当时在社区拍摄的清晨街道、夕阳楼房、深夜霓虹、明黄色卧室、开会时聚满人群的热闹房间以及中午大家一起吃饭时的照片，心中真的充满了怀念。

仲夏·云上飞车

在CSS2019的时候,我前期一直在抽样质控数据组工作,那时候是郅昱学姐面试,她和几位师兄们培训并监督我们质控人员上岗,当时我们组内的氛围非常好,张宾师兄、尚尔帅师兄还有小昱姐性格都非常好,因此我也很怀念当时的夏日——准确地说,是"云上的夏日",因为很长一段时间大家都只是网友(后来线下见面了)。于是早在4月下旬CSS2021督导招募公告发出时,我就又联系了郅昱学姐;5月中旬,我参加了抽样组的几次培训会议。后来因为CARS谷歌地图上传问题我也和小昱姐保持着联络。当时各个督导还未被分配最后的工作岗位,但我隐约觉得,我和抽样组的某根线好像重新被连起来了。

6月25日,小昱姐微信联系我说:"诚诚!你今年还是跟我干质控?"结果我当时错过了这条消息,后来我看到之后赶紧表明自己很乐意。小昱姐也毫不耽误,10分钟后直接和我开启腾讯会议开始培训。大概1个小时后培训结束,一看时间已是夜晚10点半。退出会议室后,小昱姐给我发来了总结版的"审核规则",让我自己第一天上岗时多对照着看。

记得当时在会议室中,小昱姐问我能不能给其他还未接受培训的小伙伴们做培训,并且在后续抽样质控过程中做好组内成员工作安排以及各大区的抽样相关联络工作。我当时听到后的第一反应就是——"小昱姐,我不行"。当时我正值毕业,很多收尾工作还没办完,我一方面很担心因为自己的杂事而耽误了这项很珍贵的工作;另一方面刚接受完培训的我也有些担心自己经验不足,无法完成这项重要的任务。此外,我在想如果接受了这项任务,自己后续是否能有足够的时间来做好善后工作,而不是开始时头脑一热,最后落得虎头蛇尾。综上,潜意识直接告诉我:你应该拒绝,但小昱姐和组内的老师以及学长给予了我很大的信任。小昱姐当时只是反问说:"为啥?其实我还挺希望你能担任这份职务的,你有一定的经验,然后……"具体的话语已经很难追忆,我只记得当时自己的后背好像被默默推了一把,小昱姐的认可与尊重让我有了勇气,同时也点燃了我的责任心。

于是我在内心咬咬牙,"好的,小昱姐,我应该行"。表示接受之后,我的内心其实仍然很忐忑,大脑已经在飞速旋转——开始思考要怎么给他人培训了。

2021年6月26日中午12点17分38秒,中国海洋大学的绘图员姜天平学长提交了S省AJ小区社区居委会的建筑审核——这是2021年继北京试调查访问之后,地方提交的第一个质控审核申请,也是我培训完次日上岗后接到的第一个质控请求。认真负责的姜瀚督导前往的山东是最早开始核图核户的地区,当时前线工作的团队还很少,后方支援的其他质控组小伙伴们也还尚未结束培训,因此我和姜天平学长差不多是一对一地在工作着。作为后台来说,我们的工作环境要比实地稳定很多——在2019年既参加了后台审核又去了前线巡视的我对此深有体会。因此后台经常会给前线一些积极的鼓励(比如在审核反馈时多写一些肯定的话),并且要做到及时反馈不耽误前线进程,而姜天平学长让我记忆很深刻的一点就是他人虽在前线,却也很为后台值守的我们考虑。比如实地撤工之后,为了不让后台一直等着(这段时间主要是我和学长在对接),他会告知我前方核图队伍已经撤退;同时他在转场的间隙也会让后台值守人员利用好时间赶紧去吃饭……虽然大家仅仅只有几天共同工作的时间,但是他的这些行为让在后台的我感到非常暖心,同时我也告诉自己在今后工作中一定要保持平和且积极的心态。还记得有一次我在建筑审核时发现有建筑物需要确认,学长直接给我发来了视频解释实地的情况,并且做了相应修改后再次提交了数据。我对这件小事记忆犹新。当时从地图上判断,这处独院远离其他住宅,被树木环抱,多半是处废宅;但是后台不能臆断前方的情况,因此只能是由前线的同学们去查探,同时如果仅仅因为一处地址需要检查而耽误了前线的进度,虽然在流程上来说是没问题的,但是对于前线工作团队的心态却是有一定打击的,特别是这一处地址的位置离团队当前所在位置较远时。而学长接到反馈之后只是做好了自己的工作,并且配了视频做了详细的解释,一方面我感受到了学长工作的认真,另一方面也感受到他对于后台工作者的尊重。我因此在心中更加钦佩这位学长。30日傍晚,在滂沱大雨将至之际,山东1组完成了核图核户工作,准备撤离;而我在6月末的这段时间也通过实操熟练掌握了工作的内容与流程，这为我后续开展相关工作提供了可靠的经验。

6月30日，巴黎时间凌晨1点钟，小昱姐给我发来了消息，告诉我今天需要给几位小伙伴培训；此时北京时间早上7点钟的我刚刚起床，已经投入到审核工作之中，看到这个消息后我就把起草培训讲稿纳入了日程之中。为了避免我们"漏审"，小昱姐还给我们介绍了一个非常高效的网页推送插件——它可以通过使用者设定的网页信息关键词来进行语音推送，这大大降低了我们的漏审率，并且节省了我们反复刷新网页的时间。下午4点到5点多，我和小昱姐开了在线会议，开始调试我们的Distill插件。晚上9点，我们正式开始了数据组部分成员的线上培训工作。由于涉及的操作比较多，且对于接受培训的同学们来说使用新的系统会比较陌生，我在培训过程中尽量放慢了自己的节奏，同时采取了"滚雪球"的讲解方法，即每讲解并配合演示完一条审核要点之后，我会复述一遍该操作并让大家自己在电脑上跟着操作一遍；然后讲解完接下来的一条要点之后，我会从所讲的第一个要点开始从头复述一遍，就像滚雪球一样。这样一来虽然比较慢，但是应该更能让大家在短期内记住大量的审核操作。我不厌其烦地复述时，会偶尔让会议室内的其他成员们发言表示自己是否已经理解、是否需要再讲解一遍；同时我内心也在忐忑："会不会讲得太细了大家一时间记不住，还是说我低估了大家的水平一直复述所以太慢了？"我尝试在屏幕的另一端勾勒小伙伴们的形象，但很难实现，这从另一角度来说反而让我没有了心理负担，加上我在给大家培训之前和山东组也磨合实操过，对于培训内容已经滚瓜烂熟，所以数据组的首次操作培训最终进行得十分顺利。

晚上11点结束培训之后，大家互道晚安，小昱姐和我还有一些关于"次日值守队员上岗前的准备工作"需要讨论。当时小昱姐说了一句："你今天讲得特别好。所有细节都很清楚，然后还特别耐心把所有情况都讲清楚了，包括什么时候打哪些项，进行什么操作，超级棒！"听到这句话之后，我的开心难以言表。我想，能得到一位优秀的人的鼓励，应该是一件让人感到幸福的事情吧！

说起小昱姐，在今年的CSS项目中，她想了很多的妙招为我们数据组的小伙伴减负。首先是针对后台应及时反馈的要求，她找到了一个很好用的网页插件Distill来辅助我们接收审核请求；接着是审核，前期我们采取的是全人工审核制，考虑到后期质控请求的增多以及值守人员的精力有限，她自学了Stata为我们撰写了辅助性的自动检查do文件，在她多次修改和完善文件之后我们的审核变成了半自动式的审核，后台处理问题的速度得到了飞速提升；接着是审核反馈问题，地方有老师和访问员反馈说后台反馈中部分关于漏绘的描述不够精确，希望能够提供截图予以说明，小昱姐提出说使用短链接，即在石墨文档内放入复杂的反馈截图，然后转化为短链接发送给前线，前线的工作团队只需要输入较短的链接字符便可以查询包括截图在内的所有反馈内容；然后是漏审问题，除了帮助我们安装插件之外，她还撰写了do文件帮助我们快速查询当前"待审核"的村居，同时也能为我们展示接下来的任务流，这也很有利于我们安排质控工作；此外，小昱姐还时常化身"侦探"，能够精准定位地方绘图核户中的问题，并且在前线的工作群内摆事实讲依据，同时她对我们后台的质量审核工作也层层把关，保证了我们自身工作的质量；最后，小昱姐还经常与技术后台支撑打交道，包括反馈问题、提出更新建议、督促工作等，每每看到小昱姐上线，我的心中都冒出一句话：真是松了一口气！小昱姐上阵！

9月中旬以前，小昱姐一直在巴黎求学，因此和我们有差不多6个小时的时差，而这个时差也很巧妙地使得我们后台的工作能够涵盖前线提交审核的所有时段：在北京时间的日间，张宾师兄和我负责在各省份的工作群内针对绘图抽样相关问题答疑解惑，同时负责灵活对接前方与后台；而在北京时间的夜间，小昱姐在巴黎还处于傍晚时分，因此深夜的质控请求大多是小昱姐来接手的。往年张宾师兄和我们数据组的同学在一起的时间比较长，今年我感觉张宾师兄在前线负责各省份的绘图抽样培训的时间比较多，因此我们培训图层的审核工作也主要是由他来完成的。

7月初，从蝉鸣声响起的那一刻，西南小城的夏夜就开始了。与此同时，我们数据组的工作也步入了正轨，我们设置了轮班表，并且每日在群内发布今日值守人员的公告以及注意事项。在大家第一天上岗前，我都会把要正式上岗的小伙伴们拉进会议室内，让大家不看之前的培训录屏，自主复现一下正式的操作流程，并且指出需要注意的地方；在大家完整展示过后，我会把小昱姐整理好的"审核流程"文件发给大家对照学习；在正式上岗接受第一个任务时，我会让小伙伴们在会议室内共享自己的屏幕以展示自己的操作流程。整套培训跟踪观察下来，我感觉大家能够实打实地独自上阵之后，就会放手让大家去接收前线的质控请求。前期大家虽然已经对整个操作流程很熟悉了，但是也还是对很多细节存疑，所以我经常会通过群聊或者私聊的方式和大家保持沟通。举例来说，新的补抽规则要求"第一次抽样时，直辖市、省会城市、广东（除Z市）、浙江下辖的村（居）委会：抽90户；其他村（居）委会：抽75户。补抽时按照70/85来抽"。后台小伙伴对此一开始不熟悉，于是我将这条加入了每日的公告当中以示提醒，并且多次强调抽样填写数量时要三思，想一想或者问一问到底需要抽多少，因为我们后台输入的这样一个小小的数字，可能会对实地的进程造成很大的影响，所以事先沟通非常必要。在几轮培训之后，我们后方终于有了十员大将。在CSS2021抽样质控组训练营内，除了小昱姐、张宾师兄、我以及其他未能最终参与我们质控工作的小伙伴外，我们有上手速度很快的侯中杨、理解力很强的王昕冉、温文儒雅的杨佳儒、认真负责的刘佳奇、效率很高的王伟政、"接单狂魔"王豆豆以及得力干将庄亚函。我们数据组的小伙伴都很给力，例如有一次实地调查在核户时发现同名地址出现了两次，但是检查后发现这两处地址虽然同名但并非同址，这就给我们判断哪个名字代表的是哪个地址带来了较大的困难；后来群内有人提到了Key ID，我茅塞顿开，想到可以结合导出列表的Key ID和经纬度来定位地址，实操之后我发现果然可以，根据Key ID和经纬度的对应关系我们可以精准定位。这种判断方法解释起来有一点麻烦，但是组内的小伙伴王伟政很快理解了我的意思，并且在相应的地址照片上添加了Key ID、地址相对位置等信息，这让我感到大家真的都很给力，能够快速理解与响应。有时候我会想到自己第一次参加CSS时，负责培训我们的尚尔帅师兄总是有问必答，而两年后我自己也参与了抽样质控数据组的培训工作，现在仍然觉得有些不可思议。

7月中下旬，抽样质控迎来了审核高峰期，3人上阵处理多而稳定的质控请求成为抽样数据组的新常态，信息回报"in position"吹响了我们每日上班与交班的号角。还记得7月初任务量还不算多时，总部问卷质控的高海燕老师就把我拉进了当时所有开始进行调查工作的省份的工作群内，我当时大为震撼，自己还是第一次在短时间内加入这么多群聊。后来我接受了高老师的建议，将自己的微信名修改为"绘图抽样（负责模块）+谭诚（姓名）+手机号"，这样进入群聊之后就不需要反复修改自己的群备注了。在后台工作的这几个月里，我也一直保持着这个名字，同时我的电话也一改之前设置的免打扰模式，打开了铃声以保持通话畅通，记忆中多数时候是我主动打给前线，也常有地方的访问员和老师打我电话询问相关情况。我的电脑保持全天24小时开机，而且电脑的声音开到最大以防止错过推送的铃声。由于我经常需要对接前后方，同时要参与后台审核，所以我几乎一直在线。记得有一次回老家探望老人，我在车上也保持电脑长开，同行的小姨很好奇我的实习工作是什么；至于我的父母，他们对推送的"叮咚"铃声已经习以为常了。高峰期的质控比较辛苦，但是数据组的小伙伴们都能积极响应，灵活调换上班时间，同时能随叫随到让人非常感动。记得有一次晚上11点钟，值守的小伙伴们已经陆续下班，但数据组秉持着工作时段以实地调查为准的原则，我根据Stata导出的任务流情况选择再多留守一会儿。当我给云南省楚雄彝族自治州L市县GC社区居委会的工作团队导出有效样本清单后，张宾师兄在群内发来了一张与实地小组长木兰同学的聊天截图，内容是感谢后台小伙伴们这么晚还在审核。虽然这是我们的分内之事，但是我仍然深受感动。高峰时段，我偶尔也会值守到凌晨，第二天早上仍然会7点左右上线值守。说那段时间不辛苦是不真诚的，但是整个过程让人很满足：看着一个个省份结束了绘图抽样工作而进行到下一步入户访问工作，我们的心中也有一份喜悦。

如果说我的工作和其他督导有什么不同，那最明显的可能就是其他的督导在集体培训结束后联系剩余督导的次数不多，而我则需要经常与不同督导联系，除了参与督导绘图培训的试讲会议、在正式培训时提供后台辅助支持，还会总结绘图抽样重点及时反馈给其他督导们，此外我还需要为实地绘图时遇到的障碍提供一个咨询口。记得有一次在督导群内，实地情况相对复杂，而后台对于前线的工作质量存疑——这是最剑拔弩张的时刻。

但是考虑到前线工作环境给访问员们带来的心理和身体上的挫折，我告诫自己决不能在群内和同学们发生正面冲突，始终要以事实为依据。

在后台工作的日子好比乘坐云霄飞车，有平缓向前的时候，也有紧张刺激的时分。云上的日子里我们经历过雷电和暴雨，但是最终归于平淡，而我也在这跌宕起伏的剧情中得到了许多历练。

秋季·前方到站

8月中旬，后台接受的审核量渐趋平稳，并且有逐渐减少的趋势。后台值守需要的人员也没有那么多了，一些值守小伙伴和我告别。8月底，陕西省榆林市神木市YW村委会的样本导出标志着数据组工作告一段落。受新冠肺炎疫情影响，剩余部分省份重启工作的时间待定。整个9月，我也暂离质控工作，繁忙于自身学业。

10月伊始，楼下小区的银桂香越发澈冽。此时又有几个省份的抽样审核工作在疫情平稳之后迈开了步伐，北京的另一个PSU也开始了调查访问工作。近两月的平静让我感到列车云上的轨道似乎又回到了地面，它平缓地经过晚桂飘香的树林，地面沙沙作响仿佛在告诉我这将是一段旅途的结束。

初冬·时间回廊

还有几天，我们就将跨入11月，届时上海市和黑龙江也将重启夏季尚未完结的调查工作。列车已经步入冬季，雪花还未铺满时间的回廊，因此CSS列车在此稍做停歇，车上的大家或许都开始怀念那个尚停留在车尾跟我们挥手告别的夏日。回想前几月的时光，自己收获了很多，切身明白了很多道理，也更加懂得世界的广阔。真正拥有一颗平常心，需要自己看过更多的人间事。

和上次不同，自己今年后续未能到实地参与培训和巡访工作，所以思考拘泥于狭室之内和个人成长之上。对于调查的建议，我想我们在绘图抽样环节相较于前年又有了很大的突破，同时仍然有可以进步和深挖的点，例如组建建筑图层"云拆迁大队"引发的关于"批量处理"的思考、关于推动前后方展开高效对接的方案……这些在项目终验会议上都有了较完善的总结。

世界上单向行程最长的列车叫作"99/100国际列车"，它从朝鲜平壤出发，途径万余公里、经历不同的风景和文化最终抵达俄罗斯的莫斯科——它经过的荒郊野外赋予了它独特的魅力。而我从今年4月所购买的这趟四季列车的车票，带领我往北园向南城、从深海至重山，又穿越云霄让我经历了"云上的日子"，最终携手秋季的银桂花香前往冬季的时间回廊。这趟列车的航行轨迹由来自全国各地的CSSer的热忱与汗水汇聚而成，他们的足迹北至黑龙江，南至海南，西至新疆，东至上海。前方即将到站，但记忆中CSSer的歌声未央。

南方小城的深夜，窗外的世界笼罩在夜的紫雾之中。街道偶有飞驰的车辆跨过湿漉漉的地面，雨水摇晃的声音一阵阵地、仿佛潮汐一样把岸上的螺贝带回了深海，我也从回忆伊始的威海海边一点点被拉回现实。

远山公路上巴士鸣笛的回声萦绕在空旷的坝谷。

西南小城的冬夜很漫长，同时十分静谧。偶有楼上邻居翻身呓语的点滴动静，仿佛在提醒尚清醒的人们该入睡了。火炉的光亮随着人手按下按钮的动作开始逐渐消散，只有人脚踝间的热量还在。这些热量会从下至上地传到人的心里，它们会伴随着人的呼吸而持久存活——在南方渐入冬季的日子里，等待着下一趟四季列车的出现。

追逐社会流动的节律

席东杰　中国社会科学院大学社会学院

作为一个半路出家的社会研究小白，我第一次感受到大型全国性社会调查项目是如何进行的。从一线实地到后台终端，那些活生生的个体身上发生的故事、访问员和督导身上滚烫的汗水是如何变成一串串文字和数据流淌进数据库里，又是如何经众多社科研究者之手变成许许多多的研究成果。

在 CSS2021 调查项目中，我的身份相比于其他巡视督导稍显特别：我既是在总部默默值守、负责各省上传问卷审核的一名质控督导（主要负责河北省、广东省），又是亲临调研一线，与受访者面对面接触的一名访问员（主要负责北京市 H 区、DC 区调研）。这两种身份的交替让我有了和其他督导不一样的体验和视野，也让我有了对社会的总体认知和对社会研究的初步想法。

一 DC区见闻

10月中旬，当南方还沉浸在夏日的余温中时，北风之神已经牢牢地掌控了整个华北平原。不到10℃的均温让人直打寒战，而北京DC区的调研正在此时拉开了序幕。

据说北京城经过多年规划改造，真正土生土长的老北京人大多搬到了丰台居住，留在东西城、海淀、朝阳区的多是些二代、三代移民，而我们调研的街道是一个外地新移民与二代、三代移民混居的地方。两条长长的大马路将整个街道分割成四个部分，而这四个部分的建筑风格呈现非常明显的"时间序列变量"风格：从最破败的20世纪70年代苏式筒子楼，到"最尊贵"的21世纪第1个10年的欧式豪宅，你只要稍稍打量就能想到这些楼房里的住客生活在怎样不同的世界里。

此外，在核对抽样分布地址时，我们还发现了一片隐藏在这些豪宅和筒子楼背后的"棚户区"：那是一片类似于临时工棚的破败平房，里面住着许多口音纯正的老北京人。对于我们的来访，他们显得有些警惕，纷纷询问我们是来做什么的。大多数居民只是问了一句就走了，而有一位老大爷，先是很不屑地对我们的身份嘟囔了一句"社科院的，没有权力，来这调研也没用啊"，而后又抱怨了一些关于居住环境差、社区改造迟迟不落实的事情。简言之，他们虽是真正的北京本地人，却并未享受到北京发展的许多红利，觉得自己被时代"甩掉了"。

核对完地址后，我们开始了入户访谈。虽说入户访谈需要一定的技巧，不过这其实更接近于一项体力活儿。城市居民的拒访率很高，无人在家/空户率更高，你需要不停地寻找样本，然后经历"敲门–被拒/无人在家/空户–奔向下一个样本"这样的流程。此外，很多住宅没有电梯，需要不停地上楼下楼奔走。凭个人感觉，在对街道的走访中，平均走访15个样本左右，才会有一户人家开门；而每走访30个样本，才可能有1次成功地进入访谈环节。

在这些走访中,有这么两户人家让我印象深刻。第一户人家住在某"老破小"苏式筒子楼里,受访者是一位80岁的北京本地老太太。当我们敲开门后,一股子油烟夹杂着发霉的奇怪味道隔着口罩扑鼻而来。视线中,开门的老太太连同她背后的整个屋子都浸没在和筒子楼的外表一样的灰暗、模糊之中。

老太太说她正在打扫厨房。抽油烟机坏了,油烟闷在屋子里出不去。我环顾四周,整个屋子大概只有30平方米,分隔成两个小房间和一个卫生间,客厅、厨房连在一起,没有阳台。她的家里还有一个同样80多岁、卧病在床的老伴和一个40多岁、得了抑郁症而失业在家的女儿——两人都分别在自己的房间里闭门不出,房间里黑暗一片,而客厅里也灰乎乎的,虽是白天却仿佛在夜晚。老太太说她昨天刚刚过了80岁生日,但是没有人为她庆祝。她的腰疼,腿也疼,需要治疗,但是不知道应该去哪里,也没有钱。家里只有她一个人干活操持家务,她不知道自己如果倒下了一家人该怎么办。虽然她愿意接受访谈,但是因为超出了我们的年龄要求,我们也只好离开了。我们答应她,把她的情况跟居委会反映(不过后来才发现,原来居委会甚至都不认识这些居民,更不用说帮助了)。

在那之后,不知道又经历了多少次的拒访,我们终于敲开了第二户人家的门。这户人家居住在某欧式高档小区,小区里住的多是些外地新贵。受访者是一位50多岁的阿姨,很幽默健谈,对我们的问题知无不言。这位阿姨的儿子读到了博士,已经组建家庭,带着老婆孩子在日本生活。阿姨自己曾是20世纪80年代的国企工人,退休后一边领着退休金一边和自己的朋友合伙办实业,担任公司的总经理和总工程师,每月有15000元左右的工资收入。阿姨坦言,除了家里有一个身体不好的婆婆需要照顾,基本上没什么烦恼,生活很快乐、很有意义。我稍微观察了一下阿姨的房子,三室一厅一厨两卫,目测有150~160平方米。她家客厅的桌上、地上还摆了许多我不认识的电器。在被问到主观生活评价这类题目时,阿姨表示自己对做一个中国人感到很自豪,生活满意度打满分,在全国人民的生活中应该能排到中上水平。在被问到有关家庭住房的问题时,阿姨表示自己在望京还有一套房子，是90年代来北京后花了10万元左右买下的，现在大概值600万元。在被问到有关生活圈子的问题时，阿姨说她加了很多线上线下的圈子，类似校友群、老乡群这些，有时还会一起组队出去旅游。

以上，就是我在DC区访谈的经历。

二 质控组经历

在经历了前期的社区负责人电话联络和数个周末的线下培训之后，问卷质控组和样本发放组全体督导于2021年7月2日上午8点在建国门中国社科院正式开始工作。由于7月底新冠肺炎疫情反复的特殊原因，问卷的"爆发期"集中在7月10~26日这段时间——平均每天有接近500份问卷上传到后台（与此同时，每天负责问卷质控的督导人数约为10人）；而其他时间段里任务则相对轻松许多。

在整个问卷审核中，我主要负责审核河北省和广东省的问卷。此外，由于高峰期大家都有些忙不过来，有时我们会互相帮着分担一些任务，我因此也审了一些浙江、四川、河南、天津、安徽、贵州、广西和云南的问卷。

在审核问卷过程中，我发现了很多令人哭笑不得的问卷：有的受访者竟同时拥有"丈夫"和"妻子"（想必是访问员"手滑"了）；有的受访者目前没有工作，理由是"累了"；有的受访者目前没有工作，理由是"不想上班"；有的受访者在被访问员补访之后怒不可遏，对访问员发了脾气。出状况的问卷确实很多，这也恰恰反映出一线访问的艰难。

三 反思

社会学家福柯、布迪厄和贝克都强调自我反思的重要性。因此，我想以反思为本文的最终章。

首先，反思自己作为社会调查研究者的素养。在北京两个区的访问中，本人最终只完成了一份问卷的访问。相比于其他优秀的巡视督导和访问员，我的访问技术还是过于薄弱。究其原因，我认为有运气的因素，不过更重要的是"访问时整体的精神面貌"。在访问时，如果受访者看到的是一个收拾得干净整洁、言谈举止之间透露着可靠与自信的访问员，那么为其开门、接受访问的概率会大很多。

其次，反思社会调查的合理性。自社会学创立之始的19世纪前期，孔德、涂尔干等人便为社会研究订立了一个基本原则：要以和物理学研究一样的客观严谨态度开展社会研究，而研究的对象——"社会事实"，也是处于所有人类个体之外却又如同神一般无所不在地控制着所有个体的客观存在。简言之，社会学研究要以实证为纲，要摒弃所有主观性的猜想和阐释，社会研究的一切推论都应当以调查数据为准。在经历了20世纪的动荡和发展后，后现代主义者对实证社会学提出了质疑。他们认为，社会学与物理学不同，"社会事实"也并非绝对外在于人、凌驾于人的客观存在。社会学应当以整体性的态度，综合自然科学、社会科学和人文科学的内容，尊重每一个个体的"变异性"。简言之，每一个人都是独特的，每一个人都有他自己的故事。社会结构和规律也并非自然规律一样是先天、客观地存在的，而是存在于社会成员的互动之中，是一种流动的状态。

从现代社会学到后现代社会学的理论转向，代表着一种人本主义的回归。我以为，在问卷调查中，也应当尽可能地体现这种人文关怀。而问卷目前的一些设置，则显得人文关怀相对欠缺，大约有以下几点。

第一，有一些受访者表示，我们的问卷太长了。他们本来很愿意接受访谈，却往往因为时间太长，便在一开始就拒绝或中途忍受不了而拒访。

第二，有一些受访者表示，我们的问卷对于家人隐私的挖掘太过深入。在一次访谈中，有一个硕士研究生学历的女青年受访者本来很配合调查，但是在我们进行家庭成员登记的时候她提出了质疑，问我们为什么要把家人调查得这么详细，包括双方的父母、年龄、职业、学历这些都要登记，她很反感，也很害怕。而在做质控工作时，也听到一线的督导和访问员反映，我们的问卷挖掘了太多家庭隐私，特别是收入、单位这一块。我想，这些过于详细的隐私问题或许会导致一部分有意愿接受访谈的受访者的流失。

第三，有一些受访者表示，我们的问卷有些专业化、学术化，这使得他们在问卷的理解上有些困难。譬如"承包地确权政策""城乡居民养老保险""城镇职工养老保险"等话语，受访者要么误解了意思，要么表示听不明白，需要访问员额外进行一些解释。

第四，有一些受访者表示，我们的问卷有些主观态度评价问题让他们难以回答。比如有些受访者比较反感党政评价的题目，有些受访者比较反感生活圈子相关的题目，有些受访者对于志愿服务根本不关心，因此很难回答相关问题。

第五，对于抽样环节的设置一些受访者和访问员也不理解。在抽中一户家庭后，还要再继续在户内进行一次抽样，这种操作有时会刚好抽中不想回答，或者不在家的其他家庭成员，从而耽误问卷的进行。

作为中国社科院社会学研究所心血的结晶，CSS问卷的科学性毋庸置疑。只是，作为一门与人打交道的科学，在科学性之下，或许可以为人文关怀留一些余地，兼顾科学与人本。因此，以后问卷的设置或许可以更显灵活一些。

作为一个半路出家的社会研究者和社会科学爱好者，本次CSS项目的全程参与，让我受益匪浅。我第一次感受到了大型的全国性社会调查项目是如何进行的。从一线实地到后台终端，那些活生生的个体身上发生的故事、访问员和督导身上滚烫的汗水是如何变成文字和数据流淌进数据库里，又是如何经众多社科研究者之手变成许许多多的研究成果的。真实的、跨地域、跨阶层、跨越许许多多不一样的个体的经历，被我一一感受到，我第一次明白了社会是怎么回事，明白了社会学的那些理论为什么会以那样的形式出现在那些社会学家的脑子里。

禅与社会调查访问艺术

罗文骏
广东金融学院公共管理学院劳动与社会保障系

一 绘图会合

2021年7月31日,我与督导权峰以绘图人员的身份于梅州市GY社区会合。确认过眼神,他就是我未来几个星期的舍友了。短暂的寒暄过后,我们谈起了培训相关事项以及前往居委会工作的任务安排。随后,在提前阅读了大量社交技巧的两人的共同努力下,成功将两大绘图员的首次会面改成了吹牛大会。虽只是第二次见面,却也不显生疏,相谈甚欢,好不快活。

(一)在GY社区

1. 满地找楼,我的定位呢?
8月2日,我们前往GY社区居委会进行绘图准备工作，从工作人员处了解到具体绘图区域并不远。与工作人员道谢告别后，我们前往实地调查，一人负责一边的街道，首次实地操作难免一头雾水，确认一户往往要走几个来回。当天上午只测了半条街，正打算去吃饭时，便接到了操作不规范要求重绘的通知。

"那些住户到底是怎么进入的呢？沿街都是门店，小巷子又太少了，都不知道有没有后门。"

"不知道，我的系统给我的定位都是延迟的，一不小心就走过了，还得跑回去。估计门店老板看着我这么来来回回走都以为我是做传销的了。"

"这个还真难说，其他队伍的兄弟被误以为是偷电瓶的，一个大叔跟了他们两条街。"

"哈哈哈，那先不管了，咱又不是干什么小偷小盗的事，'支棱'起来。下午再说，'干饭'要紧。"

CSS对绘图的质量要求严格，我和权峰整整一个白天都在仰着头数沿街建筑的楼层、窗口以及空调外机，互相讨论该如何判断没有明显间隔区分的连片建筑，该如何找到入口；同远程协作的师兄师姐保持联系，即时上传遇到的困难寻求解答。虽忙碌，但也逐渐把握了工作节奏，当天下午的工作进展较为顺利，工作推进到收尾阶段。经过多次修改和补充数据后，我们舒心地点下了提交按钮，只待第一次审核发放样本名单。

2. 关于加班去拍照这件事

晚饭过后我们收到了样本名单，当即决定加班赶工，但这并不轻松，我们在第一户样本门前便被泼了盆冷水。还记得当时我们因不确定样本的位置而自以为隐蔽地站在生鲜店门前观望、讨论，结果被店里的老板娘和她的儿子发现了。既已被发现，那我们就大大方方地走上前去介绍自己，也询问了老板娘门店楼上住户的居住情况，被告知那栋楼便是老板娘自家的。而老板娘的儿子在听我们讲话时已将不耐烦写在了脸上，当老板娘还想再问我们一些问题时，被他一句"唔妹多咀（不要多嘴）"喝止住。气氛变得有点微妙，权峰不知道这句话的意思，我只能识趣地拉他离开，走出店铺后我向权峰解释冷场的原因，只得在老板娘两人看不见的视角偷偷拍照，上传样本数据。沿街的样本拍照搜集完后，我们发现有不少样本都集中在华源花园小区，简单分配了搜集任务后，我们开始了爬楼行动。楼层结构的不同造成了上下层楼的住户门牌号并不相同，简短地回顾了培训内容后，我们严格按照"右手原则"进行了拍照搜集。将所有样本搜集完后，我们返回酒店，泡脚吃茶以缓解疲惫。

8月3日，我们将最后几个经审核须重测的样本上传系统后，来到居委会再表感谢。午间稍做休整，前往五华县汽车客运站，踏上了下一段旅途。

（二）前往LS村

正值雨季，我们缩在露天候车区的角落里避雨时，一对老夫妻凑了过来，阿伯拿出老年手机让我帮他看看手机怎么开不了机。我抠下后盖装稳电池后开机成功了，阿伯接过手机连声道谢，很自然地与我唠起家常，他说一听我口音就知道是兴宁人，紧接着就是"哲学三连问"：我是谁？我从哪来？我到哪去？一番寒暄过后便向我们介绍起绵洋、安流、梅林各镇的人文历史、行政管辖变更和搭车技巧等。清雨凉风解暑意，我们于檐下畅谈，等待着雨停，等待着发车。

1. 进村！乡村气息扑面而来！

雨停，告别阿伯夫妇，我们搭上班车，开启了长达一个半小时的进山之路。抵达LS村时已是傍晚，在村支书的安排下我们住进了离村两公里的侨江旅店。

晚饭过后，散步至绿水桥，沿途店铺大开，行人穿梭，县道上狗群结伴而行，或趴于路中，车至身前时，双方对视一眼，互相礼让。我简单地将它们划分为了两类狗：一类是打得过我的，另一类是我打不过的。短暂的眼神致敬后，我们继续走在这条微微扬尘的县道上，感受着十余年不曾感受过的乡村集市的气息。

2. 出发吧！摩托车少年！

翌日早晨，村委会工作人员上班顺道将我们接到村委会。完成前期工作后，村委会将巡警摩托车借给我们，再三感谢后，本次"绘图战"正式打响。某位骑手持证上岗，负责村界外围的绘图工作，将战圈逐渐向内收缩，并创下了三天跑完两箱油的佳话。而我部单兵则以村委会为中心，向四周辐射活动，配合骑手形成合围，快速解决战斗！

3. 真男人从不回头看狗！

试问谁不曾在农村被狗撵过呢？是的，在LS村绘图期间，鄙人被狗撵了两次。最令人印象深刻的是前往某处祠堂旁边的一户人家门前，我刚欲越过停在门前的货车看门牌号时，忽闻一阵疑似发动机制动的轰鸣声，缓缓低下头。噢，原来是车底下卧着一位龇着大白牙的"狗大哥"，我认真分析后得出，这位"狗大哥"是第三类狗：懒得打我的。短暂的眼神致敬后，我毅然决然地转身，目视远方，踏步向前。"狗大哥"非常客气，龇着牙送了我两三米。我留给"狗大哥"一个背影，心里默念：不用送了，有缘再见！

（三）国庆再会！

受新冠肺炎疫情影响，广东地区暂停调查，改于国庆期间继续进行。我与权峰二人归还摩托车后返回旅店，点了一锅擂茶，权峰喝得直皱眉，我则在一旁肆无忌惮地笑话他："下次来了还让你喝，干杯！国庆再会！"

二 入户调查

国庆转眼即至，老大从龙川兄弟队伍抽调了阿华、阿琦、阿宽三员大将入队。10月1日，全新的队伍于天河客运站首次会合。

（一）再到LS村

1. 出现了干饭人

因高速堵车，历经9个半小时，我们终于抵达了目的地。一路上忽雨忽晴，大家都在半梦半醒间意识到似有一道落雷曾击在大巴不远处。话题揭过，只道一路坐得难受，看着车窗外的商店，只想去买两箱水来喝。

众人一下车直奔早已相中的饭店，一桌菜在风卷残云般的箸影间变成光盘，男生们都在心里暗道：人均5碗饭还是不够饱。于是，大家不约而同奔向超市的泡面货架。

2. 跟我坐车

坐上车，我们就是村里最靓的仔。每日由旅店老板开着面包车接送我们进村，村里也安排了两位阿叔为我们带路。坐上阿叔的车穿梭于山间，体验感相比于绘图时的徒步爬山简直是直线飙升。

10月2日，也是入户调查首日，在村支书的带领下，我们迅速找到了各自被分配到的样本点。我与琪琪两人一组，选中绘图时我负责的区域，直接前往了第一户样本家庭，在说明来意后，受到了阿婆一家的热情接待，阿婆一边介绍自己的家庭成员，一边同我们唠起家常。了解完基本情况后，系统抽中了当天刚好陪老婆回娘家的大儿子，琪琪借用阿婆的手机打通电话，接电话的是阿婆的大儿媳，一番介绍后被当作传销挂了电话。哭笑不得之际，阿婆重新拨通了电话与儿媳沟通，成功预约到了第二天的访问时间。

告别阿婆一家，我带着琪琪在迷路了小半个小时后，找到了第二户样本。至于为什么我第二次来还会迷路，我只能说，相比于第一次，我已经把迷路的时间缩减了一半！在访问过程中，我们遇到过突然感觉用客家话说出某一个问题特别别扭的瞬间，也遇到过不知该如何表达以阐述问题的瞬间，好在两人组队形成了优势互补，努力向被访者表达清楚了问题的真实含义。得益于两人组队，我们迅速熟悉了访问流程，避免了出现最为麻烦的查找行业、职业编码环节时手忙脚乱使被访者不耐烦的情况。我们组运气不错，当天被分配的7份样本中，除已经预约和外出无法访问的，剩余样本都顺利完成。其余小组进度也很迅速，调查首日以完成10份问卷收官。

当我们收队回到村委会时，发现老大也从广州赶了过了。幸福的笑容当即洋溢在我们脸上，至于开心的原因，当然不是多了一辆车不需要再挤着坐，更不是当晚能吃上一顿大餐，这些都"太肤浅"了！纯粹是为老大的加入而开心！

当天晚上，权峰召集小组成员举行吐槽大会，一边讲故事，一边听老大讲解细节问题，正讲着兄弟队伍遇到的难题时，一个电话打了过来，汕头督导带着哭腔的声音从中传出。众人沉默，相比于D市、汕头等难啃的硬骨头，我们得到村（居）委会的帮助，遇到的困难少了一些。我们选择舟车劳顿来到LS村，既有地理位置的考虑，也有先易后难积累经验的打算。在第一天，我们遇到过结合自身经历努力回答了3个小时问题的热心阿婆；遇到过一边回答问题，一边问队员要喝白酒还是啤酒的大伯；也遇到过一问三不知，想找邻居来代答的大婶……眼前种种场景浮现，让我们不禁感慨熟人社会的行为方式以及约定俗成的规则的惯性。

时间紧，任务重。翌日上午，我们一改前期策略，每人都分配到了一户样本，各自为战。我同阿琦和丹丹坐着阿叔的车找到了山腰上的一户人家，这是丹丹分配到的样本。阿琦和阿叔留在车里，我随同进去看看是否需要陪访，再出来便遇到了翻车现场。

阿叔找来附近村民帮忙拉车，村支书见帮忙的人不少，便放下心来决定先载我前往下一户样本。这一户人家也在山腰上，另一次撵过我的"狗大哥""狗大姐"们便在此户，不过这一次它们不能再吠我了。一念至此，顿时心情大好，颇有一股"小人得志"之感，当是一吐恶气在须臾。

3. 定外翻身，囊来翻身？

走访了一上午，顺利收回8份问卷。而我和阿琦、丹丹三人都逐渐忘了小车掉水坑的事，直至收队离村后才突然想起。闻此，老大赶忙让权峰联系阿叔询问后续情况，连连道谢。

午餐过后，一众男生便搭上前往水寨的班车，看着这一路上车下车的高中生，听着乘务阿姨同深圳务工回来的乘客闲聊，我不自觉便回想起与琪琪组队时探访的最后一户样本家庭。8月份我来到这一户绘图的时候，只有一个阿婆在门前晾着菜干。正赶上晚饭一家老少相聚时候，阿婆的孙子给我们介绍他们一家平时都在深圳，只有阿婆一人在家，此次国庆假期回来也待不了几天，不符合我们的访问要求。

"你们都还是大学生吧？看你们还那么腼腆。"

"啊哈哈，是的。"

我看向正在择菜的阿婆，向她孙子问道："那我们可以问阿婆几个问题吗？"

他点头示意。

"阿婆。"

"哎。"

"您今年几岁呀？"

"今年八十一了。"

"好的，阿婆再见。"

  思绪回到车厢内，一个穿着高中校服的妹妹正回过头悄悄看着我，我一抬头刚好与她对视，只见她脸红了一下迅速回过头去。我笑了，但没有出声。不知她看的是我院服上的院徽还是书包上的CSS徽标，但她的眼神已经让我明白了她的心思。我在她这个阶段时，又何尝不是天天想着要从小县城里走出去呢？山城人若不想走出去，又怎会在九连真人"囊来上山，囊来下山"充满迷茫与彷徨的歌声中黯然落泪？

  客家人的历史，一直是一部迁移史。在这一部史册上，我们看到了先祖南迁、北上、东去、西进留下的足迹，也看到了一代代下南洋、渡东海的过番郎留给等郎妹擦不去的伤痛。

> 赶人出屋鸡乱啼，送人离别水东西。
> 挽水思量想无法，从今唔养五更鸡。
> 松口行上嘉应州，三条河水急湫湫。
> 两条丝线打死结，人情难舍哥难丢。
> 送郎双双五里亭，眼泪双双难舍情。
> 再送五里情难舍，十分难舍有情人。
> 送郎送到灯笼岗，郎踢脚趾血里伤。
> 扯起裙头包脚趾，情哥痛肉妹痛肠。
> 送郎送到渡船头，一条河水向东流。
> 哪有利刀能断水，哪有利刀能割愁。
>
> ——客家山歌《送人离别水东西》

世代出走，漂泊流浪，相濡以沫又相忘于江湖。而我所见，也只是历史的冰山一角，客家人为什么要迁移呢？我不知该如何回答。我想，这正是一次很好的探索之旅。知来处，寻去处，用自己的脚步丈量这片土地，于实践中了解历史，于调研中观察当下，拥抱客家文化。

"几只土鸡悠闲地觅食，几条家犬慵懒地打盹，几缕炊烟慢腾腾入云。"车窗外，宁静的LS村虽渐渐离我们远去，却未离开过"定外翻身"外出拼搏的青年人的心，在深夜里为"囊来翻身"苦苦挣扎的时候陪伴着他们，于心安处见故乡。

（二）琴江北上

1. 放个小假，CSSers再出发

沿江北上，抵达水寨，大家伙做的第一件事便是"倒床大睡"。洗去一天的疲惫，备一桌火锅犒劳自己，拎一袋西瓜于湖畔畅谈，总结经验，养精蓄锐。

10月4日，我们前往GY社区居委会做前期工作准备。经居委会安排，工作人员花姐和另一位志愿者大哥成了我们的领路人，选定的第一个区域样本较为集中。花姐一马当先来到小区保卫处，拿出社区工作人员证明，向门卫阿伯介绍自己的身份以及我们来此处的目的。在花姐的沟通下，我们顺利从小区保卫处取得了本小区样本户的联系方式，并同外出的户主进行了近两天的预约。门卫阿伯还很热心地拿出来一块黑板放至电控门前，一丝不苟地写下入户调查的相关信息，通知户主们配合访问。大家都未想到阿伯会如此支持我们的调查工作，一时间大为感动。大伙一同感谢阿伯后，各成员便随着花姐进入了在坐电梯与爬楼梯之间不断转换和敲门访问样本户进行抽样的"双循环"中。

走了一个白天，遇到许多有趣的人和事，有忙着带小孩的阿伯嫌时间过长而将我们拒之门外，有信奉基督教的屠宰档大哥给我们发过烟，也有户主拿出小粉拖鞋满足阿宽的少女心……我所分配到的样本家庭多是无人回应或是抽中样本碰巧外出无法进行调查，两次陪访时则均被权峰打电话叫回去充当机动人员。晚饭时我才后知后觉地发现，白天虽然过得很充实，但我好像一户样本都没访问到？

晚上7点半，我与大姐一同前往预约的一户样本家庭，家里只有大叔一人，查看我们的身份证明后便邀我们进屋。屋内的大音响放着正流行的曲子，我们坐在桌前静静地看着大叔沏茶。关掉音响，水壶口还冒着热气，抿一口红茶，馥郁而甜鲜。我们慢悠悠聊着，于添茶与叩指间全然不觉时间流逝。

大叔早年便出门在广州打工，近两年回到家乡做字画装裱生意。当我们问到大叔以后是否还会回去时，大叔摇头，"回到这里，才叫'回去'"。

自改革开放以来，珠三角地区的发展机遇使几代山城人趋之若鹜，"打工"二字既包含了愿景和希望，也包含了迷茫与无奈。受到新冠肺炎疫情影响，许多如大叔一样的外出打工者从大城市回到了家乡，回到年迈的父母和即将上高中的子女身边，重归山城恬静生活。一人奔波离愁苦，两处人间烟火气，三代儿孙同堂庆，四载又送儿女别。变的是离家的人，不变的是心中的归宿。如偈云："心随万境转，转处实能幽；随流识得性，无喜亦无忧。"

2. 跑起来！加班！

完成大叔这一户问卷后，我们发现其余成员已经全部来到楼下等着我们去吃夜宵了。遗憾的是，我们直到走回居委会也没找到一家夜宵摊，决定回去点外卖。在回酒店的路上，我们拨通两户样本家庭的电话希望能够预约明天早上进行访问，但均被告知只有当晚才有时间接受访问。面面相觑之间，我们各自都摆了摆手，"阿姨，既然您明天没有时间的话，那我们这边就取消预约了，谢谢您啦"。

挂掉电话，又是一阵面面相觑。外卖还没点，咱现在是不是吃不上夜宵又没啥事做？才9点哎，我们问快一点应该不会打扰到阿姨休息吧？那要不加个班？

"喂，阿姨，我们刚才讨论了一下，认为您的这一份问卷对我们非常非常的重要……对，我们讨论后认为不能放弃这份问卷，我们能现在去访问您吗？啊，好的，谢谢您，我们15分钟后就到。"再次挂掉电话，"跑喔？""跑呗。"

这次的访问员分别是我、大姐和阿宽三姐弟，阿姨一打开门便见到一口气爬上7楼停在楼梯口喘气不止的我们，赶忙招呼我们进屋。在我们喘气的一阵功夫，阿姨已经泡好茶，端出了花生。阿姨说自己的儿子都在外地，平时接触的都是同自己年纪差不多的工友，看到我们这些年轻人非常亲切，忍不住就想多聊两句。通过阿姨每回答一个问题都会给我们讲讲自己的经历，大有彻夜长谈、不管自己明天还有早班的情况，我们感受到了阿姨欢喜的心情，也乐得倾听，但也不敢把时间拖太久，尽量把控着访问的节奏。有时问完一个问题，阿姨问道，"要不要别的吃的呀？有月饼哦"。我与阿宽皆表示不用，阿姨便看向大姐，看着大姐犹犹豫豫的眼神，我们三人已经知道了她的答案，访问便进入一轮休息环节。为了不让阿姨操心，我们很自觉地自己剥橘子、自己煮水、自己添茶……但也依旧架不住阿姨的热情，一轮问题过后，阿姨突然道，"我这里还有柚子，我拿出来哈"。等我们反应过来，阿姨已经将柚子拿出来了，新一轮休息环节到了……当晚11点，我们完成了问卷工作，又留下与阿姨聊了半个小时，聊至最后，阿姨又问我们还要不要带点吃的再走。我与阿宽刚要摇头致谢，只见大姐在我们"二目瞪瞪"之下心满意足地拍了拍柚子……一再推辞不成，也有一部分原因是我们不会开阿姨家的门，只得道谢收下再与阿姨告别。

  小区门口，拎着手里的三个柚子和月饼，两兄弟齐齐看向大姐。
  我："所以大姐，你拍柚子是什么操作？"
  大姐："那个，不是有那个谢茶（礼）吗？我就拍了一拍。"
  阿宽："所以，您老人家拍两下柚子就是谢柚了？"
  我："我的天呐，你想表达的和阿姨理解的根本不是一回事好吗？"
  大姐："呃。"
  我："不管了，到点该发朋友圈了。"
  三姐弟："哈哈哈哈……"

三　行思一路

  能够作为调查员来到这一片土地进行入户调查，实属我之荣幸。绘图期间，我曾因系统定位不准确而在村里"持续迷路、断续失踪"；我曾躲在猪圈旁避雨，找沙地蹭掉鞋底的鸭粪；我也曾遇到过许多村民问我是来干什么的，开始时，我都向他们介绍我是中国社会状况综合调查的绘图员，村民大都听得云里雾里，我也遭了不少冷眼。后来我干脆直接说我是来画地图的大学生，多数村民一听到我是大学生便笑着说，好好好，那你接着搞……换了一个说法，我受到的待遇从冷眼相待变为了笑脸相迎，一番两极反转着实让人心酸不已，也让我明晓了人文科学相比于自然科学在民间普及的难度。在这段时间里，我们一户一户地走访，永远都在期盼开门的那一瞬间能够得到住户的接纳，顺利完成访问。在访问过程中，我们遇见了"走出去"和"走回来"的外出务工者，听见了居民对村（居）委会工作的不满，计算家庭消费支出时感受到了养家不易。能够作为一个观察者，倾听他们的过往，路过他们的人生，是我最骄傲的一段经历，也是我最珍贵的一段回忆。

希望CSS迷路的绘图员能够越来越少，调查数据越来越被广泛应用，造福人民！

行行重行行：
在路上的社会学

胡静凝　中国社会科学院大学社会学院

从江南水乡到西北大漠，从繁华都市到西南边陲，从茫茫草原到华南村落，CSS一直在路上，用脚步丈量土地，用问卷记录民情，用心理解中国。"中国社会状况综合调查"（Chinese Social Survey，以下简称CSS）走过十几载光阴，万水千山的旅途中，很荣幸我参与了其中一程。2021年的夏天属于CSS，伴随这场大型社会调查而来的珍贵体验也时常在记忆里熠熠生辉；那些因缘际会结识的可爱的人们或成为挚友，或相忘于江湖，人生有缘在于遇见。

作为一个社会学专业的学生，社会调查的能力是必备的学科素质，参加调研活动的机会并不少见，在学习和研究中也会经常接触到CSS，对其数据和问卷并不陌生，但这却是第一次作为督导的身份参与到大型社会调查中来。以往只是使用数据，现在却要亲身参与生产数据，这是一种特殊的体验，因为数据的使用者和生产者是两种截然不同的身份，感谢CSS让我有机会将这两种身份融合起来。作为数据生产者，更能够体会到数据的珍贵与来之不易，了解数据如何被生产出来，理解背后的抽样和调查原理，也就能更好地使用数据，同时也更容易理解碎片化的数据背后所代表的温情的社会事实。作为数据的使用者和研究者，则会始终在心中有着对调查科学性和数据严谨性的要求，深知作为督导的责任之重，也更能够体会在这样大型的社会调查中，保护数据的干净和真实的不易。

自5月培训开始直到8月督导工作结束，CSS主宰了我这段时间里的主要生活，大量的时间和精力的投入，自然也收获颇丰。CSS之旅不仅让我进一步学习和深化了有关大型社会调查的知识，也让我积累了丰富的调查经验以及社会知识。关于这次不同寻常的CSS之旅，感触颇多，每当想提笔写下，又觉得思绪万千，无从梳理。

一　从书斋到田野

通过CSS的面试考核之后，我们就在中国社会科学院大学良乡校区接受了相关培训。在培训中我们接受了有关CSS项目介绍、访问员和督导培训、地图地址抽样、问卷内容、调查流程以及调查App使用等内容的学习和训练。这样系统完整的培训流程，不仅让我们快速熟悉了CSS项目的调查流程和方法，也让书本上科学标准化的社会调查流程完整呈现于眼前。

社会学的学生，不仅仅需要埋头书斋于经典著作里深耕，同时也需要用脚步丈量世界，用心灵感知社会。古人云"读万卷书，行万里路"，田野调查是跨越"文野之别"的最佳路径，借着CSS的东风，从城市到乡村，走进家家户户，近距离地了解民众的生活，倾听他们的心声，观察各地的民风民情。比如在荆州，我见识到了源自沙市码头的独特的早酒文化，在如今这样一个快节奏的生活时代，谁能想到有人会在大清早起来就支起热气腾腾的锅子，推杯换盏，侃侃而谈。

作为培训督导和巡视督导，我的CSS之旅先后辗转了长沙、武汉、荆州、新洲（区）等地，完成了对两所合作机构的培训，巡访了6个村居，其中既有农村社区，又有城市社区；既有繁华闹市中衰颓的城中村，又有城乡接合部的码头小镇。时值盛夏，江汉平原的酷暑格外地考验人，作为一个调研者，所经历的不仅是炎热的天气和长时间的户外活动，更难的考验在于如何"入场"，进入田野，取得信任入户，说服受访者接受调查，在如今这样一个"陌生人社会"里显得格外艰难。

乡村是中国传统文化的根脉，而城市则是现代化前进的方向，调研中的乡村保留着传统"熟人社会"的温情，而城市则在现代工业文明的影响下戴上一层拒人千里之外的面纱。滕尼斯在2010年出版的《共同体与社会——纯粹社会学的基本概念》中，将传统乡村共同体描述成基于血缘、地缘和文化等自然情感的社会有机体，人与人之间彼此信任、亲密无间、守望互助，成员之间具有共同信仰和风俗习惯。从"共同体"向"社会"转型，现代理性切入，人际关系日渐松散，社会分化导致人际信任下降，异质性和个体性增强，陌生感随之而来，因此"熟人社会"逐渐向"陌生人"社会过渡。在农村，尤其是南方的农村，由于居住分散、地形复杂，村落面积广阔，绘图核图核户等户外活动对于体力有颇高的要求，但幸运的是往往会碰见十分配合的村干部，会用摩托车或三轮车载上我们，在他们的带领之下，入户的难度大大降低。城市里高楼林立，宽阔的马路和规整的小区，分布紧凑，鳞次栉比，绘图和核图环节颇为容易，但入户调查的时候，就显得格外困难，奇高的拒访率让人暗自叹息。从进入社区到入户，在城市社区无时无刻不面临怀疑和拒访，推辞、婉拒、无视甚至暴力拒访，这是每一个CSSer的必经之路。而人员构成复杂、流动性强的城中村，存在着绘图和入户的双重困难，违规搭建和群租房增加了绘图的难度，很难判断实际的居住情况，而且当地住户对陌生人和入户调查的戒备心和抗拒心理十分强烈，就连居委会的工作人员也对这个地方束手无策，很难从外部找到助力降低入户的难度。

坐在书斋里其实很难想象实地调查的辛苦和所遭遇到的麻烦事之多，也很难体会到实际情况的复杂和现实社会的多样性。在武汉的城中村里，有人悠闲惬意地整天搓麻将，也有人辛苦工作至深夜才回到逼仄黑暗的群租房里，生活的差异就像与城中村一路之隔的是繁华喧嚣的大都市。

二 "家""户"之别

不管是CSS入户调查的形式还是问卷内容本身，都能够看出家庭在CSS项目中的重要意义。每一份问卷的完成都意味着我们进入了一个家庭，对家庭的人口结构、家庭成员、家庭的收入和消费状况等内容形成了基本的认知，包括我们在接触的过程中，也能够通过观察和聆听了解更多文本之外的关于家庭的故事。

在CSS的问卷中，有两个非常重要的表格，分别是"住户人员登记表"和"家庭表"，他们分别用来询问"这个住宅里一共住了多少人"和"请问您家里有几口人"，这代表了两个重要的概念"户"和"家"，也代表了客观家庭和主观家庭两个不同的意涵。"户"也称"家庭户"，是政府和社会组织对家庭及其成员实施管理的产物，以民众相对独立的居住和生活单位为基础形成，它是以亲缘成员为主所形成的同居、共爨生活单位。"户"主要考察一个住宅单位内的实际居住者，因此即便没有亲属关系的成员也可以算进去，而有亲属关系、血缘关系的家庭成员倘若不居住在此则不计入其中。我们在此处测量的"家"则专注于主观认定的家庭成员，是以受访者本人主观价值判断作为标准，其范围和边界变动非常明显，具有明显的个体差异。有些受访者主观认定的家庭成员可能就是非常狭窄的核心家庭，有些受访者可能将众多亲属都看作扩大家庭的成员，而有些受访者也会根据自身的偏好和习惯忽略或纳入某些成员。比如，城市里单独生活的年轻人认定的家庭一般以核心家庭为主，男性认定的家庭一般会包括自己的父母，相对而言女性认定的家庭则更倾向于仅包括配偶和孩子。老年人认定的家庭范围要明显大于年轻人，有些婆婆认定的家庭可能会无意识或选择性地遗漏儿媳妇，有些人在叙述家庭成员时，会觉得出嫁后的女儿并不算在内，即使他们有最直接的血缘关系。但对于一些跟随女儿生活的老人来说，女儿女婿就会被纳入家庭范围之内，在这种情况下未共同生活的儿子往往也是认定的家庭成员。

我们国家具有比较完善的户籍制度，但是随着户籍管理的放松和人口流动的常态化，户口簿上登记的"家户"信息已经很难真实反映当前中国的家庭状况了，尤其是对一些劳动年龄人口频繁流动的地区而言，家庭长期的分离状态已经导致户籍意义上的家庭形态明显"失真"。我们国家的人口普查就是以"户"作为基础的考察数据，近些年来家庭户的规模持续缩小，反映的是家庭居住形态的小型化，同时受外出务工、高等教育以及年轻人婚后独立生活等众多因素的影响。

国家统计局的人口普查数据显示，家庭户的规模越来越小，从1982年的4.41人、1990年的3.96人、2000年的3.44人、2010年的3.10人到2020年的2.62人，中国家庭户平均规模已降至3人以下。但是根据CSS数据，2008年平均主观家庭规模是3.99人，2011年是3.81人，2013年是4.40人，2015年是4.44人，2017年是4.39人，2019年是4.74人。客观数据上呈缩小趋势的"户"反映的是实际居住和共同生活的家庭成员不断减少，但是人们主观认定的家庭规模却一直保持较为稳定的规模，甚至在近些年逐渐显示出扩大的势头。由此可见，"家"与"户"并不是同步变动的，家户规模缩小除了人口出生率下降以及人口外流导致的家庭分离，还源自住房市场的完善，年轻人逐渐脱离大家庭独立生活；但是主观认定的家庭成员并不会因为居住和生活分离而完全断裂血缘和亲属关系，因此主观家庭规模并没有发生"断崖式"的下降，甚至在近些年逐渐回升。

家庭现代化理论认为，核心家庭在当代家庭结构类型中占据主导形态，家庭结构的变动趋势是核心化或小型化。但是其实现实生活家庭尽管出现了结构小型化的趋势，也并不意味着更加"核心化"了，因为亲属关系和网络依然保持着密切交往与合作，因此这种所谓核心家庭大多"有其'形'"而欠其'实'"，只能"形式核心化"而"功能网络化"。现代社会变动不居，原子化的个体难以抵御无处不在的风险，高昂的房价、养育下一代的费用和生活成本的高涨，需要更多的家庭成员一起分担。对于城市里的双职工家庭而言，年轻人大多数情况下无暇顾及家务活动和照顾子女，这种情况下必须求助父母，因此家庭结构不仅没有核心化，反而走向扩大化，在向传统回归的过程中甚至出现了新的家庭结构。这种新的家庭往往以子代家庭作为公共基础，然后再加上男方父母或者女方父母组成的直系家庭，更为特殊的情况下甚至出现子代家庭同时联合男女双方原生家庭组成新的联合家庭。

213

在CSS的调查过程中，我们所见的很多家庭都是由三代人构成的，白天年轻父母外出工作，只有晚上才回家，奶奶或者外婆留在家里带孩子负责家务。年轻人婚后想要独立生活，于是重新购房搬出大家庭独立居住，想要摆脱父母的束缚和差异化的生活习惯，小家庭拥有独立的家庭财务和经济权，两代人之间互不干涉、和谐共处，这样家庭关系更加简单融洽。但是当第三代出生以后，形势就瞬间扭转了，年轻人很难在不求助父母的情况下同时兼顾工作和家务劳动，尤其是繁重的育儿劳动，这个时候父母又重新融入了小家庭之中，通常情况下是女性长辈的加入，核心家庭调整成了直系三代家庭。当然这种三代家庭的内部成员彼此合作，不仅体现在育儿方面，养老也是十分重要的一环，以前人们本着"养儿防老，积谷防饥"的观念，人口生育率很高，但是到了计划生育时代，孩子数量骤减，独生子女数量增多，很多家庭都只有1~2个孩子，所以养老的压力只能由仅有的孩子承担，责无旁贷。家庭成员之间的合作共赢是出于家庭利益最大化考量，在劳动市场上年轻人具有更大的优势，能够获得更高的收入，因此主要由他们负责家庭收入来源，老年人帮助做家务和带孩子能够减轻年轻人的工作和生活压力，解决后顾之忧，这个工作主要是由女性长辈承担，而老年男性仍然坚持工作或者务农，这样可以增加家庭收入，有利于增加家庭积累和改善生活水平。反馈式的代际抚育观念深深地影响了中国式家庭，在某种程度上，现代家庭成员之间的合作经营模式暗含一种利益置换和资源共享。

人生活在社会之中，从来都不是一个人，而是家庭中的一员，个人不是在独自面对社会生活的重压，而是以家庭的形式共同应对未知的风险和机遇，家庭成员之间的通力合作，既共担责任也分享成果，共同实现家庭利益最大化。

三　撕裂的家庭活动场域

在传统乡村社会，家庭的活动空间总是封闭而狭窄的，大部分生产经营活动都发生在乡村之内，日常生活也总是围绕着一宅一院展开，安土重迁的思想始终萦绕心头，人们很少发生空间流动，家庭活动场域稳定且单一。但是伴随着大规模的劳动力迁移，家庭成员开始从事不同的职业活动，日常生活样态也呈现多样化的面相，家庭活动场域不断地向外扩张，家庭成员内部逐渐分离和分化，家庭场域甚至被撕裂成彼此分离的独立小场域。家庭场域的动荡使得内部活动的家庭成员的角色和位置关系也发生了变化，由此引起家庭规模和结构的变化，家庭的内涵和功能也随之变迁。城市的空户率、农村的空心化以及巨大的留守儿童、留守妇女、留守老人等人群，折射出在城镇化和人口迁移流动的过程中出现的大规模家庭分离现状。城市里上演着"夫妻双城记""周末夫妻""老漂"，农村里则演绎着各种"流动家庭"、"跨地域家庭"以及"隔代家庭"，家庭的"离散化"现象随处可见。

"家庭变形计"某种意义上是一种不得已的家庭策略，是在城镇化和工业化背景下，受制于制度性结构因素而做出的理性选择的结果，也是流动社会家庭活动场域撕裂的不得已之举。为了实现家庭利益的最大化，必须将家庭成员放置在各自合适的位置上，承担各自角色应有的义务，谋求整个家庭的和谐有序发展。家庭作为一个长期持续动态发展的存在，其生命周期的不同阶段表现出不同的发展诉求，年轻人成长期离开家庭外出务工或求学，表现出高度的流动性，到了适婚年龄便逐渐摆脱漂泊不定的状态，因为家庭建立期夫妻关系的磨合与维系是首要任务，婚姻生活需要夫妻双方定居下来共同生活用心经营。随着家庭进一步发展到育儿阶段，生育问题以及对孩子的照料教育都是家庭的重任，但同时育儿压力和生活成本大增，需要全身心地投入到工作中以获取更多的家庭发展资金，因此年轻人外出工作留下的年幼孩子交给父母帮忙照看，隔代抚养由此产生；大城市双职工家庭无法顾及孩子，因此父母进城帮忙料理家务和照顾孩子。家庭并不是独立发展的，而是与上一代的父母家庭和下一代的子女家庭交织糅合，因此很多家庭任务也都是叠加出现的，寻找家庭发展的最优解，需要协调三代人乃至四代人的利益，也需要所有家庭成员共同配合。

家庭是我的研究领域。如何更好地走出书斋、走入田野，去了解更真实的中国城乡家庭，是我加入CSS最原初的动因。以上是基于我在CSS中的所见、所闻、所感而逐渐产生的认识和反思。尽管CSS2021已结束，但这份认识和反思仍在路上，我会带着对CSS的不舍和感恩，更加积极地投入对我国城乡家庭变迁的关注和研究中。

手执暖烛，心融冰川

麦嘉盛　广东金融学院公共事业管理系

写下这篇文章的时候，离我们国庆调研结束已过去一周有余。慢慢地回忆起那段调研时光，脑海里忽而浮现的只有三个字——"不容易"。随之则是"革命友谊""泪中带笑"两个关键词。或许，这是我过得最特别的一个国庆假期。

江门恩平市，一个我从来没有涉足过的地方，是我们本次调研的第一站。对江门的第一印象，我大多停留在江门新会区的六祖庙、温泉度假区、新会陈皮、江门五洞牛肉村、江门鹤山大雁山森林公园等。江门比广州和深圳一类大城市的生活节奏缓慢得多，且更多给人一种朴素的历史感。如果把经济高速发展的北上广深比作意气风发的年轻人，那江门更像是一位博古通今的老者，已近花甲之年却精神矍铄。它是中国侨都，祖籍江门的华侨、华人和港澳台同胞近400万人，遍布全球107个国家和地区。江门在明朝初时已成西江流域的商业重镇，鸦片战争后，江门被辟为对外通商口岸，有"小澳门""小广州"之称。这里文化底蕴深厚，历史上曾出现过梁启超、梁思成、周文雍、冯如等人物。以往到江门，我更多是以一个"过客""旅游者"的身份。但这次因为CSS项目，我有全新的身份和全新的任务目标。虽然担任的是"地方督导"一职，但对我来说，"观察者""传达者""调查者"的角色或许更为贴切。

一　我的调查经历

作为一个土生土长的顺德人，常常听说祖上一辈去江门贸易经商、运送货物的故事。老一辈人小时候常常会走水路，来回江门和顺德之间运送农产品，特别是香蕉和水牛奶，这类的故事常常是邻里邻居坐在门口乘凉之时的谈资。听着故事长大的我，对江门有了丝丝好奇。机缘巧合之下，我了解到中国社会科学院的"中国社会状况综合调查"这一项目，通过3轮面试后，我最终成为地区督导，开启了一段奇妙之旅。

（一）观察者

首次踏足江门恩平市，正是暑假暑气正盛之时。我和我们队伍的另一名队员——健松，组成两个人的绘图抽样小队，到NJ镇逐个进行样本户的核实和调查。提着行李走下大巴车的时候，迎面给我一种既陌生又熟悉的感觉，随之便是老旧沧桑之感。陌生是因为这边的人们讲着我不熟悉的方言——味道十足的粤语，让我不太习惯，也让我心里对调研能否顺利先蒙上了一层薄雾。熟悉是因为，这里不就是我家乡二三十年前的模样嘛！是长在老照片里的那种感觉，一种奇妙的穿越感、好奇感油然而生。这里几乎都是各式各样的老房子，老旧的骑楼、平房，白色油漆外墙早已氧化发黄的多层居民楼，铁片顶的出租屋，没有铺贴外墙的老旧多层红砖房，甚至建得比较新的商品房，出于未知的原因，无人开工，停在那里。

街上行人很少，只偶尔有打闹的小孩子，喊着叫着呼啸而过，只留下哼哼哈哈的笑声。猫躲在巷子里的石凳下，慵懒地趴着。狗大多被拴在门前的铁栅栏或者门把子上，吐着舌头，呼哧呼哧地大口喘着热气。走过街道，偶尔能看到几位老人，拿着木制的手工扫帚，正打扫自家门前的水泥地，看见我们，满是皱纹的脸上忽而凝出微笑的表情，随之，又转身进屋。偶尔几辆轰轰响的摩托车，从身边飞驰而过，急匆匆经过不平整的水泥路时，溅起地上小碎石，扬起一阵灰尘和烟雾，便匆匆离去。私家车很少，这边人们到其他镇子，或者进城，都是乘搭一种蓝色外皮的长途大巴。大巴站也非常简陋，一间从外面看着不足 50 平方米的小平房，昏昏暗暗的光线，外面挂着一个牌子——"恩平汽车总站"。

虽说此处叫"NJ镇"，但面积却跟我认知中一个正常镇子的大小不太相符，甚至比我家乡的某些大族村要小。乡镇经济也比较落后，镇子上没有特别引人注目的经济亮点，购物中心办得不温不火，像样的小商店也没有几个，街上饭店以自营的大排档为主，规模较小较为分散。手工作坊较多，卖手工扫帚、老农具，以及一些简单的饮料食品，如自家制作的酥饼、凉茶等。火辣辣的阳光照在这个安静的小镇上。这里没有城市的繁杂和喧闹，时间都仿佛慢了下来。整个镇子仿佛被装进了一个时间胶囊里，一切都变得很慢很慢，外面世界像一个飞快地发展列车，仿佛把"NJ镇"这位乘客遗忘了一般，任由其慢慢地向前走着。夜幕降临以后，镇子没有想象中那样的灯火通明，反而有一种难以言表的"疲态"。昏黄的路灯下，没有那种车水马龙的热闹和急促的喇叭声，主干道上，人流和车流都不多。随着天越来越暗，不安的感觉也在我心底渐渐蔓延。

这，便是我对NJ镇的第一印象。

（二）开幕雷击

新冠肺炎疫情反复，给我们调研工作增加了一个又一个的难题。暑假期间，疫情小规模暴发，使得我和另一名队员组成的绘图小队，在完成了NJ镇这一社区的绘图核户工作后，不得不狼狈地逃离江门市。于是，我们选择在国庆假期期间，继续抽样调研工作。有了暑假的经验和教训后，这次我们国庆调研小队包括我在内共7名队员，其中3名队员精通当地语言，这可谓是为我们工作顺利进行打了一剂"强心针"。

但是，事情往往没有想象中那般顺利。遇上国庆出行高峰，待我们去到落脚的酒店后，打点好行李，已经是下午3点多了。当我们拿上装备正打算去往NJ镇时，一个现实的问题摆在我们面前。我们居住的地方虽然离NJ镇不算远，但是比较偏僻，公交和城际大巴不通向这边，因此只能网上平台约车，但接单的司机寥寥无几，事先约好的司机也由于个人原因取消了订单。虽说最后仍想办法加价打到了车，但这并不是长久之计，这个突如其来的问题首先就给了满腔热情的我们"当头一棒"。

半个小时前仍是阳光明媚的天气，在我们出门之时，忽然乌云密布，雷鸣伴着大风。手机响起信息提示音，打开信息——"恩平暴雨黄色和冰雹橙色预警"。登车后，外面已是风雨交加。坐在副驾驶位置，我急忙联系起事先已联系过的冯书记，又急忙地翻出应急情况处理手册以及督导陪访工作流程手册，匆匆地阅读了一遍。这时收到了冯书记的消息，大概意思是，天气情况很恶劣，我们的工作效率会低得多，而且时间也很晚了，原计划亲自接待我们的冯书记，由于临时有其他工作安排，只能安排其他的同事来接待我们。计划赶不上变化，原来安排好的行程和计划被今天这突如其来的意外完完全全打乱了。窗外的风雨很大，路旁的树木任劲风摆布，田里一排排的稻子被吹得东倒西歪，褐色的泥土被暴雨冲刷后，流到了马路的两边，形成一个个浑浊的水坑，暴雨如发了疯似的敲打车窗，像是要跟我们宣战一般，不安的情绪在我的心底继续蔓延。

好不容易到了NJ镇，迫在眉睫的又是几个问题。来往住所的车辆问题，今日的问卷进度问题，接待人、带路人能否有着落的问题。想起了前一任恩平督导告诉我的经验，去镇子里的小卖部找，他们可能会有租车服务。果不其然，找寻了几家小卖部，碰了几次壁之后，终于打探到有一家小卖部，家里面有亲戚是做专职司机跑短途的。这可谓是这一天里为数不多的惊喜了，我们和司机约好了时间，并且以较为实惠的价格，解决了我们未来几天来往住所的问题。

第一天的调研，其他地区的调研队也是还未找到节奏。看着手机微信里面的一连串调研群，以及后面密密麻麻的红点点——"99+的信息"，还有后面数不完的私聊聊天框和通知信息，我有点手忙脚乱。虽然我知道督导是接收各种消息的枢纽，上至联系北京工作人员，下至传达队员关键信息，还得与村委会联系，处理大小事务等等，但接收起来，还是有点超出我原来的预期。

终于见到我们的带路人和对接人，他是NJ镇一位年轻的村干部，是冯书记介绍过来的，高大帅气，我们称他为"大哥哥"。在我们简单地向他介绍了来历和目的之后，他便开始带领我们到指定的样本点。兵分两路，我将队伍分成了两个小组，我带两个小伙伴组成一组，剩下的4个小伙伴一组继续前往其他的样本点。

第一站，是一个破旧的小卖部，在里面看店的，是一名上了年纪的老伯和一个10来岁的小女孩。由于村干部已经事先打好招呼了，所以我们比较快地取得了受访者的信任，并开始我们的工作，老伯是一名党员，听到我们的来历和目的之后，非常配合我们的工作，但老伯年纪大了，存在听力障碍，以及我们之间存在些许的沟通障碍，在接近半个小时的信息录入之后，系统提示，该户无合适访问对象。而另一组也出了状况，一户人家里，愿意接受访问的人系统没有抽到，反而抽到了对访问非常抗拒的人，导致访问进展缓慢，只能另外再约时间。而且由于时间已经到晚上7点多了，虽然有一户愿意接受我们访问，而且抽到的是一个年轻的姐姐，配合度和理解度都比较高，但因为时间确实比较晚了，她还要忙碌晚饭和家务活，所以只能再约时间上门。

开局是"颗粒无收"的一天。随着夜幕的降临，镇子越发变得昏暗起来，虽然有路灯，但仍然让人放不下心，总感觉某个黑暗的角落会涌现出什么危险，所以，我坚持所有人结伴行走。大家商量着，最终决定先行撤离，晚上开一个小会进行总结，制订第二天的工作计划。就这样，我们恩平NJ镇工作调研的第一天，只能无奈地以失败告终。

（三）调查者和传达者

我一直觉得，心与心之间真诚的交流最能打动人，所以也有了接下来的故事。

　　来到NJ镇的第二天，由于前一天的经历，我们对各种操作更加熟练了，对于突发状况也有了些许的处理经验。10月2日正是NJ镇的"墟日"，也就是赶集摆摊的日子，镇子里好热闹。由于这天村委会比较忙，所以"大哥哥"只能陪我们半天，带我们去人家家里提前踩点、打声招呼，方便我们之后的入户访问调查。

　　根据指引，我们来到一座破旧的多层居民楼前面，阳光照不进来，楼道昏昏暗暗的，楼梯旁边是一条条锈迹斑斑的水管，看起来，这个楼确实是有些时日了。穿过狭窄的楼梯，上到三楼，终于找到了我们要调查的样本家庭。"来来来，坐坐坐！"还没等我们走进门，就已经听到女主人热情的呼喊声。房子不大，约莫只有我们一个教室的大小，采光却很足很明亮，厅子里只摆放了一张比较旧的沙发床，一张只够4个人同时进餐的木质饭桌以及几张高木凳，一台电视机以及一个小型饮水机，可用的空间已不剩多少了，大厅的地板很干净，像是刚清洁完不久。我们刚踏进门内，迎面看到的就是一个稚嫩可爱的笑脸，是一个穿着粉红色连衣裙的小女孩，四五岁，随后我们便看到了穿过厨房走出来的女主人。"刚刚村委会那边来人了，说等下有大学生上门调研访问，你们两个吃午饭了吗？"女主人说罢便起身给我们倒了两杯水，还拿出了柚子来招待我们。我们感到有点"受宠若惊"，便连忙道谢，我们也不好意思接过阿姨给我们的柚子，只是接过了那一小杯的白开水，不太好意思地站在门口前面。"阿姨，阿姨，不用这么客气，哈哈哈，我们是来做访问工作的，想看看您现在有没有空。"我们对阿姨说。我留意到阿姨刚刚是从厨房方向出来，手上还有水，见到我们的时候，手匆匆地在围裙上擦拭了几下。"我们是不是打扰到阿姨做饭了？"我心里想着，也做好了这一次上门会被拒访的准备。"可以，可以，问吧！"阿姨爽快地回答。

　　在问了家里的一些基本情况之后，访问系统抽中了阿姨的丈夫，也就是这个房子的男主人作为访问对象，但叔叔还没下班，阿姨建议我们下午1点多的时候再来。阿姨热情的态度让我们觉得第一份问卷有机会完成了，我们看见了希望，心里也是莫名的兴奋。待我们再次回来，已经接近下午

2点钟了，一家人才开始吃午饭。阿姨看见我们来了，又赶紧停下碗筷，给我们重新倒了两杯水。叔叔看起来很累的样子，但仍对我们笑脸相迎。一方面我很感激，但更多却是觉得不适以及不好意思，毕竟是我们打扰了别人的生活。

开始访问后，叔叔比较平淡地回答着我们的问题，而阿姨仍然十分积极热情，虽然如此，但我们还是得以叔叔的答案为准。但在问及叔叔职业的时候，叔叔说了答案之后，微表情开始变得紧张起来，说话也变得不自然了，而且会一直瞄向阿姨，阿姨的表情也发生了细微的变化。我察觉出了异常，但不能出于主观去干涉受访者的答案。"他骗你们的，他的职业是xxx。"阿姨反驳叔叔说，"有什么不好意思说的！凭劳动获取金钱，不偷不抢，光明磊落，没必要糊弄别人！"阿姨有些许激动。随后叔叔变得有点不高兴，很想反驳，但说不出来什么，显得有点慌乱了，说："要不你们采访她吧，她这么爱说，让她说去！"气氛变得尴尬起来了，我和我的同伴赶紧打圆场，希望缓解紧张的气氛和叔叔的情绪，"是这样的，叔叔，我们是来和你们聊聊天的，我们的聊天内容，都是保密的。想了解你们的真实情况，我们会传达上去，各种微小的力量汇集起来可能会推动一些政策之类的出台，而且国家那边也想了解你们的真实情况，我们当成轻轻松松的聊天就可以啦"。在缓和了叔叔的情绪后，他能够更加放开地接受我们的访问了。

放下了成年人的"面子"，向我们娓娓道来一个又一个的生活真相，这得需要多大的勇气啊！这家人的生活虽然不如意，但我被他们积极向上的情绪和态度所感染。家庭是重组的，房子不是自己的，是借住亲戚的。丧失了生育能力，只有一个女儿。全家人每月的收入只有叔叔4000元的微薄工资，全年无休，熬夜加班是常态，而且叔叔随时面临失业风险，全家人没有任何的保险和社会救助类的援助。他们还是外地人，本地的居民福利完全享受不到。由于经济困难，全家几乎没有任何的外出交际和娱乐活动，用他们的话来说就是，"我们甚至连病都不敢生"。我听着这些，心情真的无比沉重。

他们很爱自己可爱的女儿，在吃喝方面可以能省则省，但在女儿身上的投入，至少都要保证是她同龄人的相当水平，特别是教育方面。让我特别感触的是，在最困难的时候，女儿患了病，他们毫不犹豫带她到处寻医，女儿住不惯医院的病床，二话不说带她到外面的旅馆住下来，夫妻俩放下工作，每天就在医院和旅馆之间跑，而且还跟我们提到，因为没买那些医疗保险，医药费其实并没有报销多少，但为了女儿他们心甘情愿！一家人感情和睦，夫妻俩虽然生活困难，却一直携手共进，不离不弃，从遥远的肇庆来到现在的恩平打拼，而且还会省下钱来寄回老家。邻里间很照顾他们家，会伸出援手，这让他们倍感暖心。

在访问期间，我最大的触动是他们家人之间的爱、坚强和善良。不但没有被生活中一个又一个挫折磨灭勇敢前行的勇气，反而"笑看风云"。"抱怨有什么用，倒不如好好生活，好好赚钱！"叔叔笑着跟我说，阿姨听到这句话，也笑了起来。新冠肺炎疫情对他们家打击真的太大了，无论是生活上、工作上还是精神上。

按照我们一般的标准，他们是属于社会上较为弱势的那一类群体了。对于社会上的政策、社会保障、福利制度没有精力甚至是没有途径去了解，他们的存在感可能会比较弱，但我真的很不希望社会快速发展的同时会忽略他们这一类人，忽视掉他们的发展，忽视他们的需求，即使社会存在"丛林法则"。原则上，我们必须遵循着系统上的问题进行访问，但我知道，其实很多问题都会戳到这一家人的痛点。我的同伴进行提问，我尽可能地通过共情去和叔叔阿姨拉近距离，不单纯是因为调查任务，而是他们的经历让我有了很大的共鸣，我更想通过朋友一样的身份，给予我作为一个大学生能给予的帮助，例如社会保障政策的简单讲解，或者是我自己的所见所闻，但凡能减少他们的困惑，有可能帮助到他们的，我都想试试！我真的好想给这一家人一些实质性帮助，但我又好无奈，为什么我只是一个普通的大学生。

在问到为什么没有去村委会寻求帮助时，他们说，首先是不认识村里的村干部和书记，不知道该咨询谁，也不知道该咨询什么，而且自己是外地人，容易被忽视。还有一个重要原因是，去问这些东西，申请救助一类的，真的放不下面子，毕竟家庭状况不想让太多人知道，也不想让别人看不起自己，特别是自己的孩子。代入进去之后，我感到心酸，但仍强忍着情绪，我更关注的是叔叔和阿姨的情绪。我跟阿姨讲着一些我们的经历时，忽然发现阿姨红了眼眶，沧桑的眼角已经有了一条不起眼的泪痕。待问卷结束后，阿姨送我们出门，轻轻地说了一句："谢谢你们来倾听我们这些人的心声，我们很开心。"

心与心之间真诚的交流，最能打动人。这是让我印象最深刻的一份问卷，它对于我的特殊意义，不只是我们在恩平地区完成的第一份问卷，也是我更深刻意识到"调查者""传达者"身份意义的开始。

（四）一些相伴的情绪与感受

我们将自己的工作戏称为"沉浸式调查访问"。经常会开玩笑说："快快快！赶紧去搞事业！吃饭现在都没有问卷重要！"虽然我们尽量在访问者面前保持一个积极向上的访问员的样子，但毕竟人还是人，是情绪动物，心情起伏是常有的事。

做访问之时，被不信任是常有的事。村委会派出的带路人虽然很多时候能够顺利帮我们解决上门的问题，但在访问过程中，由于问卷体量大，所需时间长，而且有的问题会比较琐碎和涉及隐私，因此受访者可能会出现问卷进行到一半就不愿意继续下去的情况。队员有遇到访问进行到一半，被受访者粗暴驱逐的情况。我们有时候不愿放弃，换了两个访问员，换到了合适时间再次上门礼貌交涉，但每次都是被劈头盖脸地痛骂，直接拒访的不在少数，特别是在村委会派出的带路人不在的时候，好不容易找到了样本地点，程度轻的，直接闭门不做应答，程度重的，有直接恶语相向的，有轻蔑挑衅的，甚至有的不讲理者骂人过后还威胁要报警的。有时候我们抱着热情的态度，礼貌询问，有商有量的，换来的却是"出气筒"一般的待遇，这确实十分打击人，也很影响我们的心态。生而为人，还请互相尊重。

在调查过程中，人与人之间的信任是最让人感到振奋的力量。我们到达过很多老党员的家里，向他们介绍完我们的来历和目的之后，他们总是能给予我们最大的配合和支持，这也让我们很是感动，每次在挂着光荣之家牌匾的门前经过时，总感觉心里的担子少了很多。我的队友们曾造访过几户印象特别深刻的，一户的受访者是一名乡村教师，一户是一名有轻度耳背的老伯伯，一户是一个小卖部的老板，还有一户是华侨。乡村教师对我们像对待自己的学生一般，让人如沐春风。老伯伯虽然患有耳背，但仍然积极配合我们入户调查，即使调查过程较为崎岖，我们队员大声地在老伯伯耳边念读题目，但老伯伯不是很能清楚讲述自己的话语，也不太会讲普通话，却没有表现得不耐烦的样子，反倒是会嘴唇颤颤用力地挤出一句，"哎呀，我好像没听得太清楚"一类意思的话。我们的队员也是很棒，一遍又一遍地耐心念读解着题目解释着选项，很好地展现了一个称职的访问员应该具备的素质。小卖部老板挑选了一个时间放下了店内工作，选择接受我们的访问，还拿出了饮料招待我们。老玉石店的华侨老爷爷，在我们到来之前就准备好了族谱以及黄历之类的，方便配合我们的工作，查阅家里人的出生年月等。老爷爷和他的老伴热情招呼我们进门后，当我们看到他随身掏出的族谱的时候，实在让我们感到又惊又喜，正是这种小细节，让我们做完问卷后，仍然倍感快乐和喜悦，老爷爷实在是太可爱了！

二 一些过程中的个人体会

（一）新冠肺炎疫情对生活的影响

走访了十多户家庭，完成问卷后，我们不难发现，他们都透露了新冠肺炎疫情对他们生活的冲击和影响。其中最为常见的是——失业问题。由于新冠肺炎疫情，经济不景气，公司企业裁员，很多人被迫下岗。下岗之后，由于个人能力问题，竞争力不足，往往会造成再就业困难。就算就业成功，很多工作临时性比较强，也就是说，可能随时面临着失业。新冠肺炎疫情使人员流动不得不减少，有的人无法经常到其他地方寻求生计，也有的华侨由于受新冠肺炎疫情影响，只好选择回国另谋出路，种种原因导致收入大幅减少。

对生活的信心上，也造成了影响。新冠肺炎疫情后，多数人对自己的经济状况不抱有乐观希望，只能盼着走一步是一步，未来出路也不明晰。

但在一轮又一轮的新冠肺炎疫情风波后，对中国政府的信任度却更高了。因为中国政府在新冠肺炎疫情中积极采取措施，有效控制了新冠肺炎疫情，更是使中国人民团结一心，共同抗击新冠肺炎疫情，展现出中国力量，大国担当。许多人在访问中，透露出了对于中国政府后续控制新冠肺炎疫情，以及发展经济抱有极大的期待和信心。

（二）NJ镇的状况

正如我第一次来NJ镇时一样，它给我的感觉像是被时代遗忘了一般。它目前经济不算景气，镇子上也暂时没有能让人眼前一亮的经济亮点，一切都那么的平平淡淡。镇子上年轻人太少了，从老年人的口中得知，大多数的年轻人都到其他的市区打拼去了，留下来的要不就是在NJ镇有自己的工作，要不就是工作的地方离家里近，所以一早一晚才会回来。入户时见到的几乎都是老人和小孩，若不是两次来到NJ镇都是假期期间，估计小孩子会更少。

房子多数较为老旧、破败，很多房子就闲置在那里，任由风雨侵蚀。有的房子建好了，外面看着较为正常，但上门拜访却发现仍然是无人居住。村委会带领我们去探寻样本点的时候，十几个样本里才挑出一两个合适的样本，合适的样本一般包括几个特征，有人在家能够接受访问，老人年龄符合要求的。上门之后，多数还需要跟他们约定好时间，再次登门拜访，调查访问的工作，确实遭遇到了不少的考验，NJ镇特殊的状况，为调研工作增加了不少的难度。幸好，在86个样本里，我们最终还是完成了17份有效问卷。

NJ镇对现在的年轻人来说，好像仍缺少能留住他们的理由。

（三）我的小伙伴

我很庆幸有这几个像家人一般的队友。我们有自己独特的团队名字——"恩平喜剧人"，其实从名字里就差不多可以看出，我们队内气氛是多么的欢乐了。团队上下一心，互相扶持。即使我们这次进行国庆调研的只有7个人，但我们还有另一名线上同伴，柄润。虽然有其他事务没能来到实地调查，但仍然在微信群里尽心尽力帮助我们解决疑惑，提出实用的建议。我们8个人连成一心，大家在不熟悉的地方互相照顾，真的像一家人一样。这种感觉，让我很是享受，也很是感动。

良好的团队气氛也造就了我们团队工作的高效，在"颗粒无收"的第一天过后，我们在第二天斩下了一天6份有效问卷的战绩，第三天更是创下了一天10份有效问卷的团队单日纪录。大家的精神状态跟打了"鸡血"一样，每天从踏上NJ镇的车子开始，满脑子都是："问卷！问卷！问卷！"。

我们遇到了一个非常好的司机大哥，每天按照约定时间接送我们来往NJ镇，朝八晚九，每次搭上他的车，他总会给我们讲述他的人生经历，做司机以来发生的有趣故事，传授他自己的人生经验等。早上把我们送达NJ镇，亲切地说一声"加油！"作为我们和他各自工作的开始。晚上等到我们上车之后，又会真情实感地跟我们说一声"辛苦啦"。知道我们是来调研的大学生，经费有限，便总是收取低于市场价格的车费来接送我们。每次搭上他的车，我们总是很安心很放松，一天的疲惫消失不少。临离开恩平时，我们加了微信，他笑着跟我们说："以后来这边，记得继续找我这个老朋友啊。""一定！"我们笑着说。

三　对调研活动的一些个人想法

暑假4天的绘图，加上国庆4天的入户调查，前后总共8天，我们终于完成了恩平NJ镇这一调研点的所有工作。我和同伴几乎走遍了NJ镇每一个角落，对数百个建筑进行了核图对比，在对后台随机挑选出的100个样本进行核户工作时，成功地选出了86个有效样本，并最终完成了17份有效问卷。

正如我们这次的调研主题一样，"晓国情民意，推知行合一"，走祖国大好河山，见人间百态。这个社会还有更多"声音"需要我们去倾听，更多的社情民意需要我们去了解。我有幸能担当"调查者""传达者"这么一个连接基层社会与社科院、政府的角色。在调查中，我见识到了不同阶层之间的生活状况，接触到了各个不同的家庭，正如托尔斯泰所说的"幸福的家庭都是相同的，不幸的家庭各有各的不幸"。但他们大多数人没有被生活磨灭意志，反而坚强地生活着，尽管很难。他们的存在感可能会比较弱，但我真的很不希望社会快速发展的同时会忽略他们这一类人，忽视掉他们的发展，忽视掉他们的需求。

很感谢我的同伴们。虽然调研期间工作量很大，但我很少会觉得累。很珍惜跟你们在一起的日子，珍惜调研期间给我们留下的种种难忘回忆。因为大家有相近的目标想法，相近的三观，性格也是那种阳光开朗，爱说说笑笑的，这让我们相处起来非常舒服，所以，欢乐的笑声常常与我们相伴。这是我第一次当督导，也是第一次身兼多个重任。我这个角色，有点像队长，但我更想扮演好一个像大哥哥一样的角色，这是我给自己的目标。在处理好工作的同时，我也很想照顾好你们，无论是你们在调研地的日常吃喝住行，还是你们的情绪。每次看到你们被各种拒访，被误解，被骂而心情低落甚至连饭都吃不下的时候，我心里也很不是滋味，但还好我们都挺过来了！

我生怕自己当不好"地方督导"这一角色，也怕自己像是一个人在独木桥上行走一般岌岌可危。值得庆幸的是，你们每次都能高效又积极地完成下发的任务，每次我有处理不过来的事，你们总能搭把手，还会反过来安抚我的情绪，这确实暖心。团队的力量让我有了源源不断的动力。想分享一句话，为我们第一站NJ镇的调研访问之旅画上一个美丽的句号："我体验到你的人生，你丰富了我的心灵。"

为研，为现

2021年CSS调查组　广东金融大学公共管理学院

繁华几许，百花缭乱，却有时光静止处，留得稻香连连。从繁华至稻香，路过一座一座平房，品尝不同人的百味人生。人生当如何？万里晴空，总在疾风骤雨后。无论是风还是雨，自有个中味。辛丑牛年，"中国社会状况综合调查"恩平分队于祖国华诞之际，自羊城出发，骑银轨之长龙，步田野之乡路，直奔NJ镇。NJ镇原名NG乡，明清时期隶属广东肇庆，1958年建社，1983年改区，1987年建镇，自此定名。而恩平分队7人，自10月1日到10月5日，在此逗留数日，既走访调研了解NJ镇居民现状，也通过一次次的促膝长谈，了解了一个平凡而伟大的NJ镇。

四天三夜，后台选取100个样本，核实有效样本86个，最终完成17份。"晓国情民意，推知行合一"，便是对CSS，以及对我们这几天经历的最好写照。我们来时，借调研之桥梁，踏入NJ镇之生活，那些生活得或好或坏的人，便把他们最真实的一面展现在我们面前。受到无条件的信任，温暖充斥在我们心间。他们把对美好生活的殷切期待，对党和国家美好未来的憧憬，都汇聚成我们手上的每一份问题，汇聚成了一份份问卷。我们便是提着这一份份寄托着无限意味的问卷离开了。但我们也留下了一些说不清道不明的痕迹，在这个初秋的，充满着稻香的NJ镇。我们的队员以文字记录了这次人生之旅。

NJ镇到底是一个怎样的小镇呢？是一个完完全全的熟人社会，镇子不大，基本没有外来人口，家家户户都相识，也能相互叫得上名字，这个镇子里也没有秘密，每家每户时常有人在大厅里闲聊，家长里短不用几天便会在这个镇子里传开。

也正是如此，我们这群"陌生人"，这群在这里基本没有社会关系的"陌生人"，在这个小镇里寸步难行，举步维艰。我们上门接触时的接连被拒，被不信任，被这里紧密结合的人情关系网毫不留情地挡在外面。我们第一天到达的时候，戴着帽子，戴着工作证，一群大学生站在街上，特别的引人注目，我们一开始被这种好奇打探的目光看得有些不自然，但后来第二天第三天我们已经很能适应这些目光了，甚至还主动和街上的居民打起招呼来。"打不过就加入"，我们也把这里变成我们熟悉的地方，我们基本上走过小镇的每一条街道，悉知每街每巷的名字，CARS上每个样本都只是一个编号，但是我们走过每一户，我们了解他们的基本情况，每一户都有温度。这个小镇对我们来说不再陌生，小镇上的人们对我们也不再戒备，以真心真意真诚，我们在这个小镇硬是走出了一条路。

在离开的那天，我还在仔细确认我们什么工作还没有完成，还有哪家需要补访，但是实际上，我有些不舍，我喜欢这里的慢生活，留恋这里一日三餐的简单朴素。

——周雪欣，广东金融学院社会工作系

要说NJ镇最让我印象深刻的那一定是每天开车接送我们的司机师傅，要是没有遇到他，我们的快乐能少一半。师傅是我们通过NJ镇当地小卖部老板认识的，从我们一上车师傅就展现了他不俗的聊天技巧和见多识广，充分证明了一个不会聊天的厨子是当不了好司机的。后来跟师傅聊起来才知道他不仅是司机也是一个厨师。正是跟师傅肆无忌惮的聊天中我也得到了师傅对我独一无二的称呼：刺激哥。也正因为师傅的热情开朗，很多时候都能调动我们的情绪，给我们看似普通简单的鼓励，却又是那么直击我们的心灵。每次送我们去NJ镇在大家下车的时候都不忘跟我们说一句加油，平常我也没感到这两个字有多大的分量，但是在那短短几天里，师傅对我们说的加油真的给予我莫大的鼓舞，能让我开启元气满满的一天。到晚上他接我们回民宿的时候也会一路上有说有笑，帮助我们消化那一天的负面情绪，而且他也会用他的人生经历来积极开导我们，消除我们的烦恼。师傅总是能让我们在路上的时光充满欢声笑语，让我们感到这生活也能有不一样的味道，让我们觉得这世界有更多去发掘探索的地方。很多时候我都觉得他更像是我们的一个老大哥，在用他特有的方式去感染我们，不断给我们传递着正能量，给我们的NJ镇之旅增添了不可磨灭的一笔。

——韦荣泽，广东金融学院劳动与社会保障系

4天的调研很快就到了尾声，大家完成问卷后窝在民宿整理资料时，这几天在NJ镇的情景也历历在目。我想到了完成一份问卷后带着好心情看到的对我们摇尾巴的小狗，我想到了经历一天的访问工作后大家聚在一家大排档里吃碟头饭的满足，我还想到了这几天路途上一直载我们往返的那个热情健谈的司机大哥。

回首来时路，只恨太匆匆。

——李泳茵，广东金融学院劳动与社会保障系

我喜欢和这个镇的人们交流，虽然我和他们的交流也许仅仅停留在一份一个小时左右的问卷上，但是我从这一个小时的问卷里就已经

能看出他们对生活的态度以及对很多事情的看法。记得跟一个女老师交流时，谈到自己对"未来5年的生活状况的预测"时，她说："虽然现在我的生活比5年前的差了不少，但是我依旧相信未来5年会变好的。"我仅仅是个大学生，虽然还未踏入社会，却从她的身上学到了什么叫作"永远保持希望，绝不向现实低头"。离婚，母亲1个月前刚离世，自己现在一个人带着侄子生活……生活一下子给这位女老师施加了太多的压力，但乐观的她却依旧乐观，从未被打倒。"入田野，体民情"，在调研的过程中我一直把这句话深深地刻在我的脑海里，作为我调研的行为准则。访问完那位女老师后，我握了握手中的平板，这台黑色的平板似乎突然有了生命和使命。它承载着NJ镇人们的民情，以及对美好生活的向往。而作为访问员，我们要做的便是将这份向往收集起来，将它们送达它们所要去的地方。在这个时候，我发现我们不再是个简单的访问员，而是一个信使，我们身上不再仅仅是完成问卷的任务，更多的是传递NJ镇人们的希冀。

——陈明燕，广东金融学院社会工作系

我并没有直接参与到调研中去，这是我略显遗憾的一个地方。但即使我在百里之外，我也通过电子设备与我的小组伙伴们保持联系。我更像是一个第三者的视角，既参与，又观察，得到的收获似乎也不比他们少。

每一次调查问卷，在我看来，都像是在别人的人生里遨游了一番。虽然有些唐突，但是到最后，我们的小组成员都能以一种合适的方式去了解到，记录到。他们必定是很有收获的。无论酸甜苦辣，每一个人走过的路都是瑰宝，有接触，有了解，便是收获。他们经历的不单单是完成一份调查问卷，也不单单学到了如何访谈的技巧，他们必定是从调研对象身上得到了什么：诸如对生活的热爱，对未来的期望，以及对身边人的爱。

我们的阅历尚浅，却不一定说要通过年龄才能弥补。同样的，我们了解他人的过往，相当于从别人的人生中走过了一遭，这收获如何不大？回来后，他们每个人或多或少地与之前不同了，那似乎是从眼里透出的一丝感动与顿悟。

懵懵懂懂的我们学着前辈们，义无反顾地去到民间调研，去揭开以往熟悉地方的不一样的一面。在调研中，我们也去发现，发现普通生活中的不普通，平凡人身上的不平凡。"为天地立心，为生民立命，晓国情民意，通知行合一"，我们虽然无法完全领悟，但似乎也得到些许韵味。而在未来，我们将会矢志不渝的领悟其中的真意，一直往前走，向着未来，向着希望。

正如我们一份份问卷里面的人们，他们未必看清了生活的真相，但仍不影响他们拥有无数理由去热爱它、拥抱它。风霜过后的笑容，或许也是我们寻找的答案。

——苏柄润，广东金融学院社会工作系

知易行难

周海燕　海南师范大学初等教育学院

一　调查前期

2天培训，7天调研，1名督导，12名访问员，1个PSU，4个SSU，72份问卷，这几个数据就是对我这一次中国社会状况综合调查之旅的简短概括。用我自己的话来说就是去了一些地方，见了一些人，了解了一些事，有了一些感悟。

由于新冠肺炎疫情原因，本应在暑假开展的活动拖到了寒假，但我依旧选择空出时间，坚持参加这一次的中国社会状况综合调查的活动。虽然我们12名访问员大多不是这个专业的学生，但我们在培训时都认真听讲、积极发言、不懂就问，本应几天内学完的内容，短短两天我们就完全掌握了，最后的测试中大家整体的成绩也比较高。

除了讲授内容，老师们在课余还组织了一些紧张刺激的小活动帮助我们互相认识，比如写小纸条，随机问人名，名字接龙等，既拉近了我们的距离，又增强了我们的团队意识。我对人名和脸的记忆能力不太强，不能很快地把名字和人对应上，但我采取两两配对的记忆法，比如先记一个人接着记她身边的另一个人，这样老师一问到我，我也能很快做出回答。

这两天的培训让我对这个项目有了一些了解，对专有名词的理解更加深入，也基本掌握了开展访问的前期准备、实地开展、突发情况处理的基本方法。

二 实地调研

调查的前两天我们去了ZJ社区，我和小甲两天一共15个样本，但只成功完成一份问卷，两份问卷进行到一半停止了访问。与其他同伴比起来我们的成功率非常低，这让我们有点沮丧。成功的这份问卷是我们第三次接触才开始进行访问，其实在第一次接触时我们已经见到人了，但是由于邻居不信任，还有门禁才没有成功。直到第三次接触才开始正式访问。由于受访者是小卖店的老板，他要一边回答问题一边照看店里，对一些问题也有自己的看法，所以我们的问卷进行了两个多小时。

其他两份问卷都是由于访问时间过长，受访者需要做家务和有事外出才停止访问，加上后面的几次接触也没在家，最后以访问失败告终。而其他的样本，我们过去大多都无人在家或者拒访。有一个样本让我记忆深刻，是由于我们操作失误而导致的样本作废，样本地址为一对小夫妻在居住，答话人为妻子，在抽样时已经是晚上9点多了，她说我们要快一点她忙着做家务没时间不想接受访问，她丈夫在外有事，白天上班，晚上可能一两点才回家，因此我们在填写问卷时选择"都见不到"，抽样结果为无合适访问对象，但按照抽样规则这位妻子不能被视为"见不到"的人而被排除在家庭抽样框外。

我总结了一下我们这两天的经验大概有五点：第一，开展访问的时间临近春节，不少外出务工人员已经返乡；第二，面对受访者的委婉拒访我们需要一直坚持，可以在受访者忙着做其他事时，在一旁进行访问；第三，在寻找下一个样本地址时要遵循就近原则且要准确迅速，可以在路上走快一点节省时间；第四，对于明显空户的地址无须都走一遍"先敲门，问邻居，找房东或物业"的流程，这样会解释很久且耽误的时间过长；第五，要有同伴意识，同伴配合很重要，事先要商量好分工。

经过综合考量，我的搭档变成了小乙。这一天我们一共有13个样本，成功4份问卷，成为当日完成问卷数量最多的小组。不过，一开始并不顺利，早上连续接触了几个样本，直到中午才成功访问了一个，答话人为青年男性，一开始见到我们便把门关上了，我们以为是要拒访，便立即开始解释，然后答话人说他先穿好衣服再给我们开门。在访问过程中也保持门是开的，我们站在门口的位置进行访问，配合度很高。所以在面对样本地址里只有男性时，我们在保持警惕的同时，也要意识到有时候答话人马上关门不一定是拒访，我们要委婉争取。

第二份问卷进行了差不多3个小时，除了受访人对问题的理解程度不高外，我们解释过多可能也是导致时间长的原因。这也使我们没能按时去预约好的地址，但在我们解释后预约的这位受访人也很理解，配合度也很高，我们一个小时就完成了第三份问卷。第四份问卷是我们刚刚好在结束第三份问卷后，在附近看到一个样本的人家有亮灯，虽然已经晚上9点了但我们还是过去询问了一下，然后顺利地完成了访问。经过这几天的访问，我发现中午和傍晚是比较容易完成问卷调查的黄金时间，因此访问员们一定要好好把握住。

在第三个SSU，我们大概花了一天半的时间。我和小乙一共有20个样本，成功了4份，没全走完这个SSU的样本就已经够了。相比于前两个社区，RL村的样本地址非常好找，村民们配合度也很高，即使有事需要忙也同意与我们预约时间继续完成问卷。对于第一份问卷离我们解散的地方不远，我们一开始敲门无人应答但依旧坚持询问是否有人在家，刚刚好把午睡的人叫醒，在表明我们的来意后，顺利地完成了问卷。第二份问卷虽然答话人忙着做饭，但我们没有放弃而是在他忙着做饭的同时进行询问，在受访人表示真的有事要忙时，我们便停止访问并且预约了合适的时间。

由于第三份问卷受访人还有一会儿才回家，在确认安全后，我们学会了分头行动，我先去之前预约好的人家。第四份问卷让我印象深刻，虽然受访者在家，但其父亲表示他才是户主不应该访问女儿。我没有放弃而是委婉解释，这个叔叔情绪也比较激动，在我的坚持下他说如果访问的话那就去那边，他所指向的地方刚好是另一个样本，我顺势答应下来点开另一个样本进行抽样。在我确认样本号和操作过程中，叔叔在表达完对政府不批准他们建房的不满后情绪也稳定下来，刚好抽到的受访者又是他女儿，这时他也同意我去访问他女儿了。所以在遭到委婉拒访时我们还是要坚持，面对情绪激动的人我们不要起争执，也不要放弃，可以耐心听完他们的意见，然后委婉争取。

第四个SSU，我们完成的也比较快，前两个SSU各完成了17份问卷，后两个SSU则是各19份。最后一个地方的居委会配合度最高也最好，由每队的队长带领我们不同的小组去找样本地址，不仅准确迅速还有助于打消居民的疑虑。我们把事先抄好的样本地址给队长，然后由队长领路，我们确认样本地址后就开始访问。在小乙开始问卷访问时，队长带着我去了其他样本的地址，但要么是无合适访问对象，要么属于无人居住，要么就是受访人现在不在家，因此我们的样本只有一个是成功的。我们在填写接触记录的同时队长们也帮我们记录，在看到我们没有新地址后，另一个队长带着我们用另一个小组的样本开始访问，我们四个CSSer几乎都同时进行访问，所以我们负责的分图的样本数用了一个上午加中午就完成了，团队合作真的很重要呀！接着我们全部小组一起在另一个分图进行访问，居民配合度非常好，样本还没用完我们的问卷就全部完成了。

回顾这几天的访问，在培训时我最担心的是访问过程中的操作失误，但访问进行了几次后，我发现操作失误的问题几乎就不会发生了。到了实地调研最难的是能否成功入户，接着是受访者能否耐心地回答完问卷中的所有问题，然后是受访者是否能理解问题。大部分的受访者对中国社会状况综合调查并不了解，有些人会质疑这项调查的意义，认为这并不能带来对实际问题的解决，即使我给予了解释，也无法打消他们的怀疑，但即便心存质疑，有些受访者还是能配合我把问卷填完。为了获得受访者准确的回答，能正确地填好问卷，很多时候我会进行追问，因为有些受访者在提到相关问题时首先会按自己的个人经验来理解,接着用其经历来告诉你得出这个结论的原因,所以适当的追问一遍问题能委婉地把话题引回来。

三 调查思考

这7天的所见所闻让我注意到了一些问题,有了一些自己的思考。

第一是关于土地承包确权政策。有些受访者虽然有了土地承包经营权证,但大部分人对农村土地承包确权政策完全不了解,说明虽然政策落实到位了但宣传没跟上,不少人不理解不在乎这项政策。我觉得村委会可以通过在发土地承包经营权证时做好宣传、张贴宣传海报、召开有关宣讲会等方法来普及相关知识。

第二是关于网上购物。现在互联网非常普及,很多人经常上网,不少人会因价格实惠、足不出户、购物时间不受限制等理由选择网上购物,这对于一些个体工商户来说是不小的冲击,受访者对此不满却也无奈。但我认为如今的世界日新月异,想要回到之前已然是不可能了,俗话说穷则思变,线下的商户们应顺应时代的潮流,利用新技术新媒体新方法,结合自身实际,找出一条独特的生存之道,而不应坐以待毙。

第三是新冠肺炎疫情以来的变化。几乎全部的受访者在"相信中国会越来越好"这个方面都选了增强。新冠肺炎疫情暴发以来,我们国家进行的疫情防控、阻断、治疗等取得的成果,所有人民都有目共睹。我在进行访问的过程中其他方面的变化在"增多、没变化、减少"这三个选项中都有选到,但在"相信中国会越来越好"这个方面的变化选的全是增强。有些受访者还不等我念完选项便说"肯定是增强啦,这还用问?"从他们的语气中从我感受到浓浓的、发自内心的骄傲和自豪。

第四是对艾滋病患者的社会接纳。艾滋病主要的传播途径是血液、母婴和性接触,普通的握手、拥抱是不会被传染的。我在访问过程中,一提到这个群体受访者们都一副避之不及的模样,有选"非常不能接纳"的,也有选"不太能接纳"的,但几乎没有选"能接纳"的。有一次在提到这个群体时,受访者的女儿说:"妈妈,你知道用艾滋病患者的筷子会感染这个病吗？"受访者回答"那你不要用不就好了"，选的选项是"非常不能接纳"。从她们的交谈中我发现对于艾滋病的知识普及的还不是很全面，她们虽然知道这个病的可怕，但对于其传播方式、如何治疗、如何诊断等知识还是有点模糊不清。我认为不仅可以从电视广告、广播来宣传相关知识，还可以通过张贴有关的知识海报、定期让村委会或居委会组织相关的知识讲座等方式来提高民众对这个群体的接纳度。

四 调查建议

最后，我想提一些自己的建议，供大家参考。

首先是培训时间问题。虽然由于新冠肺炎疫情原因，本应在暑假开展的调查，延迟到了寒假，时间上比较紧张，所以培训时间压缩的很短。老师们在较短的时间内需要把相关知识讲全是一个挑战，而我们需要在较短时间里消化完所有知识也是一个挑战，这难免会对一些细节问题掌握不完全，因此我建议培训时间尽可能地延长一点。

其次是关于调查执行。在实地调研时，可以每一天或两天召开一下总结会议让CSSer交流一下经验和方法，这一次我们只召开了一次小会议，我只与搭档或室友交流过有关开展访问的技巧和访问时发生的事情，我希望能有时间去了解其他人的经历、经验和技巧，这样的团队合作不仅能提高我们问卷调查的完成率，还能增进彼此的感情。

最后是关于问卷设置。如无意外和干扰的情况下大概1个小时就能完成一份问卷调查，但实际上需要花费1个半小时甚至3个小时才能完成一份问卷。问卷涉及范围广，数量多，逻辑衔接比较紧密，专有名词也不少，对一些文化程度不高、年纪较大、忙于工作的受访者来说理解题意是一件非常花费时间的事，导致有时候我们问到一半受访者便有事外出或因访问员解释过多，让受访者觉得没有面子拒绝再回答了，或是受访者不耐烦后有些问题没仔细看完或听完就说了回答，可能会影响问卷质量。所以除了A、B卷随机组合成问卷外，我希望可以有一份较短的问卷抽取一些比较重要且意义重大的问题，设置成比较通俗易懂的题目来适合一部分受访者，A、B、

C卷随机组合使问卷可以更简洁更易于理解。

非常幸运能有机会参加这一次中国社会状况综合调查的活动，也很开心能与老师们和访问员们相遇，这一次活动不仅是对我与人沟通、交往能力的锻炼，还是对另一专业知识的学习，更是"读万卷书，不如行万里路"的真实写照。从小我们就聆听着"小时候是祖国的花朵，长大了要做21世纪的接班人，做祖国的栋梁"。而今，我们正属于"书生意气，挥斥方遒"的青年时期，青年是国家的未来，民族的希望，新时代的青年更是应以中华民族伟大复兴为己任，除了要学习好科学文化知识，我们还需要走到实践中去。这一次活动让我深切地对民生民意有了自己的感悟，我觉得是我个人成长道路上一笔非常重要的财富，如果你有机会参加中国社会状况综合调查的话，朋友们快快行动起来吧！

精彩的人生就是为了一件自己认为有意义的事，付诸努力去实现，即使苦累，但心里道一声值得，便也无所畏惧！

第四篇

其 切

序　语

李炜　中国社会科学院社会学研究所

《仗卷走天涯：全国大型社会调查之督导笔记》一路行来，届此进入"切"字境地。访问员和督导们经过了一个夏季的风雨历练，不仅对大千世界、社会百态有了真切的知闻，更因参与CSS这样的大型学术调查而对社会调查方法的施用有了更深的体悟，进而对调查的不足之处，切脉之浮沉迟数，建言良多。在此撮其要而述之。

其一，切诊调查问卷设计方面的问题。多位访问员都感到CSS调查问卷的篇幅大，耗时长。如姜瀚所言，"（CSS）现有问卷的时长普遍在40分钟至80分钟，这种体量和规模的问卷可能面临耗时过长的问题"。诚然，CSS调查问卷的面访时长平均在70分钟左右，虽然较之于国内同类学术调查，时长问题并不突出，但和普通的社会调查相比，还是显得冗长了些。

访问时间过长，导致访问中会遇到如下几个困难。首先，部分受访者会缺乏完访的耐心，越靠后的部分则不耐烦的情绪越强，甚至会导致敷衍作答，影响数据质量。其次，问卷的适用度降低。如访问员们谈到，问卷的F部分（社会信任和社会公平）、G部分（社会价值观和社会评价）、H部分（社会参与和政治参与）以及I部分（志愿服务）主要适用城市受访者，农村地区部分受访者由于受教育程度有限、信息渠道较为狭窄，上述领域的问题与其生活脱节，难以回答。年纪大、文化程度较低的群体也有同样的应答困难。再次，可能会降低部分群体的单元应答。如农村早出晚归的打工者，访问期间可以接触到他们的时间本身就不够，如果告知访问时长要一个小时，很可能使之却步而拒访。可以说这些对问卷设计中的不足的体会都是真实和中肯的。访问员们就此提出了城乡分卷设计的建议，其初衷可嘉，但在CSS这样的全国性标准化访问中却难以实现。现今中国居民生产生活方式的城乡二元分割已不再明显，问卷设计者很难断定哪些领域的访题仅适用城（乡）居民，具体访问中又更难预判受访者的认知程度是否仅适合回答某部分的题目。当然，问卷的精简和内容优化依然还有改进的空间。如芮雪的建议，独居受访者的个人收支和家庭收支多有重叠之处，访问系统若更加智能化则可以省略重复的提问。

姜瀚还敏感地发现了问卷措辞需要改进之处。如问卷中"对表述做出判断"的题目类型往往让农村居民难以理解，"您是否同意以下说法：村委会根本不在乎和我一样的村民的想法"这样的表述，往往不如"您觉得村委会在乎不在乎您这样普通村民的想法？"更为直接易懂。这一发现反映了日常对话与调查问卷表述的人称差异。日常对话中问话人和答话人形成第一人称"我"和第二人称"你"的角色关系，"我"问"你"答，形成言语互动。应该说调查问卷绝大部分题目的访问规则与日常对话的人称关系是一致的。但也有部分题目（如幸福感、效能感等心理或态度测量的内容）改用了受访者自述的方式，访问员口中的"我"此时忽然转指答话人"你"，对话规则发生了改变，这对于文化程度较低的农村居民增加了理解难度。针对这一问题，可在问卷设计中酌情调整人称表述，或可在访问员培训中增加此类题目请受访者跟读的技巧，以降低其理解门槛。

其二，切诊地图地址抽样的问题。赵富民指出，CARS的抽样图层和建筑图层的信息未能同步。抽样图层显示了建筑物及样本地址，但绘图员在核图过程中对建筑物和样本地址添加的备注、照片等信息却显示在建筑图层，图层来回切换增加了绘图员的使用难度。这一点的确是CARS应该改进之处。刘蓁也建议，由于绘图抽样是CSS执行的关键技术要求，在培训中心应该增加一些核图、核户、寻址中常犯错误的示例，以规范抽样人员行为。地图地址抽样的实地运用中，空宅往往因事先难以得到甄别而混杂于样本地址清单中，访问员按图上门会出现"敲门无人应答"的情况。米兰在浙江某社区巡访时，就遇到了大量空宅。小区内居民入住率低，上门入户空宅比比皆是，访问延迟多日，启用全部备用样本亦不能完成规定的访问量，多次申请样本也带来前方督导、访问员和后台值守的精力消耗。现场的督导最终依据多次样本发放的实地使用记录来估算社区内各小区空置率，作为向后台追加样本地址的依据——即空置率高的小区少抽，空置率相对较低的小区多抽，最终完成了该社区的访问工作。这一解决方式，也是今后CARS和实地操作流程中应该借鉴的。

其三，切诊访问执行方面的问题。CSS调查采用的是面访方式采集资料，其入户阶段往往被访问员视为畏途。在访问员手册和培训课程中项目组针对入户障碍做了细致的分类并提供了多种应对之策，访问员们在现场又产生了更多的招数。芮雪的经验分享，提出了更为可行的入户方法，敲门时不要着急说出调查的具体情况和内容，以免受访者第一时间会有很明显的压迫感，进而产生抵触心理，选择不应答、不开门，而是以学生身份跟受访者说"正在做一份暑假作业"，降低受访者的防备心，待其开门一看究竟时再说明具体来意，会提高入户的成功率。如此这般的入户方法，在调查中的确验之有效。

城市社区的访问远远难于农村，这是入户调查中的共识。芮雪从涂尔干之"机械团结"和"有机团结"、滕尼斯之"礼俗社会"与"法理社会"的概念出发，来解读调查中农村与城市的访问难度差异。"中国传统农村规

245

模小，分工与角色分化少，家庭是社会的核心单元，亲缘是所有关系的核心，人的行为受习俗、传统的约束，社会整合度高。而城市社区作为法理社会，规模大，有着复杂的分工和角色分化，人们彼此独立、陌生和相互竞争，行为中充满反省、批判和实验色彩，人与人之间的交流减少，对社区的认同感也较低。这些城乡特性差异，都直接导致了城市社区的拒访率远高于农村社区"。如此由表及里的认识提升，可以说深得社会学之三昧。

CSS2021的质控环节较之先前有了更为严格的规范，有效地保障了数据质量。但也不可避免出现了前方一线人员和后台的质控团队之间的冲突。前线和后方该如何沟通，访问员们也提出了中肯的建议。如刘蓁建议，大区老师、地方老师、地方访问员、后台质控四方的相互沟通和联系要继续加强，特别是涉及问卷质量问题，沟通不畅则会导致地方访问员怨气加重，积极性下降，影响访问质量。芮雪则希望后台质控可以进一步提高工作速度和细致度，最好在当天能够对SSU的全部问卷做出反馈，以免耽搁访问团队次日的行程。此外，访问中存在受访者更改之前答案的情况，一道题会形成多条录音记录，而后台质控若漏听这些修改点的录音，就会误以为访问员记录不当，造成反馈错误。这些建议都十分珍贵，值得细致归纳，以供CSS质量标准的完善。

上述建言，都是来自访问员们参与大型学术调查中的点滴收获，这些收获是夏日的汗水和脚下坎坷的路途积累而成的。用心体察社会，体察社会调查的环节，察而后知其不足，知不足则能建言。望、闻、问、切，喻以医理，也喻之督导、访问员对社会的认识，喻之对调查方法的理解，喻之自我成长获知的历程。

在2021年盛夏
与CSS再次相遇

芮雪　安徽师范大学法学院社会学专业

2019年夏天，我与CSS首次相遇。那时的我是一个青涩的大三学生，与社会学这个别人看起来冷门甚至陌生的专业已有了三年的接触，在书本上学会了一些社会调查研究方法。奈何纸上得来终觉浅，尽管参加过一些社会实践，发过一些问卷，做过一些访谈，也不过是理论运用于实际的初步尝试而已。

曾在专业课的课堂上，听到任课老师不止一次地提起CSS，知道这是一项全国范围内涉及千千万万家庭生活就业、社会态度的大型抽样调查项目，也了解到自己所在的学校一直承担着其在安徽省的调查，之后便在心里默默记下，想着有朝一日自己也能参与其中，能让所学真正运用于实践，一方面检验自己的学习成果，另一方面也能为社会的发展贡献出一点绵薄之力。终于在2019年的夏天，我圆梦了。那时的自己还是一个访问员，跟着督导在马鞍山市YS区的4个SSU奔波，最终圆满完成任务。当时以为这会是我与CSS唯一一次缘分，没想到在2021年的盛夏，我与CSS再次相遇了。

一 调查经历

从2019年到2021年，我实现了从本科生到硕士研究生的身份转变，自认为不论是在能力还是心态上都有了很大的提升和飞跃，承蒙老师的信任，在CSS2021中担任安徽省YS区调查的地方督导，成了4位访问员口中的"组长"。

（一）一次旅途——与CSS在一起的11天

2021年7月12日，李炜老师和两位北京督导在社工实验室与我们见面，从基本介绍到核图方法，从入户技巧到访问内容，三位老师耐心细致地给我们进行了为期4天的培训。经过4天周密的培训后，2021年7月16日，我和赵静督导带领4位访问员，坐上了前往马鞍山的高铁，开启了为期11天的CSS之旅。

马鞍山对于我来说丝毫不陌生，不仅因为两年前曾在这里做过同样的事，也因为这里是我20多年成长生活的地方，作为一个马鞍山人，在自家地盘做调研，尽管知道困难重重，但也依旧信心满满。

中午到达酒店后，稍做休整，下午便带领大家前往最近的HX社区与社区居委会的赵主任碰面，商量之后的入户事宜。见到主任后突然觉得十分熟悉，突然想到原来2019年在该社区调研时，也是赵主任给予了我们很多的帮助，令我更加惊喜的是，赵主任竟然也还记得我，她不仅亲切地挽着我的手，还和我聊起了家常。两年前她的女儿还在读高中，如今也已经考入高校成为一名大学生。这样神奇的经历让我心生感动，原来就算时间过去了很久，那些曾经有过交集的人，也可能会在未来的某个时间与自己再次相遇。

调研的前三天在核图、核户。城市的楼房偏多，且所在的PSU多为老城区，楼房没有电梯，这就意味着爬楼成为常态，我当时还发了一条朋友圈调侃："不怕核户，就怕核高户，世界上最幸福的事莫过于核图有电梯，核户是一层。"尽管爬楼辛苦，但提交的图层被反馈"很规范"时，那种快乐溢于言表。

核图、核户全部完成后，便正式开始了入户之旅。城市社区最大的一个特点在于不会像农村社区那样每家每户都敞开大门，受访者的家门不好进，"心门"更不好进。自己的脸皮不算薄，也有过一次经验，但组内的一些访问员第一次接触社会调查，心里有些虚，所以只能我来打头阵。我毫不犹豫地"咚咚咚"敲门，说着早已想好的"台词"："您好，我们是安徽师范大学的学生，现在正在进行由中国社会科学院主持的一项全国大型社会状况调查，我们已经和居委会联系过并获得许可，请问您有时间接受我们的访问吗？……"但毫不意外的是，大多数情况下我们不仅无法敲开受访者的家门，甚至会受到其呵斥。

第一次入户成功是在HX社区，但开始得并不容易，当时开门的是这家的男主人，男主人一开始戒备心很强，非常仔细地查看了我们的身份证、学生证和调查证，确认无误后才放我们进屋。他了解到我们的来意后也十分配合地说可以接受我们的访问，但是速度要快一点，因为他的女儿快要回来了，而他女儿非常抵触这些社会调查。我们刚开始进行入户抽样时，他女儿回来了，在入户抽样时，正好抽中了他女儿。这位被抽中的受访者不像她的父亲一样好说话，一直在说"我不愿意，我从来不接受这样的调查，你们去找别人吧"等诸如此类的话。好不容易敲开一户门，我们哪肯就此放弃，于是开始跟受访者软磨硬泡、撒娇卖萌，最后受访者终于松口，接受了我们的访问。

虽然偶有很配合的受访者，但大多数情况下，想要开始一份问卷，都要经历上述的过程，甚至帮忙做家务、带孩子也都是寻常事，但也就是这样一家一家跑、一户一户敲、一人一人问，才最终顺利完成了68份样本量。尽管辛苦，但受益匪浅。

（二）两种身份——是督导也是大家的组长

2019年与2021年两次CSS经历，其实在很多方面都很相似，同样的调查地点、基本一致的调查内容，连走过的路、爬过的楼、遇到的人都有很多重叠，但要说不同之处，可能最大的不一样就是自己身份的转变——从一名访问员变成了地方督导，从一个只知领命干事的组员变成了大家口中的"组长"。

"组长，我们怎么去社区……""组长，这栋楼在哪里……""组长，我做一半（问卷）被赶出来了，怎么办啊……""组长，我们什么时候去吃饭……""组长，我坚持不下去了……"，组员们一声声"组长"地呼唤对于我来说是一个个担子、一份份责任。大到前期规划行程、联系居委会主任、带领大家入户，小到一句"注意安全"的提醒、一顿饭的安排，我的角色也不仅仅是督导，不是来监督、领导他们，更重要的是我是团队的主心骨，是大家的依靠。

（三）三件小事——我们都在被温柔对待

1. 热情的社区工作人员

在HY社区做调研时碰到了一个十分热情的社区工作人员，原本HY社区是一个相对来说没有那么难进入的社区，但是其中有两个小区——八一大院和八三大院，是比较难以入户的。这里的老年人较多，居民警惕性比较高，入户几经碰壁，好不容易进去了一家却没有符合年龄要求的受访者，可以说这两个地方是一块硬骨头，不好啃。

在我们走投无路之际，社区主任帮我们联系到与这片居民相熟的社区工作人员陈姐，由她带着我们入户。那几天正是台风"烟花"降临之日，天上下着瓢泼大雨，但是陈姐没有任何不悦，一直热情满满地带我们跑来跑去，最终在她的帮助下我们顺利完成了最后几户的访问。

2. 住在田埂边的奶奶

SL村是YS区4个SSU中唯一一个农村社区，我们在这里也前所未有地体会到了在城市社区感受不到的"人间温暖"：没有紧闭的大门，也没有只能透过猫眼的交流，大部分的人听到我们的来意后都会热情地招手说"来来来，你先进来……"。在这里，我也碰到了一个让我内心有很大触动的老奶奶。

奶奶的家在田埂边上，田很荒芜，房子很破，屋里没有什么像样的电器，我目光所及之处只能看到一个用得很旧的电饭煲。奶奶的老伴已经离世，两个儿子也都在外打工，她的腿部有残疾，但没有拄拐杖，只扶着一个废弃的婴儿车走路，走路也走不稳。奶奶说："脚废啦，早上还摔了一跤，不能下地，你看这田全是草，地也废了……我一天就吃两顿饭……"奶奶说这些话的时候眼中看不到伤心或痛苦，依旧带着和善的笑容，我的鼻尖一酸，眼泪涌入眼眶。可能人老了反应速度变慢，感受不到强烈的悲伤和喜悦，接受了生活几十年的捶打和洗礼，最后也能坦然接受发生的一切。

临近中午，奶奶留我吃饭，说："没什么菜，两个素菜，留下吃点啊。"因为后面还要去预约过的一户人家做问卷调查，所以我感谢了奶奶的好意，没留下吃饭。临走前奶奶还拿了两个小面包给我，让我带着吃。我看着手里攥着的小面包，心里想着，在中国农村，还有一些类似这样的家庭，缺少劳动力，人老了还有一些不便，过着能一眼望到头的生活，但尽管这样，他们依旧在用力地活着，好好地活着。

3.亲爱的指导老师

与CSS在一起这11天，之所以能坚持下来并圆满完成任务，除了团队的支持和合作，更重要的还因为有我的导师——路老师的鼓励和关心，如果说我是大家的精神支柱，那路老师就是我的精神支柱。

记得在一份问卷中，因为受访者的防备心较高，不愿透露丝毫家庭成员的信息和收支情况，造成这些数据的缺失，后台质控反馈如果无法补访到这些信息，这个样本就得作废，大家都十分的不理解："别人不愿意说我能怎么办，这个样本好不容易争取来，你说要作废就作废，别人本身就不愿意配合，又怎么可能再愿意接受我们的补访？"做这份问卷的访问员直接打电话给后台质控，软硬兼施也依旧没能争取到保留这份问卷的机会。挂了电话后大家坐在村口的树荫下，周遭盛夏的热浪滚滚袭来，但心里如同在深冬被泼了一盆冷水一样，冰冷入骨，有的组员没忍住哭了。我的心里也十分不好受,安抚好组员的情绪之后,我给路老师打了个电话,倒也不是想通过老师得到扭转结果的一线生机,可能就是想倾诉一下吧。路老师和我说了很多以往调查过程中碰到的各类问题,也听我说了很多不易之处,我说到激动处甚至还有几分哽咽,路老师就这样听我说着,跟我说着,慢慢地我的情绪没有那么糟糕了,也接受了这样的处理结果,也明白了数据的完整性正是这项调查的关键所在。

之后路老师决定来看看大家,7月25日老师冒着雨赶来了马鞍山,说要带我们吃顿饭,还主动提议说要不要去吃火锅,当时觉得一向严肃、不怒自威的老师原来也那么懂我们小孩子喜欢什么呀。那天的路导不像一个老师,更像一个长辈,和我们谈天说地,把"茶"言欢。

(四)四个伙伴——用众人之力,则无不胜也

《淮南子》有云:乘众人之智,则无不任也;用众人之力,则无不胜也。任务能够顺利完成有时不仅仅需要天时和地利,更重要的是人和以及团队的力量,一个好的团队能够事半功倍。这一趟旅程最幸运的可能就是我遇到了四个有能力、有态度、有热情、有毅力,不怕苦、不怕累、不怕热、不娇气的"四有四不"好组员,如果没有他们我可能不知何时才能完成这68份问卷。

徐丽君是一个瘦瘦小小的姑娘,看起来文文弱弱,但是却是队伍里的中流砥柱,我们都开玩笑说:"丽君一定长着一张好娃娃脸,不然怎么敲一个门就能开一个门呢。"事实情况也是如此,丽君在组里最重要的任务就是负责敲门,敲开门后成功把我们"送进去",如果没有她我们的战线还不知要拉到多长。

宗冉是组内的"安全委员",安全意识一直十分在线,时时刻刻叮嘱我们注意完全。其实我对宗冉的第一印象没有那么好,在培训阶段的核图实操时她有点跟不上趟儿,我当时觉得"完了,碰到一个小公主",还为此担心万一到了实地之后她跟不上大家怎么办。但怎么也没想到,真正到了调研的时候,她一改培训时的作风,丝毫不喊苦、不喊累,甚至在核图阶段主动分担了很多其他组员的工作量,可能因为长得甜美,她入户的成功率也高一些。

王春妹是团队里的核心人物，是大家的开心果。她总是会说出一些话逗大家开心，调节着大家的情绪，虽然她有的时候傻傻的，但正经做事时毫不含糊。尽管有时被连续拒访，也从不灰心，遇到不配合的受访者就使出浑身解数装可怜和撒娇，为了成功做完问卷调查也能毫不犹豫帮忙做家务、带小孩，"出卖"劳动力。

胡节棋是一个操着一口东北腔的安庆人，也是队伍里唯一一个男生，在很多时候承担着"护花使者"的职责。他说"革命友情不分性别"，所以我们一口一个"胡姐"叫他。作为男生，一个不方便的点就在于受访者对他的警惕性会更高，尤其是独居女性，看到他几乎不会开门。所以他有时候也郁闷地说："咋丽君一敲一个准，我一敲一个不行呢？"因此我们4个女生也会先带着他，和受访者说清楚来意后，把他"留"在里面再去找下一家。

在一段旅途中，风景很重要，遇到的人更重要。在调查过程中，入户技巧、访问技巧固然重要，但有一群志同道合的伙伴更重要。众人拾柴火焰高，团结就是力量，CSS2021带给我的不仅是眼界的开阔、能力的提升，更难能可贵的是收获了这宝贵的友情，很有幸遇到大家，彼此陪伴走过这11天。

二 调查思考

（一）为什么城市社区的拒访率远高于农村社区？

费孝通在《乡土中国》一书中提出："在社会学里，常分出两种不同性质的社会，一种并没有具体目的，只是因为在一起生长而发生的社会；一种是为了要完成一件任务而结合的社会。"用滕尼斯的话说，前者是"有机的团结"，后者是"机械的团结"，用涂尔干的话说，前者是共同体，即礼俗社会，后者是法理社会。

中国传统农村规模小，分工与角色分化少，家庭是社会的核心单元，亲缘是所有关系的核心，人的行为受习俗、传统的约束，社会整合度高。而城市社区作为法理社会，规模大，有着复杂的分工和角色分化，人们彼此独立、陌生和相互竞争，行为中充满反省、批判和实验色彩，人与人之间的交流减少，对社区的认同感也较低。这些城乡特性差异，都直接导致了城市社区的拒访率远高于农村社区。

（二）我们究竟如何才能敲开受访者的门？

能够敲开被访者的门是完成访问的先决条件，在很多情况下，就算我们告知来意，从官方角度告诉受访者已经和当地社区取得联系并得到许可，也依旧无法打动受访者。所以参加过两次调查后，我最大的一个感触是，敲门时不要着急说出调查的具体情况和内容，否则受访者接收到信息的第一时间会有很明显的压迫感，进而产生抵触心理，选择不应答、不开门。在大多数情况下，我会先说明我是哪个学校的学生，跟受访者说"正在做一份暑假作业"，当受访者听到这句话后大多都不会有很强烈的防备心，而是打开门一看究竟，这时我们再说明具体来意，入户的成功率也会高一些。

（三）问卷篇幅和内容能否继续优化？

问卷时长是一份问卷能否完成的关键因素，一些受访者一开始非常欢迎我们进屋访谈，但听到访问时长有一个小时甚至更久时，大多都面露难色或者直接拒绝，尽管我们告诉他"您有事可以先忙，我们可以今天先问一部分，剩下的等您有空我们再来"，受访者也会寻找各种理由推辞。也经常会出现问卷做到一半受访者失去耐心终止问卷的情况，或者选择草草回答，尽快结束，问卷质量也大打折扣。

因此我们也在思考问卷篇幅和内容能否再进行优化，例如在询问一个独居的受访者时，他的个人收支情况与家庭收支情况在很多方面都有重叠之处，那么在问卷设计时，能否让系统在检测到家庭人口数只有一人时，自动省略掉后面无效或重复的问题，以此来提高效率、简化程序。

三 调查建议

（一）城市问卷和农村问卷应各有侧重

城市社区与农村社区在人口组成、教育程度、劳动就业等方面都有很大差异，城市社区人口受教育程度高，人口年龄段分布较平均；农村人口的受教育程度普遍偏低，且多为老人和小孩。因此城市社区和农村社区的问卷设计是否应该有各自的侧重点呢？

例如，在SL村进行访问时就碰到了这样一个受访者，中年女性，带着两个孩子，丈夫在外打工常年不回家，她没有上过学，教育水平几乎为零，也不认识几个字。在对她进行访问时，我们的访问员十分费力，在不干预受访者选择的情况下，几乎每一道题都要进行解释，而且在大多数情况下受访者都听不懂，很多问题都是瞎选一通，毫无疑问问卷质量也无法得到保证。

此外，以"志愿服务"为例，非发达地区的农村社区大多数人都没有接触过志愿服务，也不懂得其含义和内容，在进行访问时也只能糊里糊涂的根据选项来回答或者随便选一个，因此这一模块的问题我们或许能够根据地区特点，相应的调整内容、篇幅和侧重点。

（二）加强对督导的培训和监督

督导的能力直接影响调查质量。前期培训着重于培训访问员的访问技巧和能力，但是对地方督导的培训较少，很多地方督导不仅是第一次担任这样的职务，甚至同访问员一样第一次参加大型社会调查，在经验、知识储备和应急能力方面都有所欠缺，所以在以后的培训中，可以分为两个板块，一是针对访问员的培训，二是针对督导的培训。

此外，巡视督导的参与也对调查起着重要作用和影响。我们在HX社区进行的一次访问中，受访者是一个独居的老奶奶，老伴在不久前去世。当问到家庭基本情况和收支时，老奶奶想到伤心事几近哽咽，巡视督导希望获得更完整的数据资料，想让访问员继续追问，老奶奶有些抗拒遂拒绝了我们的访问，问卷被迫中止。在后来的反思中，大家都觉得如果当时暂缓问题，安抚好奶奶的情绪，可能就能顺利完成问卷。不过幸运的是，我们之后买了一些米油再次拜访了老奶奶，这次顺利完成了问卷。

所以，在今后的调查中，保证问卷质量是很重要的一方面，但另一方面也要对被访者的情绪进行照顾，尤其是在面对一些家中有重大变故的被访者，更不能急于求成，要重视调查研究的伦理界限。

（三）提高后台质控反馈效率和细致度

当我们完成一份问卷调查上传数据和录音资料后，就需要后台质控的小伙伴们对内容进行审核和问题反馈，这项工作可以说十分枯燥辛苦但容不得一丝马虎。

我们一方面理解并体谅后台质控的工作，但另一方面也希望后台质控可以进一步提高工作速度和细致度。例如，在完成一个SSU的全部问卷调查并上传后，第二天才能收到部分样本需要补访的反馈，但往往SSU和SSU之间的距离较远且交通不便，因此如果能够及时反馈，就能大大提高工作效率。此外，在进行访问时，有的受访者会在中途更改前面给出的答案，后台质控在听录音时有时会漏掉这些信息点，反馈错误，因此也希望质控的小伙伴们能够提高工作细致度，听全录音。同时，在系统优化时可以增添访问员和质控的沟通渠道，用于信息传递和反馈。

（四）提高系统和设备稳定性

在访谈过程中，有时会遇到平板卡顿无法跳转页面的问题，这种情况下访问员无计可施，只能直接退出，并且可能丢失前面的问卷数据和录音资料，同时如果想要再次从头访问，受访者基本是不愿意接受的。一项全国范围内的大型调查需要技术的支持和保障，每一份样本都来之不易，因此希望能够进一步提高系统和设备的稳定性。

与CSS2021在一起的11天很短，只是人生长河中的一叶小小扁舟，与CSS2021在一起的11天很长，每一天遇到的人、听到的故事、看到的风景都一直鲜活、一直热烈。感谢能和大家一起抓住这样的机会，深入社会、深入田野，了解民生、了解民情，了解家家户户的不易和幸福，透过这小小一角窥探到中国几亿家庭的真实生活。在2021年的盛夏与CSS再一次相遇很幸运，也由衷地祝愿CSS的明天更加璀璨和辉煌！

CSS2021与浙江

米兰　中国社会科学院大学社会学院

2021年6月底，我在经过两个多月的培训后，背上我的小书包，出发去浙江，开始CSS之旅。这是全国第一个启动调查的省份，我们督导出发的过程甚至还有些仓促，物资都还没来得及准备完毕，未来得及寄出的培训手册只能被我们装进行李箱，从房山拖到了北京南站，又从北京南站搭上了G35次高铁，历时5小时17分之后，跟我们一起到达了宁波。

一场36天的修行

6月28日，在浙江工商职业技术学院开始了为期3天的培训，7月1日就开始了CSS在浙江的第一站：宁波市HS区FY社区。

浙江历年都是CSS最难做的地方，民众配合意愿不强，拒访率很高，作为浙江组的组长，我没出发前就在心里不断为自己打气，告诉自己每年都很难做，但最后都能做得不错，不用太担心。但是没想到，刚开始的第一天，突发情况就让我措手不及。FY社区的行政联络前期沟通不畅，社区工作人员不允许我们的访问员入内，调研还在核图阶段就陷入了僵持。我赶紧前往社区去沟通，在沟通过程中才了解到，浙江工商职业技术学院是一个新的合作机构，今年第一次承接CSS项目，对行政联络的程序还不是很清楚，原先校方预计在调研正式开展的第一天，由地方督导带着相关介绍信前往社区进行沟通即可，到实地才发现，这样做难度较大。于是，我们只能调整思路，一方面，我带着访问员继续同社区工作人员及物业沟通，介绍CSS项目的背景、内容、流程以及需要社区和物业工作人员协助的地方；另一方面，浙江工商职业技术学院也积极配合，寻求上一级政府的行政帮助，在双方的共同努力下，终于取得了社区工作人员及物业方面的支持与配合，物业经理还在业主群内帮我们转发了调查信息。这一良好开局大大增强了访问员们的信心，也为之后在其他村居的工作开展打开了思路，提供了经验。

宁波共有4个SSU，其中两个城市社区，两个农村社区。相对来说，城市社区拒访率较高，农村社区情况相对较好，不论是村委会的配合度，还是村民的配合度都更高一些。所以每次轮到去村子里做问卷的那天，工作群里总是异常热闹，这些"00后"的访问员乐此不疲地在群里分享自己在村子里碰到的"奇闻轶事"，一搜群聊记录，发现出现频率最高的字是"狗"，似乎在浙江的乡下，大狗小狗无处不在。访问员们互相在群里发消息，哪里有狗，哪家门前的狗凶，哪家门前的狗光叫唤不咬人，看着他们一本正经地共享这些消息，我不禁感到好笑，连群里的老师们都忍不住戏称狗就是"浙江之痛"。

宁波4个SSU一共68份问卷，终于在7月13日全部结束。其间，访问员们一面焦虑一面坚持着，至此我终于意识到，浙江的问卷调查是真的难做。一方面是居民配合度不高，尤其今年浙江省开展了"防诈骗宣传"，居民的反诈骗意识特别强，一听说做社会调查的，就本能地抗拒，有的阿公阿婆问卷做到一半,一听到C部分问卷,问家里的房产、收入,立马变得极其戒备,访问员们只能耐着性子一遍一遍解释。另一方面是,为了把控问卷的质量,后台的质控非常严格,每天到复盘当天问卷的时候,访问员们就很紧张,生怕自己的问卷又被打回来,要求修正、补访、重访。现场情况总是多变,不可能每一个环节都按照严格的质控标准来,每当这个时候,后台质控们铁面无私,访问员们委屈巴巴,每次在群里看到"我不理解"和"这合理吗"的表情包时,我都感到又无奈又好笑又心疼,在一遍又一遍的沟通修正中,每一份被北京后台"通过"的问卷背后都倾注了访问员们的心血。

7月10日,杭州也开始启动问卷调查。13日宁波问卷调查结束的当晚,我又到了杭州,开始新一站的CSS之旅,也开始最难的一段征程。

杭州抽中的调查区域是X区,属于杭州的郊区,此地的4个SSU,不管是城市社区还是农村社区,都有一个共同的难点,就是空置率过高,而且这个空置率还呈现不一样的特点:既空置又不完全空置。这里的住户一般都在杭州市区工作生活,但是也偶尔回X区小住,有的是周末回来,有的是两三个月回来一次,这就给我们核户阶段的排空工作带来很大的挑战,门口明明还摆放着鞋架,鞋架上还有鞋子,但是一连几天敲门都无人应答,逮着机会问了旁人,才知道住户只是偶尔不定时回来,这样的情况在X区非常多,尤其是在BCL社区更是极其普遍。于是BCL社区进行了三轮核户,整整核了上百户,才完成了17份社区问卷。

在杭州的调查进展得异常艰难,从7月10日开始,到8月2日正式结束,整整持续了24天,一般来说,10~12天能完成一个PSU调查点,但杭州的调查用了两倍的时间。尤其是7月底的几天,还遇上了强台风"烟花",我总是很难忘冒着大雨在BJY社区做问卷的场景,在江南水乡的瓢泼大雨中,BJY这个名字其实显得有几分诗情画意。

8月3日,我正式结束所有在浙江的调研,搭上了返回北京的列车。在列车上,我不断翻着这一个多月的照片,心里很是不舍,在浙江的这么些天,总是匆匆忙忙,奔波在做问卷调查的路上,但是也正是因为总是时刻陪着访问员们深入实地去做问卷调查,才感受到了不一样的浙江:一个社会调查视野下的浙江。月收入七八万的淘宝店店主是姐弟俩，在杭州打拼多年，买了大房子，在这里落地生根，分别结婚成家，过上了之前不曾想象过的生活，但仍然坚定地觉得自己始终是这个城市的异乡人。村子里的低保户家庭，老公在工地扎钢筋，一个月老板给1500元，妻子失能。他们住着村里借给他们的小平房，但依然拿3元一个的冰棍招待我们一行4个人。看着男主人因为常年在烈日下工作而晒伤的眼睛，我吃着冰棍有些哽咽。

什么是好的社会调查

社会调查在学术上的定义既包含"调查"的方面，也包含"研究"的方面。李炜老师在社会研究方法课上，曾形象地说过社会研究就是"problem solving"的过程，而社会调查是指人们为达到一定目的，有意识地通过对社会现象的考察、了解和分析研究，来了解社会真实情况的一种自觉认识活动。

CSS项目的初心是争做中国好调查，回顾我的整个CSS之旅，我也忍不住去思考，什么才是好的社会调查？

社会调查有四大功能，描述，解释，预测，干预，这八个字之前在课堂上听到，我都默认这四个动词后面接的宾语是社会现象，描述并解释社会现象，预测社会现象的趋势，干预社会现象的发展。在经过CSS之后，我的理解发生了一点变化，我突然意识到，社会调查的功能应该是作用在"社会中的人"身上，这不是干巴巴的动宾搭配，而是活生生在起作用。

在做问卷调查的时候，我总是能碰到不少群众，向我们反映一些实际的社会问题，他们将这次调查视为一个向上反映的渠道。比如在杭州某地调研时，村民普遍反映村里的厂子总是向公共河流排放污水，导致整个村子水质污染严重，他们很担心这样会危害身体健康。所以当问卷进入询问当地是否存在环境污染这一部分时，村民们仿佛打开了话匣子，纷纷指责厂子的做法不地道，他们甚至不断补充细节，希望我们能够给"反映反映"。

我突然意识到，社会调查得到的除了问卷上规规矩矩的"是或否"，

"1～10分"的固定答案外，还有最真实最鲜活的民意，这只有经过真正的实地，才能明白在每一个打分，每一个"是或否"的背后，都有着怎样鲜活的故事。每一份问卷，都作用于一个鲜活的受访者，他的全部社会关系、社会心态、社会经历在短短两个小时的问卷访谈内以答案的形式在平板上被记录，然后编码成规规整整的数据。1万多条数据建立起了庞大的数据库，一起被用来描述、解释中国的社会现实，预测中国社会的变迁和发展，并在必要的时候，作为依据来干预社会发展过程中不能够协调运行和良性发展的地方。

我觉得这正是社会调查最重要的意义，好的社会调查正应该从人群中来，到人群中去。每一项社会调查的开展都是有假定、有取向的，这是调查的初心，要做好的社会调查，这份初心就应该与"社会中的人"紧密联系在一起，尊重"社会中的人"，服务"社会中的人"，才能真正洞察"社会中的人"。

纸上得来终觉浅，绝知此事要躬行

社会调查是非常强调社会实践的领域，毛主席曾说过，没有调查就没有发言权。在经过CSS大调查之后，我更加认识到这句话所包含的朴素真理。哪怕在正式调研开始之前培训了快两个月，我更是从前期的社区电话联络一直跟到最后，但是直到去到浙江，开始正式的实地工作，我才能算是真正接触了CSS。理论和实践总是存在差距，这一点随着调查的开展，不断得到验证。

调查开始之前，我和访问员一样，不曾预想过会碰到这么多的困难，甚至有的困难，培训时候讲过的所有知识点都用不上。BCL社区应该是杭州组访问员们不愿再回忆的痛，实在做得太难了，无数次的敲门无人应答，偶尔敲开的大门在听到我们是做社会调查的一瞬间就"啪"地关上了，再敲就是"我们不感兴趣，不关心"。访问员们心灰意冷，我安慰他们的同时，心里也很焦虑。后期BCL社区进行了三轮核户，七八月份的杭州，灼热难耐，访问员们在烈日下一遍一遍核户，晚上回酒店洗衣服裤子，泡一会都能泡出盐渍。男生们傻傻的，不知道搽防晒，又不愿意打伞，每天都能黑出一个新高度，到最后调查结束，他们全身只有脚踝因为有袜子的遮挡是最白的。

我向大区老师报告了BCL社区的特殊情况，在大区老师的启发下，我回忆起了老师上课讲过的PPS抽样（按规模大小成比例的概率抽样）方法，这是概率抽样中的一种，指在多阶段抽样中，尤其是二阶段抽样中，初级抽样单位被抽中的概率取决于其初级抽样单位的规模大小，初级抽样单位规模越大，被抽中的机会就越大，初级抽样单位规模越小，被抽中的概率就越小。就是将总体按一种准确的标准划分出容量不等的、具有相同标志的单位，然后在总体中按不同比率分配的样本量进行抽样。于是，我向后台建议，能否根据BCL社区内各小区的大致空置率给每个小区一个比例赋值，按照这样的比例来抽取入户名单，空置率高的小区少抽，空置率相对较低的小区多抽。后台的值守同事特别地配合与理解，表示这样原理上完全可行，可惜后台的系统不能赋值，不过还是给予了我们最大的方便，让我们按照空置率人工筛选空置率高的小区，在这样灵活的安排下，BCL社区终于在最后一轮的核户后，完成了问卷调查。

纸上得来终觉浅，绝知此事要躬行。做社会调查，实践和理论同样重要，BCL社区就是活生生的例子，这让我明白，如果没有亲身的实践，对很多理论知识的理解就只能停留在一个很浅的层面上。好的社会调查来自人，作用于人，服务于人，只有深入人群去实践，才能深刻理解人与社会。

2021年的CSS已经接近尾声，在这个火热的暑假，我有幸在浙江参与了这次大调查。这于我是一次非常宝贵的人生经历，可能在我以后的人生中，很难再有机会让我经历像这样专业、系统的培训，体验像这样完整的社会调查过程，我很感激项目组提供了这样一个舞台和机会。

CSS做的是社会调查，社会调查是社会良心，唯有严谨认真地对待，才能不负中国好调查。在整个CSS的过程中，我始终强烈地感受到了这一点，培训课堂上，老师们会因为同学提出的一个小问题而反复琢磨讨论，修改问卷和答案，有些问题我甚至觉得有点"抬杠"，但老师们依然会认真反复思考，非常严谨认真地对待。我们私下都开玩笑说，老师们对问卷就像财务对发票一样，没问题也要看出问题来。就是在这样一版又一版的修改中，CSS的正式问卷直到6月底才定稿，其间历经差不多两年的筹备。这份严谨的学术精神让我从心里感到敬佩，也深刻影响着我，要时刻谨记着自己的求学初心，学术的事无小事，在漫漫求学路上，要始终保持着这份热情和严谨，认真对待学习过程中的点滴。

  CSS浙江之行带给我的实在太多了，时隔几月提起笔来，那些场景总是历历在目。在这之前，我也在浙江游玩过几次，却没有一次像这次，给我这么深刻的体验和回忆。我总能记起LY村特别大，一户和一户之间，总要跑很远，在LY村的每一天，微信步数都能超过2万步，我跟着访问员在村子里跑，总能碰到各种狂吠的狗，一开始听狗叫还有点怕，后来偶然发现哪家没狗，心里反而觉得少了点什么。我也总能记起在BCL社区的焦虑，天又热，心里又急躁，感觉空气中都弥漫着一股焦炭味，有的时候，感觉走投无路，总会和一个访问员一起去一个僻静的公交车站坐着吹吹风，仿佛那里就是快乐老家。我还记得在BJY社区的每一天似乎都在下雨，裤子和鞋子全都淋透，晚上大家一起踏着雨水往酒店走，吐槽着这一天的不顺，心里的那一点不快也随着雨滴消散在脚下……

  云天收夏色，木叶动秋声。夏末的时候，我结束了浙江之行，走的时候，满是不舍。临走的那天早上，收到我组访问员发来的问候微信，他的预感果然没有错，我那天的确没能赶上回去的列车，不得已还改签了一个小时之后的票，没想到我的浙江之行最后以这样略微搞笑的形式画上了句号。如今，提笔写这篇文章如同我那天在列车上想挑选照片发条朋友圈的心情一样，照片很多反而不知道该挑哪张，想说的太多，提笔反而不知道该如何表达，想了想，所有的语言都不如祝福各位，努力尽今夕，有缘自相见！

学术与家乡的再认识

周王瑜　中国社会科学院大学社会学院

如果人生的第一个节点是18岁，那前18年我是一个土生土长的云南人，而后6年我懵懵懂懂地走上了学术的道路。而2021年是另一个节点，因为云南的CSS之旅让我对我的家乡——云南和我今后要走的道路——学术有了新的认识。在考博失利的再次备考期，我参加了由中国社会科学院社会学研究所发起的"中国社会状况综合调查"（Chinese Social Survey，以下简称CSS），这是我第一次接触严谨科学的全国性大调查，也是我第一次在调查的过程中需要独当一面。

虽然在研一的时候从李炜老师的课上对CSS有了一定的认识，但当自己真正经过了培训、实操、培训他人和实地督导后，才可以说真正对大调查有了系统的了解。CSS作为全国性大调查的代表之一，其生命线便是科学和严谨，这也是以往接触过的所有调查无法比拟的。而在家乡云南约半个月的实地走访调查，也让我对红土高原有了新的认识。

一 纸上得来终觉浅

（一）五味杂陈的CSS云南之行

云南的调查一共涉及四个县，由我负责其中的两个。说云南调查五味杂陈，主要是因为半个月的调查可谓是各种滋味都尝过。"喜"是因为我成功陪访了云南的第一份和最后一份问卷。记得到达L市的第三天，是一个阴雨绵绵的早晨，我和吴金燕访问员（被誉为L市组金牌访问员）在村小组长的带领下，顺利地敲开了第一家的门，家中一家三口都在家，并且成功抽中了男主人，顺利完成了访问。这次的成功对于我和L市团队都是一个极大的鼓舞。因为我在北京的试调查十分不顺利，接连敲了十户但到了临近结束才完成一户。而对于L市团队而言，前两天的核图、核户过程非常艰难，D村由十二个自然村组成，居住点非常分散，最远的自然村步行单程需要一个半小时。聚集的自然村房屋坐落错杂，两位访问员几乎是把原来的图拆了重新画的，访问员们都士气低落，有畏难情绪。而云南省第一份问卷的完成，无疑是整个团队打了一针强心剂。后面也不出所料，L市组是四个PSU里完成速度最快、质量最好的队伍。

"怒"，虽然这个表达可能有些过激了，但调查过程中确实也难免会有不愉快的经历，这种不愉快既来自自己也来自他人。对于自己而言，主要是对自己的怕吃苦和畏难感到生气。由于调查时是夏天，而我因为体质和体重的问题，非常怕热，许多时候对于自己要求也不够严格，在困难的时候总是有退缩的想法，但最终还是硬着头皮上了。记得在QB的时候，整个村庄晚上停电，没有空调，白天需要在布满牲畜粪便的道路上行走，当时心里确实也有想快点离开这里，甚至后悔离开L市来到QB的决定。但最后想到QB的工作虽然困难，自己也不能够放弃，便咬牙坚持了下来。对于他人而言，是调查中的种种摩擦，可能来自团队、老师还有受访者。L市县城的调查是第一次在云南的城市社区调查，在调查范围有一处别墅区，前文提到的金牌访问员在对其中一户的访问中，受到了该户主的冷嘲热讽，户主态度十分恶劣。当我看到回到酒店的访问员已经哭红了眼时，心里第一个感受就是愤怒。但也对她的坚持感到敬佩，即使在这样恶劣的访问环境下，仍然努力完成了问卷调查。

让我体会到"哀"的经历与北京试调查十分相似。在QB的城市社区，也是整个云南的最后一个社区。由于前期行政关系没有梳理好，第一天的访问几乎"颗粒无收"，在我陪访的数户中，又把北京试调查时期的各种情况重新体验了一番——拒访、空户、无符合条件受访者、抽中的人无法访问等等。让我前期建立的信心又备受打击，特别是在意识到按照现在的进度可能全样本都无法完成时，我的心中倍感沮丧。好在与团队重新复盘，打通行政关系后，一切又回到了正轨上。

"乐"与调查中遇到的善良的人密不可分。首先就是合作单位的访问员们。尤其是L市组的小伙伴们，他们对于抽样流程的坚持，访问过程的认真，让我由衷地为他们感到欣慰。其次就是调查中的村居工作人员，D村的工作人员在山路上往返接送我们，中午慷慨地为我们提供午餐；G社区的物业大姐，为我们给住户一一打电话沟通；C社区的社区工作人员在炎热的天气下带领我们走遍社区、介绍情况……也正是因为他们的存在，整个调查才能圆满完成。

（二）实地督导的得与失

凡事有得必有失，用来形容云南的调查再为合适不过了。整个调查过程，对我而言是一次全方位的训练，这种训练是在以往课堂中和一般的调查中得不到的，而这也是我最大的收获。首先是知识上的收获，经过这次实地督导，可谓是真真切切掌握了大调查执行的所有流程，这些知识比原来在课堂上的学习真切得多，因为这是用汗水和十五斤肉（对我来说是好事）换来的。其次，是我真正作为一个需要在调查中独当一面的人，这是最为宝贵的。作为巡视督导，我需要对整体调查的进度有所把握，对调查中遇到的各种技术问题进行解答，对实地和后台进行协调，对合作单位关系进行处理。因为对于访问员而言,虽然他们经历了四天的培训,但是在下实地调查之前,对于整个流程仍然没有一个完全的概念,因此在前期的调查中我需要帮助他们解决各种问题。而带队老师没有参加培训,在其中更多地承担了学生管理和行政联络的功能,所以调查中的很多重担便到了巡视督导的肩上。如果说对于调查的流程是技术的要求,那么对于关系的处理就是艺术的要求。问卷长、受访者知识水平低、自然环境恶劣、带队老师对调查进度的要求等种种问题,都需要督导有效地协调与地方合作单位的关系,需要艺术地处理其中的问题,才能够保障调查的顺利完成。这种协调的艺术,伴随了整个云南调查的过程,只能自己在实践中摸索。

对一名社会工作专业的学生而言,此次调查的"失"便是对社会疾苦的无力和难以深入了解的失望。记得在D村核户的过程中,遇到了两位大姐,听说我是从北京来的,来调查民生民情,便拉着我去看看她们的房子。她们一直在跟我说,"我的房子都什么样的""你快给我们反映一下,我们真的还没有脱贫"……而我也观察到,她们的房屋破败不堪,电线也裸露在外,家中几乎没有什么像样的家具。我因为调查任务在身,也没有这个能力去帮她们解决,只能稍做安抚,提供一些建议,然后继续去核户。而在P村的一户访问中问及收入时,他们全家的年收入不过几千元,但谈到支出时,他们仅仅看病一项支出就超过5万元。坐在他们院子里,我心里非常不是滋味,作为一名社会工作专业的学生,一直以解决社会的疾苦为己任,而真正疾苦到了我面前时,我却无能为力。但转念一想,我们高质量的调查或许能够推动政策的出台来缓解他们的困境。这次的调查也让我对家乡的困苦有了更深和更新的认识,对于今后的研究和实践而言也有非常大的帮助。

(三)调研中的学术态度

严谨的学术态度应该是每一位"以学术为志业"的人基本的态度。而全国性的抽样大调查在这一点上体现得尤为明显。对于CSS而言,每一步都是需要以严谨的态度来对待的,因为这关系到调查数据整体的可靠性。其中最为重要的就是抽样的过程,不论是绘图抽样还是入户抽样,都是对学术人的考验。不论是刚刚接触学科的本科生,还是初窥门径的研究生,抑或是登堂入室的教授，在调查执行的过程中，其学术态度都展现得淋漓尽致。

科学严谨的调查是有代价的，其代价就是花费大量的时间、人力和财力。而科学严谨的调查中的"科学"二字通常体现在调查设计中，至于调查执行就很难尽如人意。核图核户中的错漏、入户过程中的随意选择、入户抽样的成员列举不实，这一系列的操作可以让调查在某种意义上更为"方便"，即使在前台和后台的监督之下，也不能完全禁止。因此，在"科学"与"随意"之间，考验的就是学术人的操守。一念天堂，一念地狱，CSS需要在全国完成1万多份问卷，其整体的科学性来自每一份问卷从绘图到访问的科学性。作为学术人而言，其中的利害是了然于心的，但因为时间成本、人力财力等问题，其实非常容易就选择了另外一边。所以能够保障调查科学性的关键之处就在于其学术态度，而严谨的学术态度并不是每一个学术人都追求的，特别是在其他利益的诱惑下。但我想的是，学术没有捷径，如果非要说有的话，那就是严格按照规则执行的学术态度。

二 日暮乡关何处是

（一）重走禄村：禄丰之旅

费孝通在云南期间的代表作除了耳熟能详的《乡土中国》，还有"云南三村"之一的《禄村农田》，《禄村农田》的田野调查地恰恰就是本次调查所抽中的禄丰县。因此对于一名社会学大类的学生而言，能够重走禄村也是一件幸事。虽然CSS所采取的是调查研究的方法，与费孝通的研究方法不同，但在实地的督导中，我仍然对我的家乡云南有了新的认识。

虽然是一名土生土长的云南人，但我的成长历程仅限于昆明，对于农村生活基本没有过体验，就算去过农村也都是风景秀丽的旅游胜地。这次借着CSS的机会我重新走近了我的家乡，了解到了昆明以外的云南。禄丰位于楚雄彝族自治州，而楚雄彝族自治州作为云南中西沟通的枢纽，自古属于富庶之地。第一站的D村地处多地通衢的要塞，在云南的农村中虽然算不上最富裕，但也绝对不是贫困的地方。但真正深入其中我才发现，禄丰的农村仍然处于较为落后位置。以D村为例，十多个自然村分散在大大小小近十个聚居点，村民房屋大多依山而建，交通十分不便。当地的产业也十分匮乏，人均耕地少，土地肥力低，农业种植基本上只是自给自足的口粮。村中空心化也十分严重，大多数年轻人都到楚雄或者昆明去打工，受访者基本上都以中老年为主。这样的乡村景象可能是大部分中西部山村的共性，但对于我这个四体不勤、五谷不分的人而言，真正看到这些景象依然十分触动。云南不仅仅只有昆明，还有许多与昆明发展十分有差距的地方，而如果放眼到全国来看，那差距就更加巨大。在当代这样一个快速发展的社会中，虽然已经消除了绝对贫困，但我们仍然还是可以看到多种发展阶段的社会形态并存。而对于我的家乡云南而言，本身这个边陲的身份在全国就处于后面，省内其实也是整个中国发展的一个缩影。于我而言，对于家乡的重新认识是一个成长的过程，在我为家乡的美景、美食自豪的时候，其实还有许多家乡的人值得我去关注，去研究。

（二）美景胜地：丘北之旅

对于全国的人甚至云南省的大多数人而言，谈起丘北可能闻所未闻，但如果说普者黑，许多人都会发出感叹：这是个美丽的地方。但丘北不只有普者黑，更多的还是那些依然发展不充分的地方。丘北的P村距离丘北市大概有40分钟的车程，地势平坦，在我来之前和之后有过两次彻夜的停电。而在访问的过程中，除了上文提到的那家看病支出巨大的家庭外，还遇到了许多生活有困难的家庭。禄丰之旅对于我而言已经是一次洗礼，但来到丘北之后才发现，丘北的发展显然更不充分。就在此时，丘北组的访问员告诉我，这个村子已经是丘北所有调查的村中最为发达的一个了。其他的两个村庄甚至找不到宾馆，村中全是醉汉，大多数受访者不但是文盲，甚至连普通话都不会说。我再一次为发展的差异感到惊讶！风景宜人的普者黑并不是丘北的全部，在宜人的美景之下仍然有着生活的困顿。

（三）复杂又美丽的彩云之南

如果跟外省的同学提起云南，最容易被提及的是什么？大理、丽江、西双版纳；苍山、古城、独树成林；米线、菌子、鲜花饼。这些确实就是大多数人眼里的云南，甚至也可以说是我眼中的云南。作为一个在外求学六年的云南人，我无时无刻不在向同学推荐云南的美景美食，也由衷地为这些而感到自豪。但这些并不是云南的全部，云南作为一个多民族的边疆省份，有绵延的边境线，险要的崇山峻岭，奔腾的大江大河，其地势也和整个中国类似——西高东低。因此在孕育了美景美食的这片土地上，更多的是发展的不充分不均衡。不仅是省内各市发展的不充分，同一个市、同一个县甚至同一个镇内的各地也都非常不均衡。对云南而言，我们的调查更显得尤为必要。虽然CSS的数据在省一级没有代表性，但如果我们去细细看云南的数据，我们仍然能够看到没有完成义务教育甚至文盲的人还有很多；住着30多万元盖的房子，但年收入不足万元的家庭比比皆是；面对急速变化的社会，不会使用网络，甚至没有走出过村庄的人依然不少。这一切的一切都构成了我复杂而又美丽的家乡，而认识和解决这一切的起点，或许就是我们手中的一份份问卷。

三 为有源头活水来

（一）标准问卷执行的困难

对于云南调查而言，自然条件的艰苦和各种关系的平衡倒是其次的，最为困扰的还是如何执行一套标准问卷。就我自己陪访的问卷而言，农村中的受访者可能超过一半都是文盲，示卡在此时是失效的。特别是对于一些上了年纪的受访者而言，从问卷C部分（关于家庭生活状况）以后的问题，其理解程度非常低。CSS的问卷基准是以初中学历为起点，上过初中的人对其中的大部分问题都可以理解，只需要就部分问题稍做解释。而对于小学文化甚至文盲的人而言，整个问卷的用时可能会超过三个小时，并且虽然访问员尝试运用各种方法解释，但是可以明确感受到受访者对于其中的问题仍然不甚了解，只是做了敷衍的回答。细究其原因，可能是问卷中的很多问题距离其"生活世界"太远。

对于CSS这样一个全国性的大调查而言，采用同样的问卷是必须的。但社会并不均衡，哪怕以初中学历为基准设计的问卷对于很多受访者来说理解题意仍然是一个困难。但其解决的方法绝对不是一些人提出的，使用学历、城乡作为区分的两套问卷，这样对于全国性的调查就失去了代表性。当然在调查的信度和效度之间需要做出平衡，因此在目前没有更好解决方法的情况下，只能靠高质量的访问员去完成这一任务。我相信这不是CSS一家所遇到的问题，因此对于不同层次背景的受访者如何执行一套标准的问卷，是以后全国性大调查应该着力去解决的难题。

（二）督导角色的再思考

2021年的CSS不同于以往，本次采取的是抽样、培训和执行一体化的督导模式，这就要求督导需要掌握整个调查的所有流程，这对于督导而言是一个非常高的要求。督导在培训时是一个教育者，而在真正下到实地之后，督导的角色究竟应该是什么呢？

作为巡视督导，在实地最为重要的角色便是协助者和监督者。作为协助者的督导，需要对实际调查过程中的每一环节产生的各种困难予以解决。这样的困难可能是技术上的（CAPI系统、CARS的使用），也可能是方法上的（入户难、自然条件恶劣）。而对于督导而言，虽然说经过了前期的培训和实操，但仍然有很多问题是需要现场去解决的。所以对于督导的协作者角色而言，除了需要基础功底扎实以外，还需要时时刻刻保持学习。而作为监督者的督导，其实保障的是整个调查的生命力。作为督导，需要保证访问员在各种环境都不能犯影响调查代表性的错误，更重要的是对入户、抽样等最容易疏忽的环节进行监督。因此我们需要以各种方式进行陪访和回访。诚如上文所说，学术态度对于整个调查至关重要，我们的访问员虽然有着良好的素养和初心，却依然容易受到外界的干扰。因此，巡视督导的存在其实也是对学术态度的一种保障，至少对于访问员而言，我能够看到我们共同努力下所呈现的严谨态度。

最后，巡视督导很多时候也需要扮演一个协调者的角色。需要协调的关系非常多，而对这些关系的协调其实就是保障调查能够顺利进行的一个关键。因为你需要面对的有予以你重任的项目组老师、亲切可爱的访问员、德高望重又学识非凡的教授博导、各色的受访者和当地行政人员。他们中间的任何一对都能够互动，也难免有所摩擦。对于项目组需要尽职尽责，对于访问员需要严谨真诚，对于教授博导既要尊重又要推动调查契合规范，对于受访者和行政人员需要各显神通。这些种种关系的把握和协调是作为巡视督导实地执行中非常重要的能力，也是这次CSS之行我所学习到的最珍贵的财富。

  山高水长，我们有缘再见！

我的变形记

朱莹莹　广东金融学院公共管理学院社会工作系

很早之前就听过白落梅的这句话：没有人能将日子过得行云流水。回顾调查过程中的点点滴滴亦如此，我们一起彷徨，一起迷茫，一起受挫哭泣，一起收获成长。

一　加入大家庭

从转发推文参加一轮面试、二轮面试到因新冠肺炎疫情推迟进度，再到国庆期间开展访问，我的心路历程充满了惊讶与感动。很高兴认识大家，并加入CSS的大家庭、佛山调查组的小家庭。

我不是一个优秀的人，但我有幸遇见你们。我焦急地准备好每次的面试，焦急地等待通知。

其间，很感谢我们学院的邱玉婷老师，很耐心地一步步指引我、鼓励我，让我从这几方面思考：有没有参加过类似的社会调查活动；责任心和团队合作精神，在以往的活动中是怎样体现出来的；所学专业与基层社会问题契合度高；了解一下社工专业的课程设置中有关质性研究、社会调查研究与方法、社区工作等。第一次面试的时候，问了比较多伦理困境或者是现实中与调研对象冲突之类的问题，好在老师的引导让我做足了准备。

从预报名到通过一轮面试、二轮面试，我真的十分的高兴。看到比自己优秀许多的人的落选后，更觉得自己没戏。忘不了那句"恭喜你通过了我们的层层选拔，成为CSS2021佛山调查队中的一员"，我为此激动了好久。有一句话我很喜欢："成功不在于你认识了多少人，而在于多少人认识了你。"努力地去认识他人，也是让他们认识你，从他们身上发掘出你能够学习的地方，体会每一句睿智的语言。

受新冠肺炎疫情的影响，原本暑假的出行推迟到了国庆假期，好在这次我们如期见面！就在9月的中旬，本人因为出水痘还担心不能跟大家一起出发，幸好在出发的前一天得到了医生的许可，停止了打针治疗，转为药物控制。虽然很辛苦，但是能够跟大家一起出发，我还是很开心的，这是一次非常难忘的经历。"千里之行，始于足下"，这短暂而又充实的社会调查，是人生的一段重要经历，也是一个重要步骤，对我走向社会起到了一个过渡作用，对我将来走上工作岗位也有着很大帮助。原本就是社会工作专业的我，对这次的调研满怀期待，"访问员"就好像是历史上的"友善访问员"，他们的共同之处都是走访基层，调查民生，这也是我们的宗旨：晓国情民意，推知行合一。让我最开心的是，巡视督导何珂师姐也是我们社会工作专业的，这让我对这个专业的认同感和归属感油然而生！"纸上得来终觉浅，绝知此事要躬行"。社会实践调查使我找到了理论与实践的最佳结合点。虽然受新冠肺炎疫情的影响，我们没有办法如期在暑假见面，但是在8月中旬，我们佛山南海调查小分队参加了学校组织的"三下乡"活动。小白探险队，就是我们的队名，虽然也是只有短暂的一周时间，但是我们共同学习了党史知识，同时形成了良好的默契，这也为国庆期间的调查访问打下了很好的基础。

二 国庆出行

这是一个前所未有的国庆假期,是我这辈子都难以忘却的经历。日子要一天天的记录,事情要一件件的梳理。

我们在植物园的咖啡店集合,吃着早餐,不断地幻想着接下来美好的七天"秋游":与村民一起谈笑风生,做问卷聊人生,时不时还能得到乡亲们的招待。当然,这是我的幻想。其实我们还是一直在讨论,一直在看问卷的注意事项,互相提问对方,都特别的紧张。

集结完小伙伴,我们开启了这场充满未知数的旅程。

一路上,地铁里人来人往,我们匆匆忙忙挤进车厢,互相扶持,互相照看行李。接近一个半小时的地铁和城轨,我们到了终点站,这个时候已经是中午12点多,还没有到达我们预定的酒店,饥肠辘辘的我们继续前进,终于在下午1点多的时候到达。一打开酒店的房门,就看见一只蟑螂从面前飞过!我和莎莎吓得跳了起来,是何鸿毅来帮忙灭掉了它。这仅仅是开始,还有好多蟑螂陆续而来,想跟酒店负责人商量换房间,可是国庆假期期间酒店已满房,没办法更换,所以我们就开始了"大扫除",各种消毒。

下午2点,整顿好之后,我急急忙忙地吃上了第一顿饭。还没来得及吃上两口,就开始下楼与大家集合,我意识到,我的变形记开始了。

我们第一个接触的社区是HJ社区。错综复杂的巷子让人如同走在迷宫中,楼与楼是可以握手的间距,但人与人之间的距离却是一道鸿沟,我们在这里看到了人生百态,或许因为大部分是外来务工人员,他们对这座城市的归属感几乎为零。每每看到他们眼睛里的渴望,我都感到很扎心。印象很深刻的是一位四川的大叔,一路跟我们说,让我们反映一下他们的生活现状,吃不饱、看不起病,想要得到更多的关爱。这时候,其实我自己的内心是很矛盾的,也一直在反思自己所学的专业,我们真的好像是无能为力的。

我们调查队的第一份问卷,是由我完成的。第一天的下午,走访了快两个小时,要么是楼下有门禁,要么是国庆假期住户外出,要么是拒访,兜兜转转在阴湿的巷子里，伴随着各种异味，一路上的蟑螂老鼠没有少见。天也阴了下来，开始下小雨，佛山的10月，并没有北方秋季的干爽和凉意，依旧是闷热。在一个商店的转角，我们开始了下一个样本的走访，也就是我们的第一份问卷。调查的对象是一位青年男人，他是一位非常有耐心的受访者，在督导的陪访下，我们就在调查对象家门口的围栏前进行了1个多小时的问卷调查。为了让调查过程更加舒适，男主人搬来了桌子和椅子。但毕竟是在门口的玄关处，门檐的遮雨处始终容不下3个人。整个访问过程中，半蹲半跪的姿势，让我的双腿像早已经没有了知觉那样麻木，夹杂着雨声和我生硬的粤语口音，男主人一直在鼓励我。直到访问结束，我才发现我的后背早就已经淋湿，就这样我们完成了第一天第一份问卷。回到酒店之后，我立马洗了一个热水澡，发现后背的水痘伤口早就已经裂开。涂完药之后，突然接到督导的电话，他说今天的问卷有问题。入户抽样的问卷回答人应该是妻子，而不是男主人。听到之后，我内心真的是十分的崩溃，一天下来的努力都白费了，督导无奈地说只能放弃这个样本。挂断电话之后，我一个人在桌子前待了好久，反思自己的失误。严重的失误让我十分愧疚，莎莎安慰我说："最起码尝试过，知道整个访问的流程，接下来还有6天，我们可以的，加油！"思索着，思索着，我9点多就入睡了。

  我、谢莎莎、陈旭健，组成了一个3人小分队，继续走在巷子里。横纵交错的巷子简直绕晕了我们仨。好在有居委会的保安队员带领我们，一路上各种巷子稍微不留意就会踩到水坑，即使是如此狭窄的路，村民也"顽强"地骑着摩托车行驶在其中。就算是白天，也比较难见到阳光，更别说夜里，所以，邻里之间的关系也不太理想，互不打扰地生活着。有的住户只剩下高龄老人独居，有的住户早已搬空，有的住户租给了外来务工人员，一大家子挤住在一起。或许这就是，幸福的家庭千篇一律，不幸的家庭千姿百态。愿每个人都能拥有生活中的小确幸。

  有了第一天的经验，第二天的工作更加得心应手。完成了一天的工作量之后，我跟陈旭健想继续寻找新的样本地点，所以决定找找对应的"YF花园"，可能也是因为在夜间不好找路，我们"成功地"找了错的"YF花园"。最好笑的是，恰巧每家每户都敲门无人应答，就在我们失落之际，想到了可以给户主留张小纸条，让他们主动联系我们，然后我们两个人又走了一遍走过的路，留下了字条。虽然走错了路，但是给我的微信步数增加了2万多步，勇登第一。回到酒店之后，脚都磨破皮了，天气炎热到绿豆沙都变质了，酸臭味环绕房间，是莎莎口中的"滂臭"，我至今难以忘记。

我们对走访的流程、技巧、路线都已经熟悉，继续走在巷子里，随着进度的加快，竟然对这种别有风味的巷子和老地方有种莫名的不舍，连续三天走在小路上，听着各种嘈杂但又充满人情味的声音，还有新闻、广播的声音，这里的生活节奏真的慢。

印象中的这户人家是来自四川的一大家子，是"借住"在朋友家的，一个月交的房租仅仅是几百块，但是在他们家里已经是巨款了。儿子不孝顺，女儿叛逆，孙子只有几个月大，儿媳在厂里流水线干活，经常三班倒，把孙子留在家里给两个老人照看。我记得老师跟我说过，我们社会工作者的共情不能泛滥，不能过于把自己带入角色，但是实践起来真的好难。访问下来，很难抽离角色的背景。走出住户的家，抬头看到天空只有一条缝，光就透过这条线，拼命地挤进来，那一刻，我好像抓住了光。或许，这也是他们的光吧，这种"永不见天日"的感觉，让人倍感压抑。仅仅一道光，就是他们生存下去的希望。我们又何尝不是这个样子？忙忙碌碌，为了心里的光，追逐、跌倒、再爬起来，重新出发。驻望巷子许久，低头，认真走好脚下的路。

抛开世俗的烦琐，HJ市的美食也让人回味。中午的一碗云吞面，暖人心窝。片刻休息之后，我们继续出发寻找样本点。转角的猫像是在等待什么，它眺望着远方，孤独的像个年迈的老人。我们忍不住上前摸摸它，它又像是待宠的小孩，一直摩擦着我们的手，甚是欢喜。一会儿，看到老婆婆回来了，猫也跟着她消失在巷子深处。

YF花园里还有一位老爷爷让我们心里感触很深。他住在7楼，80岁高龄的他，一个人独居，但是身体还是很硬朗的，一开始抽到这户人家的时候，不知道是独居老爷爷，在上楼的时候发现，每隔两层楼就会有一把椅子，上面写着"老人专用，勿动"，没想到就是老爷爷放置的。知道我们是访问员之后，他邀请我们进去家里坐，不大不小的屋子里很整洁，显眼的全家福摆在电视机上方。爷爷说好久没有人来看他，今天有3个人来陪他聊天，我们知道调查对象受年龄的限制，爷爷没办法帮助我们进行问卷调查，但还是陪爷爷聊了好一会，那时候我在想，如果我爷爷还在世的时候，也能够陪他聊聊天多好。

这天我们结束了HJ的入户问卷调查，感谢了居委会的帮忙之后，我们匆匆赶往DD社区。临走之前和莎莎在酒店的房间拍了合影。感谢莎莎三天三夜的陪伴，完成一个社区的调查真的很开心！也是这天的下午我们到了DD居委会，开始新的社区走访。

DD社区离HJ不远，但是两个地方的贫富差距特别明显。我们3人依旧抱团进行走访，"A花园"相对来说是个中高档的小区，我们想着，这里面的人各方面素质较高，加上物业的帮忙，开展的难度应该不大。事实上，是我们天真了，恰逢国庆假期，许多住户都外出游玩，加之更多的拒访和质疑，我们内心的防线一层层被击破。我们成了在小区晃荡的"宣传推销分子"，人人皆躲而避之。我心里十分受挫，一下午又是没收获。电话联系的几家住户答应了可以上门访问，但是他们却一次又一次的爽约。无奈，只能回到酒店重新申请新的样本点，跟督导商量对策。

我们又来到了A花园，请物业帮忙电话预约了好几家，莎莎成功地开始了访问，我跟陈旭健继续走访寻找下一个样本点，就在这时，接到了"YF花园"业主的电话，原来我们留的纸条是有用的，得到回信的感觉真的很好，在道谢之后，我们又充满了斗志，相信继续努力一定行！

可能是在小区里"晃荡"久了，小朋友对我们产生了好奇，围着我们问，"姐姐，你们是来干吗的呀？""姐姐，你们是监考老师吗？我妈妈说，戴牌牌的是监考老师""姐姐，你要吃饼干吗？""姐姐，你也喜欢玩滑滑梯吗？""姐姐，你们的牌牌上面的字我们会！"被各种充满童稚的声音围绕，我们干脆趁着这个间隙，跟小朋友们讲解了我们的工作任务，好可爱的他们，齐声念起了我们的访问员证，真的被他们可爱到！

终于等到门禁被打开，我们继续上门走访。一层又一层，到了16层，家里只有姐姐和弟弟在家，乖巧懂事的姐姐，和我们说他们爸妈刚出去了，大概5点半才能到家。我们心想，预约了3点半又要推迟。无奈只能答应。

5点半，我们重新回到了这户，可是家长还没有回到家，我们又等待了一个小时左右。终于在晚上7点半，我们又敲开了这户人家的门。原本以为会是很顺利的访问。开门的是男主人，我们像往常一样开始了自我介绍和询问是否接受问卷调查。一开始商量得好好的，突然女主人十分强硬地拒绝接受调查。我们就开始游说，开始各种介绍CSS的调查目的和意义，男主人开始慢慢地动摇了，准备接受我们的访问，但是女主人依旧是强烈地拒访。后来男主人答应接受我们的抽样，我当时内心的想法是一定不要抽到女主人，真的是怕什么来什么。入户抽样抽到了女主人，她的强烈拒绝，让我们真的很受挫。我们道谢之后，离开了他们家，隐隐约约还听见女主人对男主人的训话，"你知不知道个人隐私的问题，这是我的权利，我有权利拒绝"。我们放弃这个样本的原因之一，也是害怕影响家庭关系。走进电梯的那一刻绷不住了，我跟陈旭健十分的低落，眼泪一下子就出来了。这是我第一次在调查过程中流眼泪。我觉得我是个乐观开朗的女孩子，不会因为一次拒绝如此崩溃，最让我心里难受的是被质疑、被恶语相对。这一晚，我们失望了。我找到了督导梳理情绪，这么多天的积压一下子都释放了出来，感谢你们的陪伴。

第五天，我们依旧"游荡"在A花园小区中。早早地来到物业等待，也许是国庆假期的第五天，大家都开始回程，样本中住户在家的越来越多，我们的进展相对来说顺利了很多。基本上接触的样本都有回应，我们的进度越来越快，直至中午，我们仍待在物业，在此也感谢物业"华哥"给我们腾出地方休息。我们3个累瘫了，竟然在沙发上昏睡过去。直到督导的"偷拍"，我们才醒过来。

现在回想起在"A花园"的经历，心里的阴影还是很大。或许是被拒访的恐惧，或许是被质疑的委屈，抑或是无人应答、没有回应的失落。问卷中有这样的一个问题："你觉得人与人之间的信任能打几分？"我们真的好难回答这个问题，可能是生活在太安逸的环境中，对世界总是充满了期待和爱，总觉得别人也应当这个样子，可是真的不是每个人的成长经历都支持他去爱这个世界。如果非要所有人都这样做，是苛求的。这样说好丧气，就像前面说到的，作为社会工作专业的学生，将来的社会工作者，想要真

279

正的助人自助是很难的，他们所有的问题根源都是物质的缺陷，但我们却只能从精神上去救助，确实是无能为力。或许再次回到HJ社区，回到那一条条巷子，回到"A花园"，都是我拥有的独特的记忆。

很开心在第五天的晚上，完成了两个社区的35份问卷。五天的日子充满了变数，不断磨炼我的心志，是对我的"变形"锻炼，让我更加坚强与勇敢。

三 期待寒假

国庆期间的调查访问结束之后，我重新投入学校的学习生活中。各科老师像是约好了一样，或多或少的都提到了CSS的项目，提到了佛山南海的社工站，提到了DD社区，提到了社会学统计的调查等一系列的问题，CSS的经历让我觉得这些问题特别熟悉。邱老师还特地提问我参加之后在专业价值观上有没有变化。我很认真地跟大家做了关于调查期间的分享。有这样一段经历，确实让我在专业价值观上增加了认同感和学下去的决心。

期待寒假和小伙伴们的再次出行！通过国庆期间的"变形"，大家都成长了许多，磨合出来的默契让人感到很安心。相信白落梅说的"没有人能将日子过得行云流水"，但也坚信钱锺书的"世界上没有偶然，只有化了妆，戴了面具的必然"。调查过程的艰辛是必然的，没有人能过得行云流水也是真的。尽管如此，也相信我们可以一路旖旎，不断向前！

与CSS2021同行

赵富民　中国社会科学院大学社会学院

百年征程波澜壮阔，百年初心历久弥坚！在党的百岁生日到来之际，2021"中国社会状况综合调查"（Chinese Social Survey，以下简称CSS）也再次开启了新征程。身为CSS项目组华中南大区的督导，在烈日炎炎的七八月份中，我在江西省南昌市、广东省湛江和茂名市都留下了足迹，后来在秋风萧瑟的10月，我又在北京市东城区记下了一笔。诚然，这段经历是我至今的人生中最为丰富多彩的一段，所以在这里我想把它分享给每一位CSSer和每一位关注着CSS的同人。

一 探寻兴趣缘起

我最早接触 CSS 是在 2020 年下半年李炜老师的课堂上，还记得那时候李炜老师的课堂内容大都是结合他在 CSS 的亲身经历来讲述的，每节课都充满了各种各样有趣的故事和经历，同学们也都听得津津有味，而那时的我也逐渐开始为 CSS 的魅力感到痴迷。此外师兄师姐也经常向我们讲述他们在 CSS 的亲身经历，让我对这项调查事业充满了兴趣。待到寒假期间，由于写作需要，我对 CSS2019 的问卷和数据进行了详细阅读和分析，问卷中对于个体、家庭、社区以及社会体制的关注给我打开了调查研究的新大门，让我认识到调查不仅仅是社会现实的文字版复现，而且记录了一段一段人生，也许它们不会以数据形式完整复现，但藏在每一份数据的字里行间，让每一个数据使用者都肃然起敬。

到了今年 4 月份 CSS2021 开始招募项目督导的时候，我毅然决然地向老师提出了报名申请，在经过层层选拔之后，我也顺利加入到了 CSSer 的大家庭。之后就迎来了近两个月的培训与考核，我还记得李炜老师在首次培训课程中生动的介绍，还记得邹宇春老师给予我们的期望，还记得崔岩老师、任莉颖老师、林红老师等各位老师在培训课程中的兢兢业业和殷实期盼。通过那段时间的培训，我相信我们每一位督导都得到了巨大的成长，这种成长来自知识层面，来自精神层面，更来自价值观的塑造方面。如果不经历这段时间的培训，没有哪一位督导能够在实地现场独当一面。因此，经历过老师们手把手培训的我们才能真正地承担得起 CSS2021 项目督导的重担，也才能在实地处理各种问题时游刃有余。当然，培训给予我最大的影响是对于责任和使命的深刻认知，老师们的谆谆教诲让我认识到督导要具有高度的责任感和使命感，责任感规劝我们要严格遵守调查守则来执行调查任务，使命感要求我们保质保量保速地完成调查任务。在培训结束分配好各自需要前往的省份后，我对于 CSS 的敬畏之情油然而生，那是对一项具有重大社会意义和学术意义的事业的崇敬之情，也是对一项自己从未经历过的事情的畏惧之感，但我也相信，长风破浪会有时，直挂云帆济沧海。

二 至江赣英雄城

众所周知，培训工作在整个CSS2021中占据着不可或缺的地位，它是调查能够顺利进行的基石。我从北京出发，第一站便以培训督导的身份来到了江西省的南昌大学，同大区老师邹宇春老师、大区督导张丹、培训督导黄彩红对南昌大学公共管理学院的同学进行了为期三天的培训。还记得第一天刚到南昌，下火车的那一刻，我就感受到了来自这座英雄城市的热情，那股夹杂着湿气的热浪几乎是瞬间浸透了我的衣衫，这似乎是给我当头一棒，让我清醒地意识到自己已经踏入了CSS实地的调查之中，责任和使命已然在肩。而在当天晚上我便和黄彩红督导去培训教室调试设备，路途很远且天气很热，我也在心里暗暗为自己打气。

第一天的培训各位同学都准时到达教室并积极聆听邹宇春老师关于CSS2021的介绍，我能从同学们的眼中看出对于这项调查的好奇和向往，我想这也是他们选择与CSS同行的原因。之后由黄彩红督导给同学们介绍绘图抽样的部分，由于需要掌握严格的操作规范并练习系统操作，所以同学们听起来会有些迷惑，这时候就需要其他督导来协助讲课老师，为有疑问的同学答疑解惑、现场演示。由此可见，合作也是每一个培训督导所必须掌握的技能，只有良好的合作才能保证最佳的培训效果，也才能为后续的实地访问奠定坚实基础。

接下来两天的培训基本由我和张丹督导完成，而我主要承担的是问卷讲解部分。这也是我第一次给这么多人进行专业知识和技巧的培训，内心会有很多忐忑和不安，以至于在刚开始的课程中显得底气不足，难以形成良好的听课氛围，但好在有其他两位督导的协助和配合，给了我充分的鼓励和支持。尤其是张丹督导对我的帮助和指导最多，因为她同时也是我的师姐，所以我也会经常向她寻求帮助。印象最深的是同学们的互访环节，很多同学发现自己虽然听完了理论知识的讲解，但当自己的受访者发出疑问时仍然会不知所措，这时就需要督导为他们一一解惑，并告知在不同情境下该如何对问卷进行解释。由此可见，问卷调查是一项实操性很强的工作，它不仅需要访问员对基础理论知识了如指掌，还需要访问员能够把理论转换成受访者可以理解的语言并表达出来，这就需要通过实打实的练习来查漏补缺，也需要访问员和督导的信息互通来完善表达。这次培训给我的最大感受是付出才有收获，一方面是告诫了我只有在培训前进行了充分的准备和试讲，才能够把知识和技巧传授给每一位听课的同学；另一方面，无论是我们督导还是参与培训的同学，大家都付出了时间和精力投身于这项事业当中，我们期望通过共同努力来顺利完成此次培训任务，而同学们期望通过培训学习知识、掌握技巧、奠定基础。

最后想在这里给予南昌大学的同学们以大力赞扬，也对地方督导老师的支持表示十分感谢。虽然后续他们实地调查的过程我没有跟随，但从我了解的信息来看，他们非常出色地完成了这次调查的任务，而且还有一些高质量的视频成果产出，把建党百年、实地调查、城市精神充分融合并展现给了每一位受访者、每一位CSSer、每一位关心着CSS的人，这也是我认为CSS2021应该实现的目标。

三 从湛江到茂名

告别南昌大学的CSSer们，紧接着第二站我来到广东省湛江市的广东海洋大学，在这里开启了我的新一轮培训和首次实地巡访，此次培训任务由邹宇春老师、徐鹤溧督导和刘燚飞督导以及我共同完成。至今令我印象尤深的是广东海洋大学学子"打破砂锅问到底"的精神，他们对于问卷中每一个题目都力求全面理解、对于每一种问法都希望充分掌握，我能感受到他们对于这项调查认真负责的态度，更能感受到这群CSSer对于CSS的期待之情。我仍记得在实地调查过程中一些组员告诉我，他们在我们来给他们培训之前，就已经由各小组组长负责到调查地点去考察了，并且对于每个需要调查的村居都已经有了大致了解和沟通。此外他们还告诉我，当初培训的时候我给他们布置的试访作业，他们组长都要求他们要尽可能地寻找和实地调查相仿的人群去访问，要多加练习保证实地中调查的质量和速度。听到这些，我对这支队伍有了些许的敬意。培训结束后，我们根据实地情况选择了要带领的小组,而我和茂名组的缘分也就此结下。在7月14日我和地方督导老师以及组员们便带着"进万家、访万户、忆百年"的信念与行动,深入到广东省茂名市4个村居的数百个受访户中,访问民生情况,收集调查数据。

到达茂名的第一天,由于粤西地区交通便利度较低,从居住地到达调查点没有公共交通,因此我们首先讨论了一下该使用哪种交通工具,最开始期望能够租辆车来解决问题,但由于价格等因素该方案难以实现,但在回去的出租车上我们找到了解决方案,地方督导老师在同出租车司机闲聊过程中得知该地出租车可以提供定时接送服务,并且价格相对来说符合预期,问题也迎刃而解。到了晚上我们共同规划了4个村居的调查进度,之后给访问员们进行分组分图层,并再次确认调查所需物品及相关注意事项。

在第二天到达实地之后,首先要进行的就是绘图工作,其次是核图与核户工作。当我陪同一个小分队的访问员来到要绘图的村落时,至今回想起来我仍然有些惊讶,因为这个村落的建筑风格没有任何规律可言,它既不会按照"坐北朝南"的格局来建造,也不会依据对称原则来规划,整个村落的房屋参差不齐,给绘图、核图工作带来了很大难度。但访问员们并未气馁,我先带领他们核了几户,告诉他们需要注意的一些问题,之后便建议分开核图,这样才能够提高效率,而我则一直在他们之间来回奔跑答疑解惑,大概一小时后他们就能够掌握基础技巧,此时的我已然是满头大汗。但这时另外一个小分队的组员打来了求助电话,因此我又立刻赶到另外一个区域去协助她们核图,在帮助她们核图的过程中我意识到实地调查中方向感真的很重要,拥有良好方向感的访问员往往能够根据地图迅速判断建筑物位置,因此在分组上一定要强调合理搭配。此外,实地调查也一定要考虑到当地的天气状况,7月份广东地区天气炎热,要时刻提醒组员做好防晒、及时补充身体水分,以防出现中暑的情况。

在接下来入户访问的过程中,最大的困难在于语言方面。根据前期了解,由于调查点在村落中,村民多为年龄较大的中年人和老年人,当地语言以黎话为主、白话为辅,很少有人会说普通话,而我们8人的访问员队伍中只有2人既会讲黎话又会讲白话,其余6人中有5人会讲白话,1人仅能听懂白话但不会讲。这导致其他访问员在接触到愿意接受访问的受访者时却难以进行沟通，只能放弃样本或者等待能沟通的访问员来进行翻译，大大降低了访问的效率，也在一定程度上挫败了访问员们的信心。但在实际访问的过程中，大多数受访者家庭都能够讲白话，因此我们重新调整战略，接触到仅会讲黎话的答话人便交给两位全能型访问员，会讲普通话的答话人分给仅会普通话的访问员，这样效率就明显提升。同时，在接触答话人的时候讲方言能够更加快速地赢得其信任，比如我在陪同会讲黎话的同学入户接触时，如果用黎话和当地人打招呼，都会受到来自对方的亲切问候和满脸笑容，但如果是普通话甚至说是白话，都很有可能被拒之千里，因此熟悉一个地方的风土人情对于调查具有非常重要的意义。此外，在农村地区的访问一定要注意安全问题，粤西地区的农村大都没有路灯，夜幕降临后比较漆黑，道路存在很大的安全隐患，因此每天的实地访问必须控制在晚上7点之前，确保每一位访问员的安全都能有所保障。

虽然我们与受访者素未谋面，但人与人之间的信任让他们选择接受了我们，这是一种理解，更是一种精神，一种期望社会变得越来越好的精神。在茂名印象最深的就是每一户接受访问的家庭都会在结束的时候给予你一些龙眼，这是当地的特产水果，也是他们招待客人最常用的水果。记得在陪访时遇到一位大姐，而且她刚好被抽中为我们的访问对象，在访问员访问过程中，我对这位大姐的生活状况做了简单的了解。第一是居住环境，她和家人住的是非常破旧的一间陈年瓦房，家中物件也都非常破旧，甚至都没有一件像样的家具，家庭的经济情况很差；第二是家庭状况，她家中有一位90多岁的老人和三个孩子，我想这一定也给她带来了很大的抚养和赡养压力；第三是家庭关系，在入户接触时，是家里的孩子们把我们引进了家门，并告知我们大姐正在洗澡，让我们稍等一下。之后的访问过程中，大姐的丈夫从外回来吃午饭，当看到桌子上清淡无味的食物后他皱了下眉，扭过头又外出工作去了，由此可见，大姐的家庭关系受经济条件影响也处于紧张状态。总结这些条件和以往的接触经验来看，这样的家庭一般不会接受我们的访问且会强烈拒访，认为我们这些所谓的调查对他们来说没有任何用处。但访问中的很多细节让我认识到信任是存在于不同地域、不同语言的人之间的，比如说刚进门时老人的满脸笑容、孩子们的淳朴与热情、大姐回答问题时的认真、大哥没有对我们产生怀疑、大姐中途嘱咐孩子给我们倒水、过程中从冰箱拿出仅有的两串龙眼给我们、临走时不忘让我们带着龙眼，这些瞬间都让我对前些天的各种拒访突然释怀。我意识到调查虽然是一种带有目的性的工作，但对每一位深入实地的CSSer来说，更多的是体会实地调查中那些能走入我们内心的瞬间，去看看更多的人生百态，从而提升自己的认知和眼界。

四 辗转来回

在茂名巡访的期间，我还去了湛江吴川小组进行了为期五天的巡访工作，这期间也遇到了很多突发情况。其中印象最深的一个案例是发生在我们居住地旁的城市社区，虽说是城市社区，但建筑物仍然以独院式为主，相较于农村变化比较大的是多了一些租户，而且居民对于调查较为敏感。该案例中的答话人是该户的一位奶奶，我们在居委会工作人员的带领下顺利进入家中进行抽样，但此时家中的一名男性突然出现并对访问员加以质询，居委会工作人员帮助我们进行解释并说明来意，希望该户居民能够协助我们访问员完成访问，但这名男子认为居委会工作人员在威胁自己，便报警并到居委会讨要说法。在警察到来以后，居委会书记向警察说明情况并证明我们的身份，另外联系该男子父亲到居委会并向其说明具体情况。此时警察确认我们身份后便同居委会人员共同向该户父子解释，男子父亲了解状况后表示，该男子是因为自己家庭有超生现象，所以害怕这类调查会危害到自己家庭，但又不敢说明情况才这样，并对造成的麻烦表达了歉意，而其儿子也明白了其中的误会并随父亲一同回家。后来我们对居委会工作人员和警察同志表达了感谢，并决定放弃对这户家庭的访问。这一事件让我看到了基层生活中人民的敏感性，他们在关乎自身利益的各类事件中都保持着小心翼翼的态度，这也促使我开始反思，哪怕有居委会人员带领，入户也并不是非常容易的。该如何打破访问员与答话人或受访者之间的质疑屏障，仍然是入户调查中所需要破解的一大难题。

在从吴川回去并结束了茂名的调查工作之后，我又来到了湛江的遂溪，这是我第三次踏上港城湛江。遂溪小组的进度比较缓慢，主要是受限于最后一个城市社区，该社区包含了遂溪县人民政府及其家属楼，因此入户难度较大，拒访率较高，甚至最后用了上百个样本才完成了该社区的17份问卷。这个社区的拒访态度和拒访率都非常让人崩溃，但令我感动的是组员们的团队凝聚力，无论被拒的有多么惨，每一位成员都没有要放弃、要后退，可能有些访问员实在压力大会找个地方哭一下，然后一出门就会碰到组长拿着一枝花送来安慰。我觉得这就是CSS带给我们每一个人的成长，让我们学会承受压力和挫折并在其中不断生长。我也相信，每一位经历过CSS的CSSer最终都会有所收获、有所成长。

五　一点总结

CSS2021在绘图抽样方面，采用了计算机辅助住宅抽样系统（CASS-CARS）的二期。这是国内大型社会调查中较大规模地在实地绘图抽样阶段全程实现电子化操作的积极试验，推动了国内大型综合调查的技术进步。但由于使用时间较短，仍然有很多值得改进的地方。例如，在核图或核户完成后，能否实现仅在建筑图层或抽样图层就可以同时查看两个图层拍的照片和备注信息，因为农村地区建筑分布非常杂乱，哪怕是亲自核图核户的人也很难凭记忆快速找到抽到的那一户，所以绘图员会选择核图时多拍路口照片、添加备注等，以便核户或后期入户时寻找地址。因此，若在建筑图层或抽样图层就能查看两个图层的信息可方便绘图员操作，避免来回切换图层。虽然CARS在使用过程中存在着各种各样的小毛病，但在实地入户找址中发挥的作用仍然不容小觑，尤其是对于地图掌握能力较差的访问员来说，实时查看CARS可以帮助其迅速确定样本户位置。

回首这段调查的日子，脑海中会时不时蹦出培训与实地调查中的艰苦经历，但心中多有的还是不舍与怀念。CSS2021，感谢与你相遇，让我在祖国的南方留下了足迹；感谢与你相识，让我结交了一群志同道合的CSSer；感谢与你相知，让我对入户调查有了全面深刻的感悟；还要感谢你的陪伴，给了我一个不一样的夏天。

CSS2021带给我不一样的夏天

刘蓁 中国社会科学院大学马克思主义学院

2021年夏天,在大学生涯即将结束之际,我参加了中国社会科学院社会学研究所组织的"中国社会状况综合调查"(Chinese Social Survey,以下简称CSS),也算是为我的大学生活画上了一个圆满的句号。早在2019年的夏天,我就从同学那里了解到了CSS项目,但由于个人原因,没能加入CSS大家庭。两年后,我终于通过老师们的考验,成了一名CSSer。从5月到7月,在这短短的三个月里,从课堂上学习理论到模拟访问,再到实地访问,再到将项目的要求和经验分享给地方的访问员,到最后和访问员一起入户调查完成访问任务,这一整套流程走下来,让我了解了很多社会学研究的理论，更重要的是真正走出了书斋，走出了自己的舒适区，深入到社会中，与被访者面对面交流，为地方访问员提供帮助。几个月的调查也让我深入了解了CSS项目的整个流程，在不同的时期承担了不同的角色。

作为一个新手CSSer，我需要认真学习有关CSS项目的所有知识。同时，因为我的专业并不是社会学相关的专业，在理论学习阶段我还需要学习和理解社会学理论相关的内容。犹记得李炜老师为我们介绍CSS项目的概况和理论基础，崔岩老师为我们讲授问卷有关的学理知识以及设计问卷应该注意的事项，邹宇春老师为我们讲述社会调查的流程，任莉颖老师为我们讲解抽样以及如何保证抽样的科学性，等等。老师们的讲述给我传输了很多社会学的知识，让我对社会学有了进一步的了解和认识。

作为一个访问员，我最需要经历的是心理上的磨炼。作为一个有轻微社交恐惧症的学生，实地调查进行面对面的问卷访问，对我来说无疑是一个巨大的挑战。在入户调查时，我们小组既遇到了非常热心配合调查的大哥，也遇到了怀疑我们动机以致不愿意开门交流的市民。面对这一系列的问题，我们运用老师、学长学姐在课堂上传授给我们的经验，耐心地回答市民的疑问，把一个个拒访者转变为受访者，积极地配合我们的面对面调查问卷，我觉得这一过程比学到任何知识都更有价值，这是一种与人交流沟通的锻炼，是在学校课堂学不到的，只有在社会大课堂才能学到的技能。

作为一个宣讲督导，我要尽力把CSS项目的要求以及我们的经验教训传递给地方督导和地方访问员，让他们能够保质保量地完成访问的任务。在7月初，我去了湖南长沙，给同学们培训的时候，我感受到了同学们对CSS项目的热情以及那种为社会贡献微薄力量的激情。同学们对项目的热忱也激励我努力讲好每一堂课，努力把入户接触和入户抽样的过程讲清楚，避免出现问题，提高调查的质量。

作为一个巡视督导，我需要和访问员一起入户调查，既要帮助访问员进行访问，同时也要指出在访问过程中不规范的步骤，保证问卷调查的质量。在长沙培训结束之后，我先后前往湖南、浙江、湖北4个省份进行巡访。正是因为在不同的省份进行巡访，我对不同角落的社情民情有了更加深入的理解和认识。在湖南,我巡访了一个偏僻的小山村,从村里到县里开车需要一个小时,走在乡间的小路上,我看到了农民朋友们辛勤劳作,只希望有个好收成,乡村里也还是存在着一些发展的问题,青壮年外出打工的人较多,乡村老人的养老问题也比较突出,这些问题也印证着乡村振兴战略的势在必行。在巡访完小山村之后,我乘车跨越多个省份,来到了浙江,这是一个别样的天地。从小山村到现代化的城市,这种对比和落差使我百感交集,这让我真正体会到了社会的现实。社会不是一个扁平的结构,它是参差不齐的,只有真正进入社会中,才能体会到这种差距,也才能真正领会"共同富裕"的重要性和紧迫性。在浙江巡访之后,我又去了湖北红安。这是一个有名的将军县,"一大"代表董必武先生就是红安人,这里也是黄麻起义的发源地,可以说,这是一个红色文化浓郁的地方。在红安的巡访也让我感受到了红色老区人民对红色精神的一种坚持,以及对革命精神的一种赓续。

在经历培训、模拟、实地调查、地方培训、巡访之后,我对CSS项目的整个流程有了一定的了解。就整个项目的执行而言,宣讲与巡访结合也许是一个比较好的经验,经过一段时间培训的督导常常能与地方督导和访问员建立相对良好的沟通和联系,这对于把控问卷质量,团结地方访问员,解决调查问题有很好的作用。同时,调查现场声音的录制以及后台的质控对于问卷质量的把握也是一道保障。

当然,在我巡访的各个省份中也出现了各种各样的问题,我觉得主要的原因在于以下几个方面。其一,地方培训没有做到位,可能由于培训时间在期末,地方访问员时间比较紧张,压缩的培训时间导致一些访问员对CSS项目一知半解,在具体调查过程中就会出现不清楚整个调查流程,轻视抽样的现象。其二,大区老师、地方老师、地方访问员、质控这四方的相互沟通和联系有待加强,当问卷出现问题时,这四方的沟通尤为重要。具体是什么问题,哪一部分出了问题,当时现场是什么情况,这些问题都需要沟通清楚,最好是直接点对点沟通,否则只会导致地方访问员怨气加重,积极性下降,问卷质量下降,出现更多的问题,形成恶性循环。其三,核图、核户、找地址需要更严格把关。CSS项目的抽样是按照地图地址来进行抽样的，那么在进行调查的时候也要重视这几部分，排查出一些错误的核图、核户以及找错地址的行为，同时升级两个系统，解决一些已经存在的问题，进一步提升CSS的代表性和科学性。

总的来说，CSS项目给我带来一种不一样的体验，它让我真正了解了科学的社会调查应该是什么样，入户调查的困难又在什么地方，如何去获取高质量的调查数据，为我们做出科学决策提供可靠的数据支撑，我相信这会成为我人生中一笔宝贵的财富。也衷心祝愿CSS项目能越办越好，做人民心中的好调查！

仗卷行霸州

董金秋　河北农业大学人文社会科学学院

2021年7月5日下午,在霸州市CHJ乡N河村村委会的办公室内,几名大学生正在热火朝天地忙碌着,有的在查阅村庄规划图,有的在向村会计询问村庄相关信息,有的则在CAPI上核查村居图,一派科学严谨、实事求是的工作氛围。这是河北农业大学人文社会科学学院2021年"中国社会状况综合调查"(Chinese Social Survey,以下简称CSS)项目暑期社会实践的实地场景。大家在刚刚结束一学期的课堂学习后,经过4天的绘图、入户访问培训,迅速到达霸州市调查地点,投入到本年度的CSS项目中。

第一站：城郊乡村社区

N河村居民480多户，常住人口近2000人，紧邻霸州市区，是一个典型的乡村社区。驱车进村，虽烈日炎炎、汗流浃背，但当地领导支持，村民和蔼，让大家的工作情绪高涨。这是一个规划十分成熟的村庄，街道笔直，户院规整，所以核图工作较为顺利。村委会的肖会计是位70多岁的老党员，他骑着电动三轮车帮助我们克服了路长、高温、下雨等不利条件，为核图、核户、入户工作提供了极大便利。他年高德劭，备受村民爱戴，有了他的介绍，访问员与村民很快拉近了距离；有了他的三轮车，访问员们也省去了许多串街走巷的奔波。在接下来的两天时间里，这辆令人难忘的三轮车从早上7点一直工作到晚上9点，它把我们拉到受访家户，也拉进了村民的心里。难忘那辆神奇的三轮车！

第二站：现代化城市社区

T社区位于霸州市核心区域，主要由TL、SX和SXY三个小区组成，住有7000多户，常住人口约28000人。TL小区的居民以公检法及相关政府单位工作人员为主；SX小区环境优美，散落着栋栋别墅，居民多是企业主、商人；而SXY小区的住户类型相对复杂，各行各业均有。虽然三个小区的居民类型构成大不相同，但有一个共同点就是楼房单元均有"门禁"，访问员极难进入。社区符合"陌生人社会"的基本特点，戒备和防范心理较强，无人、拒访是常态。不同于农村，这里与住户有一定联系的是物业，所以物业工作人员协助入户必不可少。多亏有物业经理与样本户主进行电话沟通、介绍，并带领我们一趟又一趟地到样本户家进行接触、敲门，再加上访问员们的辛苦努力，两天时间里，每人日行两三万步，一位女同学还一度中暑，调查样本任务才最终得以完成。

第三站：城市化过程中的过渡型社区

H社区位于T社区的西北方，与之临近，共有住户约5900户，人口约8000人。有了社区书记的介绍，再加上队员们仔细的实地核图，H社区的整体面貌变得清晰起来。该社区的构成是霸州市4个SSU中最为复杂的，有2个规模不大的城市居民小区，1个店铺林立的城中村，还有1个等待拆迁、破败不堪的村庄，这个混杂型社区几乎就是当代社会中社区类型的一个缩影（如果再有一个农业社区的话）。我们核图、核户花了1天时间，时下时停的夏雨对这里的入户访问工作构成了一个巨大挑战。小区物业的支持也是有心无力，访问员只能凭借培训时学到的技巧，再加上个人交往能力，最终才完成了几户样本的访谈。商铺街当过兵的村干部特别热情，我们出于对其协助入户的感谢，特意在他家超市里买了些矿泉水。尽管拆迁村的样本户对访问员们的到访或抵触，或不解，但村内两位长者的引介还是让入户成功率大大提高。过渡型的社区情况复杂多样，入户没有固定方法，到什么住区就用什么办法，机智灵活就一定能完成访问任务。在这种过渡型社区，如何处理和协调社区、物业、村委会三者之间的关系，以及他们与居民、村民之间的关系是城市建设过程中无法回避的一个问题。

第四站：工业化的乡村社区

泥泞积水的街道，味道不佳的空气，房屋破旧的院落……很难想到，这就是曾名重一时的W村。该村现在有500多户，人口约3000人，其中外来打工经商者就有2000多人。村委会主任的热情接待使我们接下来的调查有了"定心丸"，因为大家知道，外来租户对上门访问必然是冷漠的、不解的。两辆电动车的协助使我们的核图、核户工作以兵分两路的方式很快完成。第二天一早我们驱车入村，村里主事负责协助队员们入户。这位主事不简单，主持全村的红白事，可以说是个地道的"户户通"。他骑着电动三轮车把队员们一个一个送到样本户，他的面容胜过了中国社会科学院的证明，使我们的入户被接纳程度极大提高。4轮入户过后，17户样本访问宣告完成。在一个外来人口集聚的村子开展调查，找到一位德高望重、人见人熟的带路人是调查顺利进行的重要保证。问题是，该村一度是富甲一方、日销售额达千万的淘宝村，"富了方丈穷了庙"，经济发达与乡村建设未能做到同步发展、并驾齐驱，其中的缘由是什么呢？又该如何解决呢？

  调查研究是谋事之基、成事之道。霸州四村居的入户调查历经12天顺利结束，这次活动也为我们了解民众生活、增强人文情怀、提高个人才干提供了一条有效途径。在核图、核户、入户访谈过程中，我们见到过高楼、别墅，遇到过破房、烂屋，遭遇过粗鲁的驱赶、冷冰的拒访，也受到过笑脸相迎、凉爽雪糕的款待。从村子会计的"神奇小三轮"到物业经理的"藿香正气水"，从现代化的T社区到基础设施落后的W村，这4个村居几乎构成了一个PSU里的社会缩影。短短的调查时间里，我们见证了社会百态，体验了民众所思所想；也从开始培训时的懵懵懂懂，到最后熟练操作CAPI和CARS，学会了与人礼貌的沟通、交流，也有了心忧百姓、思考社会的情怀，CSS项目真的让我们收获太多。

穷山距海无重数，
飒沓磊落险峰行

姜瀚　中国社会科学院大学社会学院

标题中的"穷山距海无重数"既指我国疆域辽阔，也指CSS项目自2005年启动以来走过的16年历程；"飒沓磊落险峰行"则是指16年间CSS全体成员的英姿。谨以此文向CSS2021项目组全体老师、同学致以敬意，也向养育我们的这片土地和在其上辛苦劳动的父老亲人致以感激，是他们的教导、指点、帮助和宽容给了我勇气，使我幼稚的笔触能够成文。

一　调查经历

在CSS2021中，笔者作为巡视督导员，主要参与了山东、西藏2省区共3家合作机构的培训及实地巡访工作，此外还参与了陕甘Ⅱ期的访问员培训以及8月的一部分后台质控工作，具体包括：

2021年3月底至4月初，参与社区联络；5月初，面试督导测试；5月~6月，候选督导培训；6月20日，通过考核；6月25日，山东1区绘图抽样培训；6月26日，山东1区抽样绘图巡访；7月8日~10日，山东1区问卷调查培训；7月11日~17日，山东1区入户调查巡访；7月18日~25日，后台质控；7月24日~26日，陕甘Ⅱ期甘肃访问员线上培训；7月29日，山东2区绘图抽样培训；7月30日~8月2日，山东2区抽样绘图巡访；8月6日~7日，山东2区问卷调查培训；8月8日~10日，山东2区入户调查巡访；10月10日，北京市东城区菊儿社区绘图抽样；10月20日~22日，西藏自治区问卷调查培训；10月23日~26日，西藏自治区入户调查巡访。

二 调查思考

（一）数据准确度

CSS采取入户面访、念读问卷的形式进行调查，其目的有二：一是通过访问员的面访，确保受访者能够听到问卷的每个问题，必要时由访问员加以解释，以避免自填问卷中常见的，受访者不看问题或不懂问题而直接填涂选项的现象；二是通过访问员的追问和记录，对受访者的回答进行现场质控，在受访者的回答前后不一、逻辑不对时访问员能够及时追问并做出补充或修改，在问卷结束后也能对访问的环境、受访者配合程度、受访者诚实程度等进行评估。

在问卷调查过程中，访问员在个别问题上的不规范念读其实是难以控制的，但只要培训得法且规范，使念读问卷的面访方式起到应有的效果，那么访问员在实际操作中出现的不规范念读就往往只是随机方向的误差，对于调查整体的信度和效度来说影响并不大。真正对问卷质量有重大影响的是抽样层面的不规范，这就需要陪访的巡视督导多加注意，也需要地方督导以及后台质控员对问卷质量和操作规范性进行审核。

"没有调查，就没有发言权"，"调查研究是谋事之基、成事之道"，亦唯有经此，才能够明白CSS项目孜孜以求的科学、准确的调查数据是何等可贵，这种追求本身又是一桩何等理性的事业。

（二）问卷设计

经过16年的不断打磨和完善，CSS的问卷一直在成长和演进，在科学性、系统性、普适性等各方面都不断进步，而且也必将不断地继续成长完善下去。仅就CSS2021的访谈情况而言，目前版本的问卷总体上仍然过长，且仍具有一定的精英主义和城市中心主义的弊病。本部分将从问卷长度、问题分布与结构设计和问题的修辞三部分对问卷现有的问题进行讨论分析。

1.问卷长度

CSS2021的主问卷有10个需要由受访者回答的部分，从质控平台上不难看出，现有问卷的时长普遍在40分钟至80分钟，这种体量和规模的问卷可能面临耗时过长的问题。依照相关法律规定和访问规范的要求，访问员必须如实对受访者告知访问的内容领域及可能的耗时，且受访者明确有拒访权。40分钟以上的访问耗时在实践中可能成为一种事实上的筛选机制，会将相当一部分潜在的受访者从能够参与问卷调查的范围中筛选出去。

以笔者在山东农村参与开展的入户调查工作为例，在多个样本村落中都存在60岁乃至接近70岁的受访者早出晚归在工地打工，没有五险一金、每月休息日不足5天、月收入不过1000余元的情况。由于这样的受访者难以在正常时间接触到，或接触到了也缺少接受访问的时间空闲，因此即使他们年龄在调查要求范围之内，但仍然不易包含在问卷访谈的范围之内。作为记录和研究社会变迁、分析与应对社会问题的社会调查项目，CSS对上述这部分潜在受访者的覆盖不足是十分可惜的。

2.问题分布和结构设计

目前主问卷其中前5个部分和最后1个部分（包括A：住户成员；B：个人工作状况；C：家庭经济情况；D：生活状况；F：社会保障；以及J：党和国家廉政建设）具有较强的普适性，基本落在所有受访者的关注领域中，在农村和城市都能起到较为良好的访问效果；而余下4个部分（包括F：社会信任和社会公平；G：社会价值观和社会评价；H：社会参与和政治参与；

以及I：志愿服务）则几乎仅落在城市受访者可能关注的领域中，农村受访者对这几个部分的访问往往缺少热情。更有甚者，由于农村地区部分受访者受教育程度有限、信息渠道较为狭窄，对政府政策、社会参与、志愿服务等领域认知较为匮乏，他们可能对于访问员的问题感到无从回答。在实地调查中，虽然每个PSU（区县）内的4个SSU（村居）组成并不固定，但大体上是3个农村社区和1个城市社区，现有的问题分布对于农村受访者较不友好，这对于CSS项目数据的信度和效度可能存在不利影响。

以问卷F部分（社会信任和社会公平）为例。在测度社会宽容的问题中，访问员需要分别询问受访者对于婚前同居者、同性恋、乞讨要饭者、刑满释放者、有不同宗教信仰者和艾滋病患者的接纳程度，在受访者是农村的老人时，该问题常常显得远离其生活。在测度社会冲突的问题中，访问员需要分别询问受访者眼中穷人与富人之间、老板与员工之间、不同种族/民族群体之间、不同宗教信仰群体之间、本地人与外地人之间以及官员与老百姓之间的社会冲突是否严重，上述群体大体上都与农村的生产生活较为脱节，在农村访问时效果并不好。

3.问卷的修辞

为了避免或减轻首因效应对受访者回答的影响，CSS项目组设计了问卷示卡以向受访者同时展示问题的所有选项；为了避免诱导性选项对受访者的影响，项目组不仅要求访问员规范念读问卷，也设计了许多中立的修辞。然而唯有在受访者能够理解且能够回应的问题上，才有必要考虑降低问题描述对受访者的影响和诱导。换言之，中立的修辞应当以不影响受访者理解问题为限。问卷中许多采取双重否定句形式的选项、针对"下列说法"表态的问题等，对于部分受教育程度有限的农村受访者来说理解起来较为困难，不利于其依据自己的真实想法进行回答。

以问卷H部分（社会参与和政治参与）为例，在测度政治参与的问题中，访问员需要询问受访者"是否同意以下说法"，逐一念读出包括以下选项在内的共计9个选项并要求受访者在"很不同意""不太同意""比较同意""非常同意"中做出选择："在村（居）委会选举中，选民的投票对最后的选举结果没有影响""村（居）委会根本不在乎和我一样的普通村（居）民的想法""参与政治活动没有用处,对政府部门不能产生什么根本的影响""我对政治不感兴趣,不愿意花时间和精力在这上面"。这类问题在问卷中所在不少,那些受教育程度有限的受访者在60分钟的访问后往往也难以进行专注的思考和有效的理解,因而会随意作答,这可能并不利于提高访问的信度和效度。

(三)面访模式

如前所述,CSS采取访问员入户面访、念读问卷的形式进行访问,以此实现有效回答和现场质控,但入户面访有优势就有不足,面访形式的主要缺点就是受访者的范围受到限制。访问员的安全要放在第一位,访问员的活动范围需要限制在督导可监控管理、可随时反应的空间范围内,访问员的劳动强度应当保持在合理阈值之下,访问员的工作时段应当以人的正常作息为基础进行设置。这些或多或少地都会限制受访者的范围。

然而,这并不一定是一个亟待改善的问题。大型项目的组织开展牵涉众多参与者和活动方,有着高昂的组织成本。为了降低这种组织成本,规模越大的项目就越需要精密严格的管理和分工。相应地,组织体系的规范化、组织结构的科层化、组织规范的理性化、组织分工的专业化都会桎梏项目的每一个参与者和行动者,最后每一个参与者都是一个庞大机器的螺丝钉,重复相对单一的工作,最后在某种程度上形成异化。这是一个在个案上相当理性的框架,在这个体系内最理想的状况就是人人都完成其工具化过程,人人都不去做多余的事,而是专注于让自己的细节不出错。事实上有一些工作固然可以由低创造率的重复劳动完成,有一些工作则不然。社会调查是和人打交道的工作,既然是和人打交道,那就非由"人"来做不可,"机器"难以胜任;而既然这项工作非由"人"来做不可,那整个体系都必须要能接受访问员作为"人"的情绪、情感、需要以及渴望。换言之,CSS项目既然采取了由人来访问的模式,收获了只有人才能做到的现场质控和访后反馈,那么项目就必须要让访问员以人的方式来工作。在这个意义上说,受访者的范围受到限制虽然是结构性的,但也是暂时的。CSS整个项目组的"人情味儿"也许正是项目长期保持活力的重要原因。

三 调查建议

（一）分卷

CSS2021在单次访问中为问卷减量的方案是将完整的问卷分为A、B两套，在实际访问中随机出现一套进行访问。这种对问卷进行分卷的设计利于在问卷总长度过长的条件下减少单次访问的题量、缩短单次访问的耗时。一方面，各分卷之间的分化程度可以增加，这有利于扩大潜在的受访者群体；另一方面，分卷设计如果能够用于区分城乡，在城市问卷中保留城市居民主要关注领域的问题，在农村问卷中设置更多农村居民主要关注领域的问题，则对于提高问卷的完访率、信度和效度都有较大意义。

（二）增设简化问卷

在AB分卷之余，也可考虑单独针对因受访者时间不合适或拒访而未能成功完访的样本户增设简化问卷，在各省农村的农闲时期、城市的周末或节假日采取自填方式进行数据收集，只覆盖劳动、经济、社会保障相关的问题，便于受访者在短时间内完成并提供必要信息。简化问卷的设置是为了补充入户面访模式下不可能访到的受访者的信息，以此作为正式问卷中部分问题领域的补充。简化问卷的数据不必与正式调查问卷的数据合并，而可以独立与后者并行发布，以减少潜在的稀释问卷质量的风险。

（三）修辞简化

在保持选项中立的前提下，至少在农村问卷中应尽可能简化多重否定、打分题、表态题等的语言表述，以上几种类型的问题或表述在实际访问中往往效果不好。问卷所使用的修辞和表述即使不能贴合各地方言的语言习惯，也应当尽可能降低其理解门槛。在农村可以考虑减少"对表述做出判断"的题目类型，尽可能代之以"对现象做出判断"。例如可以考虑以"您觉得村委会在乎不在乎您这样普通村民的想法？"代替"您是否同意以下说法：村委会根本不在乎和我一样的村民的想法"等。

诚如前言所叙，CSS项目启动至今已经16年，从名单抽样到地图地址抽样，从纸质地图到计算机辅助绘图，从纸版问卷到计算机辅助个人面访系统，不论工具还是理念，一期期都在不断进步、不断发展，在永无止境的前进中为政府的决策提供参考、为国家的发展做出贡献。何其有幸，笔者参与了CSS2021调查项目，亲历并见证了第8期调查的风雨和虹霓；更加有幸，笔者能有机会为项目的继续进步提出自己的想法，聊作引玉之砖，在这道历史的车辙里稍稍留下一点痕迹。

当今廊庙具，构厦岂云缺。葵藿倾太阳，物性固莫夺。欢迎后来诸君加入CSS大家庭，还望诸君不忘初心、砥砺前行，做中国好调查。"浩渺行无极，扬帆但信风。"

对社会调查的认识和反思

李琦　中国社会科学院大学社会学院

一　参加CSS之前对社会调查的认识

调查虽说是在史学意义上由来已久,但科学意义上的社会调查是从近现代生产力迅速发展后进一步产生的。特别是对于我国来说,社会调查更像是一个西方世界的舶来品,不过这并不影响社会调查作为一种科学工具来反映中国社会的真实情况。不过在参与CSS之前,我对社会调查的认识更多的局限于书本知识,并没有从实践中深刻了解当下社会调查的真实情况。

在参与CSS之前,我对中国社会调查的认识主要是从时间顺序来把握的。在中国,科学意义上的社会调查直到20世纪初才开始发展。这一方面是由于中国长期以来缺乏经验科学传统,没有一种科学逻辑作为方法论，同时也不注重发展科学的方法与技术手段；另一方面是由于社会政治原因，统治者的保守、僵化、官僚士大夫的"清议"之风，加之连年战乱和封建割据等因素，使得社会调查在中国始终未建立起成熟的体系。尽管科学的社会调查在中国只有短短几十年的历史，但我们还是能在这有限的发展史中找到不少优秀的社会调查范例。学术界早期的社会调查有许多是在外籍学者的指导下进行的，如1917年美籍教授狄特莫指导清华学生对北京西郊居民生活的调查，以及美籍传教士甘博、燕京大学教授步济时等人仿照美国"春田调查"所作的《北京——一个社会的调查》等。最早的由中国人主持的社会调查是陈达对北平成府村居民和清华校工所做的生活费调查。

20世纪二三十年代，中国正处于工业化社会的前夜，急剧的社会变迁、深刻的社会矛盾、大量的社会问题都需要理论界加以诊断和解释，以求救国之路。学者们从了解中国国情入手，在社会、经济、政治等广泛领域进行了大量的社会调查，例如李景汉的《北平郊外之乡村家庭》和《定县社会概况调查》。《定县社会概况调查》在中国社会调查史上占有重要地位，李景汉在调查中采用实地调查与统计调查相结合的方法，使用了随机抽样与分层抽样，亲自设计了314个统计表格，初步建立了中国农村调查的统计指标体系。他还将这些调查的方法与经验概括于《实地社会调查方法》一书中。严景耀的"中国犯罪问题调查"采用了参与观察法，他深入监狱和牢房，收集了大量第一手资料，并在资料分析中将案例分析和统计资料分析结合起来。在经济领域，由陈翰笙领导的对无锡、广东、保定三地区的大规模农村社会经济调查，对于全面了解中国农村社会起了很大作用。同时期，王同惠、费孝通的"花篮瑶社会组织的调查"在民族研究史上留下了感人的一页。

20世纪30年代后期至40年代，较著名的社会学和社会人类学调查成果主要有费孝通的《江村经济》、史国衡的《昆厂劳工》和费孝通、张之毅的《云南三村》等。学术界社会调查发展的另一标志是，建立了专门从事社会调查研究的机构，例如，陶孟和、李景汉主持的北京社会调查所、陈翰笙主持的南京社会科学研究所社会学组、陈达主持的清华大学国情调查所。

中国共产党人在其革命实践的过程中，对中国社会调查事业的发展做出重大贡献。革命领导人毛泽东就是社会调查的身体力行者，20世纪二三十年代，毛泽东撰写了《中国社会各阶级的分析》《湖南农民运动考察报告》《寻乌调查》等调查报告，他的"没有调查就没有发言权""实事求是""走群众路线"的观点，以及他所总结和倡导的"深入实地""召开座谈会""解剖麻雀""典型调查"等工作方法，对于社会调查的普及起了很大的推动作用。在他的倡导下，中国共产党人在20世纪40年代组织了对陕北地区的大规模的社会调查研究，写出了《绥德、米脂土地问题初步研究》《米脂县杨家沟调查》等大批调查报告。这些调查为认识中国社会、制定革命策略奠定了基础。

20世纪50年代以后，由于种种原因，学术性调查研究没有取得很大进展，值得一提的只是少数领域的进展。如费孝通对"江村"，即江苏省吴江市开弦弓村的追踪调查，他于1957年、1980年重访他1935年调查过的"江村"进行实地考察，为了解中国农村社会的历史演变提供了丰富资料。此外，社会调查研究在民族学、教育学、经济学等领域都有不同程度的发展。20世纪50年代中国社会调查事业的重大发展是建立了较为完善的行政统计调查系统，它能够有效地为政府行政管理提供详细、全面的数据资料。虽然在某些时期其数据的可信性令人怀疑，但全国性统计机构的建立改变了以往在基本国情调查上的落后状况。1953年、1964年、1982年、1990年成功地进行了4次全国人口普查就证明这一点。

20世纪80年代以来，随着社会学的恢复和社会科学各学科的发展，学术性的调查研究又有了新的进展。促进这一发展的根本原因是中国正处于新的历史转变时期，社会变革与社会变迁带来了一系列亟待解决的问题，如农村发展问题、城市问题、体制问题、文化观念的问题等等。针对这些问题，社会科学工作者在各个领域进行了大量的调查研究，为社会改革和现代化建设提供了许多有价值的信息和政策性建议。

二 基于个人实践对CSS的认识

正如上文所述，作为全面了解社会、收集有效信息的科学工具，社会调查在我国经历了漫长的发展过程，并且在不同的历史阶段承担了不同的历史任务。中国社会状况综合调查（Chinese Social Survey，以下简称CSS）的发起和延续承担了当下党和人民赋予的时代任务，即在国家不断发展的前提下作为综合性了解社会状况的科学手段提供具有代表性的调查数据。社会调查在发展过程中，调查的各方面不足都在不断完善，从而获得的数据更真实、更科学、更具代表性。作为我国具有代表性的大型社会调查，CSS在前期准备工作（包括对督导和访问员的培训、调查物资的调配等）、理论指导工作（包括抽样方案的确定、问卷的设计等）、调查执行工作（包括访问员入户访问、督导陪访指导等）和质量监督工作（包括现场质量控制、后台质量控制等）等方面都做得相当出色。不过仅从这些方面我们似乎不能生动地了解到真实的CSS是怎样的，那么作为一个参与者，我又会如何跟别人谈起CSS呢？

CSS是中国社会科学院社会学研究所发起的一项全国范围内的大型连续性抽样调查项目，目的是通过对全国公众的劳动就业、家庭及社会生活、社会态度等方面的长期纵贯调查，来获取转型时期中国社会变迁的数据资料，从而为社会科学研究和政府决策提供翔实而科学的基础信息。调查采用概率抽样的入户访问方式，在全国的151个县，604个村（居）民委员会开展调查。每次调查全国样本量约为1万户家庭。继2006年、2008年、2011年、2013年、2015年、2017年、2019年的7期调查之后，2021年开始第八期调查。CSS是由以下的流程组成的：1.前期联络准备；2.督导访问员培训；3.样本户地址分配；4.实地访问；5.审核问卷；6.审核结果处理；7.汇报总结。

对于调查中的各项工作来说，每个部分的工作都由不同的人负责。对于项目组的老师来说他们需要总揽全局，调查的设计、抽样方案的确定、问卷设计、联系合作机构、培训督导等工作都需要老师们来统一协调。对于督导来说，督导们是联系访问员与项目组总部的重要环节，他们需要提前对访问员开展培训、联系村居做好入户访问的准备工作，也需要及时地解决开展调查时所面临的问题，最重要的是把握好问卷数据的质量。对于访问员来说，他们是整个调查过程中最重要的执行人员，他们可能要跋山涉水赶赴需要开展调查的村居，可能会面临暴力拒访、恶劣天气等诸多困难。总的来说，就工作内容看，整个调查的过程会遇到相当多的困难，而且困难的来源也是多种多样，不过每个部分的工作都会有紧密的联系从而将整个调查融入每个参与调查的人的经历中。

或许在参加像CSS这样的大型社会调查之前，我会更多地认为，社会调查只是包括实地访问阶段，从而对社会调查的认识不够全面。但是参加CSS之后我意识到一个调查项目投入实践的时候远远比书本中描绘得更加复杂更加生动。比如CSS采用的抽样方式是PPS抽样，以阶段性的不等概率抽样来换取最终总体的等概率抽样，这不像滚雪球抽样或判断抽样那样容易产生误差，因此能保证数据最终的科学性。为了保证抽样的严谨，CSS样本户的抽取采取了地图地址抽样，将村落住宅绘图并进行抽样，我没参加CSS之前还真是没有接触过这种抽样方式，感觉很有创意。

CSS意义并不局限于发起者的初衷，CSS的确具有获取转型时期中国社会变迁的数据资料，从而为社会科学研究和政府决策提供翔实而科学的基础信息的意义。但是从参与者的角度来看，CSS具有更加丰富的内涵。对于一名社会学学生来说，参与这次CSS是一次非常好的理论与实践相结合的机会，对于自身的学术成长历程来说是很有意义的。但是在参与过程中，CSS也并不只是一个调查项目，而是融入了一部分生活中，在调查执行过程中不断出现的各种困难也会磨炼自身的品质，当然其中也会穿插着喜悦和劳累。总的来说，参与CSS是一次宝贵的经历，不仅有宝贵的回忆，也会促进自身的成长。

三 我的CSS经历

CSS在调查开始前会培训一批督导作为支撑调查实施的骨干力量，在培训时大家经历的是无差别的全面培训，不过在完成培训后会进行不同的分工，主要会分为抽样督导、巡视督导、培训督导、质控督导四类。抽样督导在分工后主要负责的是绘图抽样工作，具体需要参与协助地图的绘制和样本户的抽取。巡视督导则在调查实施过程中对访问员的访问工作进行协助和监督，是连接一线和项目组的关键。培训督导则更多地注重于对地方合作机构的访问员和督导进行有关调查内容的培训。质控督导则负责对问卷质量的监督，主要是在访问员完成问卷并上传到后台系统时及时地审核问卷并给出反馈意见。在调查过程中，督导们也会相互转换角色来负责不同的工作。对于笔者来说，按照这段经历的不同时间可以划分为不同的阶段，分别是培训时的候选人、试调查时的访问员、正式调查时的质控督导。

CSS的培训是在2021年4~6月进行的，在这段时间中，项目组的几位老师对我们进行了调查的介绍、实施流程、问卷结构、抽样方案、访问技巧、心理建设等方面的全方位培训。经过培训，我们具备了较为充分的理论知识并对CSS有一个较为清晰地了解。在这段过程中，我们不只是学习一些书本知识，也会积极思考目前仍有什么不足，也会相互试访，会学习设备的使用，会尝试描绘地图，等等。在完成培训后，为了检验培训的效果，我们集中去怀柔做了一次试调查。从绘图抽样到入户接触再到正式访问最终汇总结果，这段时间并不长，只有两天，不过这两天的访问员经历让我深刻地体会到了理论与实践的差距，也预知了将来在一线进行访问的访问员将会面临巨大的困难。在怀柔试调查期间，我所接触的样本有14个，其中有6个样本无符合人员，2个样本强烈拒访，6个样本无人应答，最终在试调查接近结束的时候才成功地在最后一个样本处完成了访问。

在调查正式开展期间，有关工作占据了我这次CSS经历的大部分时间，这段时间我主要担任质量控制的工作。相对实地访问开始的时间，质控工作的开始时间要晚一些。笔者正式投入质控工作是在2021年7月初，此后一直持续到相关工作完全结束。在调查开展过程中，由于各个省份开展的时间不同，在不同的时期上传的问卷数量不同，质量控制需要审核的问卷数量也不同，总体上在7~8月份是问卷上传的最高峰，也是问卷审核工作最繁忙的时期。不过负责质控的同学都很认真负责，在保证审核质量的前提下极大地提高了工作效率并创下了CSS有史以来复核问卷数量最多的纪录。

相对于参加实地调研，可能大多数人会觉得做质量控制会是一个清闲的差事，可以坐在办公室里吹着空调喝着茶。实则不然，做质量控制的工作难度丝毫不比参与实地调查低，因为质量控制从细节上来说是一门精细功夫，需要根据有限的资料来通过相关细节控制总体数据的质量以此来保证整个调查的客观性；从整体来说，质量控制是项目组与一线调查人员的重要联系途径，全国各地的问卷都将汇总到系统由质控人员来完成相关的工作，各地访问过程中遇到的难以解决的问题也大多是由总部的质控人员协商解决，所以与各个省份之间的沟通与互动，以及烦琐细节地处理问题决定了质控工作的整体难度。

在做质控的过程中所遇到的困难让我们经历了许多苦涩与欢笑。由于后台质控是线上操作的，我们了解到的访问情况与实地访问情况会有一些不同，因此在发现某些问题后与进行实地调查的访问员或督导进行沟通时会遇到较多的困难。一方面我们需要理解进行实地访问的艰辛并在了解实地调查情况后在许可范围内适当地放宽标准，另一方面我们又因需要严把数据质量的底线而显得有些不近人情。在一些无关紧要的地方，我们很乐意去理解访问员的艰辛从而"网开一面"，不过在遇到真正的质量问题时我们便会毫不留情。通常我们通过电话回访、录音审核、入户回访等方法确认某份问卷存在严重质量问题并留存相关证据后，我们便会通知访问员对此进行解释，在合理的解释消除相关问题后，这份问卷可以被收录，反之则需要作废这份问卷。除了沟通上的问题，最主要的就是方言，有较多的地方方言是很难被外地人听懂的，因此我们时常会请教理解相关方言的人来判断访问内容是否有问题，其次需要依据整份问卷填答的前后逻辑来进行质控的工作。质控工作会给我们带来沟通困难、不被理解、情绪冲突等苦涩，但我们也会因为学习方言、不同的访问状况而有许多欢乐。

在7月份和8月初，质控工作是需要去社会学所进行实地办公的，后续因为疫情原因而转为线上工作。其中线下工作是较为繁忙的，在此期间，我们早上需要8点签到工作至中午11点半，中午11点半到下午1点半进行午休，下午工作时间是1点半到晚上6点。我和几位同学是在中国社会科学院大学住，距离社会学所较远，每天早上需要6点起床去赶车，晚上回到学校已经大概8点了，其中单程路程耗时大概2个小时。每天的早饭是在路上吃的，午饭只能点外卖，晚饭只能在晚上8点后吃，就这样每天往返于社科大与社会学所之间，的确很累，每天在路程上就要耗费4个小时，不过收获也颇为丰富，结交了很好的朋友，获得了宝贵的实践知识，锻炼了自己应对事务的能力。

四 基于参与式观察的反思

大型的社会调查是采用自填式问卷或结构式访问的方法，系统、直接地从取自总体的样本里收集资料，并通过对资料的统计分析认识社会现象及其规律的社会研究方式。概率抽样调查研究的样本是随机抽取的，资料收集需要采用特定工具，研究所得到的是巨大的量化资料。社会调查研究的优点在于可以兼顾描述和解释两种目的，既可以用来描述某一总体的概况、特征以及进行总体中各个部分之间的比较，也可以用来解释不同变量相互之间的关系。调查研究的操作程序规范且严格，因而研究结果具有较高信度，也可以迅速高效地提供有关总体的丰富资料，能够很好地掌握不断变动的社会现象。不过调查研究对事物理解和解释的深入性以及研究的有效性相对较差，所获得的资料较为简单化，很难深入被调查者的思想深处。

不过本次经历也让我更加注意到了实施调查的人员，在调查研究中起到的作用是至关重要的，他们在整个调查过程中投入了大量的时间与精力。从某种程度上说，对于调查人员来讲，最起码在调查实施期间，调查已经超出了原本的目的性而融入他们的生活当中。参与社会调查会给调查者一个契机，他们可以基于自己的视角在潜移默化中发现真实的社会。可以明显地发现，在参加社会调查后，调查者将产生许多方面的改变，从个人能力、看待问题的方式都将产生一种微妙的变化，因为他们看到了、听到了很多稀松平常但可以深刻影响他们的事情。对于这种对比，我主观上认为调查研究作为一个影响因素将会导致调查者产生不同程度的"调查者精神气质"。概括来讲，调查者在参与调查研究后对社会的认知、处理事务的方式、看待问题的逻辑思维将会被影响，即会变得更为严谨、更善于理解社会、更为客观地看待问题。

综上所述，参与CSS的这段时间使我收获颇丰，我认识到社会调查在某种程度上已经超越了为从被调查者身上获取信息来反映总体的目的，它也将赋予调查者一种独特的精神气质。所以对于社会调查的理解不应局限于研究内容，而是需要以研究内容为主（毕竟这是社会调查出现的最主要的原因），同时社会调查过程中所产生的附加物也不容忽视。因为80%的功能只能从某种程度上代表了社会调查，只有充分地考虑到剩下的20%才能正确地认识到社会调查的整体作用。我相信每一个奔赴在调查过程中的人都将不忘初心、砥砺前行，在实践的过程中奉献着自己的力量、学习新的知识甚至是进行新的创造。

后　记

这是第二次为《仗卷走天涯：全国大型社会调查之督导笔记》系列图书写后记，第一次文稿的落款时间是2020年8月16日，第二次是2022年5月22日。大约两年前，我人在北京，刚刚完成一次个人层面的学术进阶，那种混合方法研究带来的开阔视野以一种如愿以偿的方式充盈着我的好奇心；现在已身在非洲，院墙外是堆积在地平线上如雪山般层峦叠嶂的云朵，两只噪鹛正在不远处的草坪上散步。如果说过去两年里，是CSS2021帮助我完成了一次重大转向，赋予我更多勇气和无畏，那么，非洲这片异域或许可以在接下来的两年里帮助我打开另一个世界的大门。就好像人生一样，一扇又一扇未知的大门总会以一种预期或不期的方式把我们带入不同的世界，铸就生命的宽度和深度。隐约记得一位环保圈朋友的话，他说："一旦身体与这片土地真正产生连接，灵魂就能不受空间的限制而随时保持自由。""连接"和"自由"看似是一组矛盾的表述，但此时此刻的我却比以往任何时候都更能理解他想要表达的那种生命隐喻：根有所系，心自无垠。

通读督导们的文字是再次强化这种连接感的过程。允文用"春·起""夏·承""秋·转""冬·合"串起了CSS2021带给自己的成长和体验，这或许也可以成为每一位督导的经历概况。在这段起承转合的旅程中，每一个人有望、有闻、有问、有切，共同绘就CSS2021这幅时空地图。在文骏拍下的一张照片中，一个小卖部的门楣上挂着一个横幅，写着"天地壹号提两箱，阿姨或成丈母娘"，横幅下四位老人在打牌，一个穿粉嫩裙子的小姑娘在旁边伸懒腰。虽然最后这张照片由于排版问题没能入书，但是照片呈现的画面代入感太过强烈，让我每每想起都会禁不住开怀大笑，这种生动的情绪体验亦如阅读文字。

似乎看到，在火炉一样的7月湛江，曹灵和小伙伴们站在幽暗一楼的门廊处，一位住户阿姨突然愤怒地从二楼跑下来用当地方言怒骂，给他们"汗水腌制入味"的入户访问更添一份别样滋味；少山在河南陪访中聆听一位阿姨泣不成声地讲述自己的家庭负担，一对儿女都患有Ⅱ型糖尿病，女儿的病情比较严重且已出现并发症，儿子三年前也被确诊，每天都要几次扎破手指取血测量血糖，她说，"在听阿姨述说的时候觉得自己很渺小，不知道能做些什么才能够帮到他们，而且很心疼阿姨，这得承受了多大的压力才能对着我这个近乎陌生的人倾诉"；芮雪在马鞍山遇到一位住在田埂边的奶奶，她扶着一个废弃的婴儿车边走边说"脚废啦，早上还摔了一跤，不能下地，你看这田里全是草，地也废了……我一天就吃两顿饭"；樱子在江门完成问卷准备转身时被阿姨叮嘱，"记住了，一定要好好珍惜读书的机会，不要像我们一样，吃了没文化的亏"；还有，丹隆在个旧遇到一位眼睛里有光的老兵、一个安安静静和竹筐玩一下午的纯净小姑娘，路畅在兰州为顺利入户卖力表演"我忘记拿钥匙，前面的人快帮忙开门"的模样。

也同样感到喜悦。王瑜在云南获得了一项新技能——艺术地处理由问卷长、受访者知识水平低、自然环境恶劣、带队老师对调查不理解等问题导致的合作关系不顺畅,他说,"这种协调的艺术,伴随我的整个云南调查,而对这种艺术的掌握是书本里根本没有的,只能自己在实践中摸索";天瑶在江苏学会了勇敢地表达需求和链接资源,她和小伙伴们成功地跟村委会借用治安巡逻车(不仅节省了寻址时间,提高了入户效率,还更容易获得受访者的信任)、蹭坐好心大叔的电动车和小轿车、借用村委会的会议室作为访问员们的休息室、获得物业管理办公室经理的协助来入户、在没有地方吃饭的村子里获得好心的副食店店主的招待。

也深深认同。米兰说,经过CSS2021大调查之后更加认识到"没有调查就没有发言权"这句话包含的朴素真理;琼思说,"虽然我是一位非常非常慢热的人,但当我真正投入调查,投入与他人一起做问卷、走访的工作中,我与一群之前从未见过的同学之间的友谊就此产生了";鹤溧说,"CSS2021不仅给我带来了意料之外的成长,也让我更加看清自己一直秉持的原则和责任感不是'错误'的";海燕说:"精彩的人生就是为了一件自己认为有意义的事,付诸努力,即使苦累,心里也道一声值得!"博远反思,如果把"向抽样要质量"的思路转到"向数据要质量"和"向时间要质量"两方面,数据质量可能会迈上一个新台阶。谭诚把CSS2021比作一趟四季列车,"带领我去北园向南城、从深海至重山,又穿越云霄去经历那些'云上的日子',最后携着秋季的银桂花香把我带入冬季的时间回廊"。而瀚飞的文字更像一篇写给自己的CSS2021回忆录,他说:"调查之旅与其说是记录民生百态,于我而言更像是对自我的救赎。"

在与CSS2021相互连接的过程中,每一位CSSer似乎都获得了一种全新的个体身份,而彼此就是这场蜕变之旅的见证者,或许秀坤的愿望也得以实现。他说:"我想看见调查中的人,看到这项大型社会调查中的每一类人,开展培训的老师、参与培训的督导、合作机构的访问员、村(居)委会的书记、接受访问的居民,以及那些与调查相关但又没直接参与调查的人。除了最后获得的数据,他们才是CSS最重要的组成部分。"

虽然出于文字编排的结构化需求,我要在通读全稿后把每一篇文章按照某种隐约而模糊的类型特征归入几大模块,但不知为什么总有一种"《山海经》情结"。如果说社会调查产生的丰富性呈现的是真实社会的脉络纹理，那么《山海经》以山经、海经、大荒经之宏富性呈现的则是原初人类的世界元图。如果要问此书3万多字里重复率最高的字是哪个，答案应该是"其"，文中多"其状""其名""其音""其阳""其阴""其上""其下""其中"等，例如，"有兽焉，其状如禺而四耳，其名长右，其音如吟，见则郡县大水"。单单一个字，不论从成书使用频率还是意涵所指来看，这种丰富性都让人着迷，让我自然而然地将之与CSS关联，希望借着这个字将CSS呈现的社会丰富性与那个绚丽的精神元图建立连接。在阅读全部书稿之前，我刚读到一本医学人类学著作中对中医四诊法的介绍，所谓"望诊"即观察病人的神、色、形、态变化；所谓"闻诊"是听病人的说话声音、呼吸等声动；所谓"问诊"是指问病人起病、转变情形，以及寒热、头身感、饮食等各种状况；所谓"切诊"即切脉以掌握脉象、手眼触诊以助诊断。四诊法指向的"望""闻""问""切"与社会调查的规范似乎在方法论层面实现了某种认知共振，将之与"其"一字搭配，相得益彰。于是，有了"其望""其闻""其问""其切"的划分之法。

最后，我想以《山海经·卷七·海外西经》描绘的一幅图景作为结束：此诸夭之野，鸾鸟自歌，凤鸟自舞；凤皇卵，民食之；甘露，民饮之；所欲自从也。这是说：有一片叫作"沃野"的富饶原野，沃民在这里居住；这里有鸾鸟自由自在地唱歌，凤鸟自由自在地舞蹈；凤凰生的蛋，沃民拿它来做食品；天降的甘露，沃民拿它来做饮料；凡是心里向往的，莫不如愿遂意。愿我们每一位CSSer在CSS这片沃野之上，找到自己生长的根系，"所欲自从也"。

林红

中国社会科学院社会学研究所

图书在版编目（CIP）数据

仗卷走天涯：全国大型社会调查之督导笔记. 第三辑 / 邹宇春，崔岩，林红主编. -- 北京：社会科学文献出版社，2022.12
 ISBN 978-7-5228-0908-3

Ⅰ.①仗… Ⅱ.①邹… ②崔… ③林… Ⅲ.①社会调查 - 中国 - 文集 Ⅳ.①D668-53

中国版本图书馆 CIP 数据核字（2022）第 193577 号

仗卷走天涯：全国大型社会调查之督导笔记（第三辑）

主　编 / 邹宇春　崔　岩　林　红
副主编 / 李　炜　任莉颖　田志鹏

出 版 人 / 王利民
组稿编辑 / 谢蕊芬
责任编辑 / 庄士龙　赵　娜
文稿编辑 / 许露萍
责任印制 / 王京美

出　　版 / 社会科学文献出版社·群学出版分社（010）59366453
　　　　　　地址：北京市北三环中路甲29号院华龙大厦　邮编：100029
　　　　　　网址：www.ssap.com.cn
发　　行 / 社会科学文献出版社（010）59367028
印　　装 / 三河市尚艺印装有限公司
规　　格 / 开本：787mm×1092mm　1/16
　　　　　　印张：20.5　字数：311千字
版　　次 / 2022年12月第1版　2022年12月第1次印刷
书　　号 / ISBN 978-7-5228-0908-3
定　　价 / 89.00元

读者服务电话：4008918866

版权所有 翻印必究